Research on the Mechanism and Framework of
DATA ELEMENT
Value Release

数据要素价值释放机制与框架研究

奉国和 ◎著

中国财经出版传媒集团
经济科学出版社
·北京·

图书在版编目（CIP）数据

数据要素价值释放机制与框架研究／奉国和著．
北京：经济科学出版社，2025.6. -- ISBN 978-7-5218-
7103-6

Ⅰ．TP274

中国国家版本馆 CIP 数据核字第 2025JQ6237 号

责任编辑：刘　丽
责任校对：李　建
责任印制：范　艳

数据要素价值释放机制与框架研究
SHUJU YAOSU JIAZHI SHIFANG JIZHI YU KUANGJIA YANJIU
奉国和　著
经济科学出版社出版、发行　新华书店经销
社址：北京市海淀区阜成路甲 28 号　邮编：100142
总编部电话：010-88191217　发行部电话：010-88191522
网址：www.esp.com.cn
电子邮箱：esp@esp.com.cn
天猫网店：经济科学出版社旗舰店
网址：http://jjkxcbs.tmall.com
北京季蜂印刷有限公司印装
710×1000　16 开　14.25 印张　210000 字
2025 年 6 月第 1 版　2025 年 6 月第 1 次印刷
ISBN 978-7-5218-7103-6　定价：78.00 元
(图书出现印装问题，本社负责调换。电话：010-88191545)
(版权所有　侵权必究　打击盗版　举报热线：010-88191661
QQ：2242791300　营销中心电话：010-88191537
电子邮箱：dbts@esp.com.cn)

前　　言

　　数据作为数字经济时代至关重要的战略资源，蕴含着巨大的经济价值与社会效益，已深深融入生产、分配、流通、消费以及社会服务管理等各个环节，日益成为价值创造的核心驱动力。如何深度挖掘并有效释放数据要素的潜在价值，已成为当前亟须解决的重大课题，既充满挑战，也孕育着无限机遇。本书紧密围绕这一核心议题，匠心独运地构建了一个系统性的数据要素价值释放框架，旨在为数据的高效流通、价值转化及应用创新奠定坚实的理论基础，并探索出切实可行的实践路径。

　　全书共分为9章，具体章节安排如下：第1章为"绪论"，奠定全书基础；第2章深入探讨"相关政策与实践探索"，呈现背景与现状；第3章构建"基本理论与框架"，为全书奠定理论基石；第4章聚焦"一个核心目标"，即释放数据要素价值，助力新质生产力的发展；第5章论述"两基础"，涵盖软性与硬性数据基础设施的重要性；第6章阐述"三驱动"机制，包括供给侧、场内外交易与需求侧的协同作用；第7章强调"四保障"措施，旨在提高数据质量、加强安全监管、保护数据权益及促进流通交易；第8章探索"五途径"，推动数据资源化、资产化、资本化及实现数据的普惠化与均等化；第9章进行"总结与展望"，对全书内容进行概括并展望未来。

　　在本书撰写过程中，得到了多位同学的鼎力相助。彭凯林参与了第1~5章的精彩撰写，邱婧圆满完成了第8、9章的创作任务，杨晓骏则承担了第6章的深入剖析，张芷欣为第7章增添了丰富的内容。在此，向这些辛勤付出的同学表示最诚挚的感谢。同时，也对参与本书编审工作的出版社相关编辑致以衷心的谢意，感谢你们的专业指导与辛勤付出。

  本书得到华南师范大学经济与管理学院学术出版基金资助！

  本书也是国家社科基金项目"数据治理共同体视域下数据要素市场多元机制与路径研究（编号：24CTQ025）"研究成果之一。

目录

第1章 绪论 ·· 1
  1.1 研究背景 ··· 2
  1.2 研究意义 ··· 7
  1.3 研究内容 ··· 10
  1.4 研究思路与方法 ··· 13
  1.5 创新点 ··· 16

第2章 相关政策与实践探索 ·· 20
  2.1 数据要素政策演进 ·· 20
  2.2 地方实践探索 ··· 27
  2.3 数据要素价值释放存在的问题 ·· 45
  2.4 述评 ·· 48

第3章 基本理论与框架构建 ·· 50
  3.1 基本支撑理论 ··· 50
  3.2 研究框架构建 ··· 61
  3.3 本章小结 ··· 70

第4章 释放数据要素的价值,推动新质生产力的发展 ··············· 72
  4.1 "技术—要素—场景"视角 ··· 72
  4.2 "劳动者—劳动资料—劳动对象"视角 ······························ 75
  4.3 本章小结 ··· 83

— 1 —

第5章 软性数据基础设施和硬性数据基础设施 …… 84
5.1 基石保障:软性数据基础设施 …… 86
5.2 关键支撑:硬性数据基础设施 …… 91
5.3 实施路径:关注核心、以点带面、破壁协同 …… 98
5.4 本章小结 …… 102

第6章 供给侧、场内外交易与需求侧 …… 103
6.1 供给侧 …… 103
6.2 场内外交易 …… 124
6.3 需求侧 …… 135
6.4 供需匹配 …… 143
6.5 本章小结 …… 147

第7章 提升数据质量、加强安全监管、保护数据权益与促进流通交易 …… 150
7.1 提升数据质量 …… 150
7.2 加强安全监管 …… 154
7.3 保护数据权益 …… 160
7.4 促进流通交易 …… 162
7.5 本章小结 …… 171

第8章 数据资源化、资产化、资本化、数据普惠化与均等化 …… 173
8.1 数据资源化 …… 173
8.2 数据资产化 …… 179
8.3 数据资本化 …… 187
8.4 数据普惠化 …… 194
8.5 数据均等化 …… 198

8.6 本章小结 ·· 202

第9章 总结与展望 ·· 205
 9.1 数据要素价值释放框架的系统构建 ····································· 205
 9.2 数据要素价值释放的核心结论 ··· 206
 9.3 未来研究与实践展望 ··· 207

参考文献 ·· 209

第1章 绪　　论

在数据驱动的时代，数据要素凭借其独特的可复制性、高度流动性和显著的增效性，已日益成为数字化与智能化转型的基石。作为推动数字经济蓬勃发展的核心要素、科技创新不可或缺的"动力源泉"以及催生新质生产力的"加速剂"，数据要素在驱动社会经济发展与社会治理现代化方面发挥着关键作用。目前，数据要素正全面渗透至生产、分配、流通与消费等经济活动的各个环节，深刻重塑着我国的生产方式与生活模式。在我国社会主义市场经济体制中，数据作为一种新型生产要素，其商品化进程加速推进，通过市场机制在流通、交易与配置中充分释放其价值潜力。

鉴于数据要素价值释放的重要性日益凸显，如何合理利用与有效管理这一资源已成为亟待解决的问题。数据要素究竟蕴含哪些核心价值？哪些因素会制约或促进其价值释放？如何更有效地挖掘与释放数据要素的价值？如何构建完善的数据要素市场体系？这些问题均亟待深入探讨与研究。为全面揭示数据要素价值释放的内在机制、路径选择及影响因素，有必要从顶层设计的角度出发，构建数据要素价值释放的基本框架体系，以充分发挥数据要素的乘数效应，进而推动社会、经济、科技与文化等领域的全面高质量发展。以下将具体阐述数据要素价值释放研究的背景与意义、核心研究内容、基本研究思路与采用的研究方法。

1.1 研究背景

1.1.1 数字经济发展持续推进

数字经济，这一21世纪最具变革性的经济形态之一，其核心驱动力在于数字技术的迅猛发展。以数据资源为战略核心要素、网络平台为关键载体，数字经济构建了一个前所未有的经济生态系统。这一新经济形态不仅深刻改变了全球经济增长模式，更成为推动生产力水平实现质的飞跃的重要力量。

在数字经济时代，生产力的提升已超越了传统要素的简单累加，它借助大数据、云计算、人工智能等前沿技术，实现了工业企业开展高端化、智能化、绿色化、融合化改造。[①] 传统产业通过深度数字化转型，优化了资源配置，提高了生产效率、服务质量和产品质量，显著增强了市场竞争力。这一过程不仅促进了产业内部的自我革新，还推动了产业链上下游的协同优化，加速了产业结构的整体升级。

此外，数字经济以其独特的创新性和包容性，催生了一系列新兴产业，如电子商务、共享经济、在线教育等。这些新兴产业凭借独特的商业模式和高效的运营机制，正逐步成为经济增长的新引擎。它们不仅拓宽了经济发展的边界，还为消费者提供了更加多元化、个性化的服务体验，进一步激发了市场活力。

在此过程中，数据要素作为数字经济时代的核心资产，其价值的释放对于推动数字经济持续健康发展具有至关重要的作用。据国家工业信息安全发展中心测算，我国数据要素市场规模已从2021年的815亿元迅速增长，

---

① 广东省财政厅. 广东：支持传统产业改造升级推动发展新质生产力 [J]. 中国财政，2024（20）：22-23.

并有望在 2025 年突破 1749 亿元大关。① 这充分证明了数据要素已成为驱动数字经济快速增长的关键力量。

因此，如何实现数据资源的高效配置与利用，以及如何充分且高效地释放数据要素价值，将成为未来数字经济发展的重要课题。这需要我们不断探索和创新，以应对数字经济时代的挑战和机遇。

1.1.2 数据要素价值日益凸显

数据，凭借其无可比拟的可共享性、可复制性，以及理论上的无限供给能力，彻底打破了传统生产要素有限供给的桎梏，为经济增长注入了前所未有的活力与动力。这一革命性的变革，不仅显著提升了数据资源的利用效率，还催生了倍增效应，为经济体系的全面升级与转型奠定了坚实的基础。

在生产者层面，数据要素已然成为优化资源配置、削减生产成本的得力工具。对于企业而言，数据要素更是发现市场蓝海、培育竞争优势的宝贵源泉。通过深度挖掘与分析消费者需求画像，企业能够敏锐捕捉市场脉搏，精准把握消费者需求变化，从而制定出更加贴近市场实际的战略规划与经营策略，有效规避了市场调研的盲目性。同时，数据要素的应用还推动了生产流程的智能化、精细化转型，降低了通勤等间接成本，实现了资源的高效配置与节约。这一系列变革，不仅提升了社会整体的生产效率与效能，还显著增强了企业的盈利能力，为生产者在激烈的市场竞争中构筑了坚实的要素禀赋基础，并助力其抢占市场先机。

在消费者层面，数据要素的普及与应用极大地加速了信息的流通与共享。消费者借助各类数据平台与工具，能够迅速获取所需信息，降低了搜寻成本与时间消耗。信息获取成本的降低、效率的提升以及透明度的增强，不仅丰富了消费者的消费体验，还提升了其满意度，进而促进了消费市场的繁荣与发展。

---

① 周璐璐. 多地探索数据要素市场化路径［N］. 中国证券报，2023-08-14（A05）.

在社会领域层面，政府通过收集与分析各类数据资源，能够更加精准地洞察社会动态与民意诉求，为政策制定与决策提供了坚实的数据支撑。同时，数据要素在公共服务领域的应用也显著提升了政府服务效率与质量，满足了人民群众对美好生活的向往与追求。对于广大人民群众而言，数据要素更是带来了更加便捷、高效的生活服务体验。智能家居、在线医疗、在线教育等新兴应用模式的不断涌现与普及，正是数据要素在民生领域深度应用的生动体现。

此外，数据要素的价值还体现在其强大的乘数效应上。当数据要素与重点行业、关键领域深度融合时，能够激发出巨大的创新活力与价值增量。在智能制造、智慧城市、金融科技、智慧医疗等领域，数据要素的应用不仅推动了技术创新与融合、结构调整与优化、产业改造与升级，还实现了行业价值的倍增与飞跃。数据要素与千行百业的紧密连接与深度融合，进一步凸显了其在推动经济社会全面发展中的核心地位与关键作用。

1.1.3 数据要素赋能千行百业

在当前数字化转型的澎湃浪潮中，数据要素作为新兴生产要素的基石，其应用范围显著扩大，不仅标志着我国数字经济战略的纵深推进，更预示着经济社会各领域将迎来深刻变革与全面升级。2023年12月国家数据局等17个部门联合印发《"数据要素×"三年行动计划（2024—2026年）》（以下简称《行动计划》）[1]，这一纲领性文件为数据要素的高效配置与广泛应用勾勒了壮阔蓝图，引领数据要素有序渗透并深度融合于国家发展的每一个关键领域，成为推动经济社会高质量发展的核心驱动力。

---

[1] 《"数据要素×"三年行动计划（2024—2026年）》发布［EB/OL］.（2024-01-04）［2024-10-11］. https://www.gov.cn/lianbo/bumen/202401/content_6924380.htm.

1. 金融领域

在金融领域，数据要素的应用极大地增强了金融机构的风险识别与管理能力。借助大数据分析、人工智能等尖端技术，金融机构能够获取科学决策的有力依据，实现对客户信用状况的精准画像、对市场波动趋势的敏锐洞察，进而促进信贷产品的持续优化与创新，显著提升服务效率与用户体验，为金融市场的稳定与繁荣注入强劲动力。

2. 医疗领域

医疗领域正经历着数据要素对健康服务模式的颠覆性重塑。依托数据要素的力量，精准医疗得以实现，通过基因测序、病历数据分析等先进手段，为患者量身定制治疗方案；远程医疗服务的普及，则打破了地域限制，使优质医疗资源得以广泛覆盖，极大地促进了医疗服务的公平性与可及性。[1] 此外，数据要素还加速了医疗研究的进程，为新药研发、疾病防控等领域开辟了前所未有的广阔天地。

3. 交通领域

交通领域的智能化转型同样离不开数据要素的强力支撑。智能交通系统的构建，依赖于海量交通数据的实时采集与深入分析，有效缓解了交通拥堵问题，提升了道路通行效率与安全性。而无人驾驶技术的飞速发展，更是数据要素应用的璀璨明珠，通过对车辆行驶环境、路况信息的精准感知与智能决策，为实现更加安全、高效的出行提供了无限可能。

4. 教育领域

教育领域也因数据要素的融入而焕发新生机。基于学生的学习行为、能力水平等进行大数据分析，教育机构能够为学生提供个性化的学习方案，

---

[1] 蓝俊皓. 生物医学工程和现代医疗设备器材的发展与应用探讨［J］. 中国设备工程，2024（24）：33-35.

促进了教育资源的优化配置与个性化教育的实现；在线教育平台的蓬勃发展，则打破了传统教育的时空壁垒，让优质教育资源触手可及，加速了教育公平的步伐。①

5. 农业领域

农业领域同样受益匪浅于数据要素的广泛应用。依托物联网、遥感技术等现代化手段收集的大量农业数据，精准农业、智慧农业等现代农业模式应运而生，实现了对农作物生长环境的实时监测与精准管理，提高了农业生产效率与资源利用率，为农业可持续发展奠定了坚实基础。

展望未来，随着数据治理体系的不断完善、数据要素价值释放框架的持续优化以及数字技术的持续创新，数据要素的应用前景将更加广阔无垠。其在推动经济社会全面数字化转型中的核心作用也将越发凸显，成为引领未来发展的重要力量。

1.1.4 数据要素发展面临的问题

随着信息技术的迅猛进步，数据已成为推动经济社会发展的核心驱动力。然而，伴随数据资源的爆炸性增长与广泛应用，数据安全问题愈发凸显，诸如数据泄露事件层出不穷，严重侵犯了个人隐私权，并可能对国家安全、企业商业机密造成重大危害。因此，构建一个全方位、多层级的数据安全防护体系显得尤为重要，② 这包括强化数据加密、严格访问控制、完善审计追踪等技术手段，并提升公众的数据安全意识，是应对当前挑战的关键举措。

同时，为了平衡数据利用与保护之间的关系，探索数据脱敏、匿名化处理等创新方法也成为未来研究的重要方向。这些方法旨在在确保数据安

---

① 赵刚. 全球经济社会发展的新动力——数据要素 [M]. 北京：人民邮电出版社，2021：118.
② 奉国和，邱婧. 数据要素价值释放机制与框架研究 [J]. 深圳社会科学，2025，8（1）：47-62.

全的前提下，最大化数据的价值，促进数据的合理流动与应用。

在我国，数据交易市场尚处于初级探索阶段，面临信息不对称、交易成本高、定价机制不明确等瓶颈问题。为破解这些难题，需加速构建统一开放、竞争有序的数据交易市场体系，推动数据资源的高效配置与合理利用。[①] 具体而言，应建立健全数据交易规则，明确数据权属、交易范围、交易方式等核心要素；优化定价机制，引入市场机制决定数据价格，并充分考虑数据的稀缺性、价值贡献等因素；同时，加强监管与自律，保障交易公平、透明，防止数据垄断与不正当竞争行为。

此外，数据要素的健康有序发展离不开完善的法律法规与制度体系的支撑。当前，我国在数据保护、数据交易、数据跨境流动等方面的法律法规尚不完善，难以有效应对日益复杂的数据治理挑战。因此，需加快立法进程，明确数据权属规则、数据处理原则、数据共享规则、数据跨境规则等核心内容，为数据要素的应用与价值释放提供坚实的法律保障。同时，加强跨部门协作，构建数据治理的协同机制，确保法律法规的有效执行与监督。此外，还应推动建立数据权益保护机制，保障数据主体的合法权益，促进数据要素市场的持续健康发展。

1.2 研究意义

1.2.1 理论意义

1. 深化对数据要素内涵与特性的理解

本书旨在全面且深入地剖析数据要素，不仅明确其基础概念，还深入

[①] 卢扬，王千雪. 公共数据开发利用蓄势 [N]. 北京商报，2024-07-05 (002).

探索其内在特质、独特价值及在多样应用场景中的具体表现。这一努力不仅有助于精准把握数据要素的本质，还为其在数字经济中的价值实现奠定坚实的理论基石。通过构建完善且系统的数据要素理论体系，本书将弥补现有研究的空白，为学术界带来新颖的理论视角与分析工具。

2. 开辟数字经济研究的新疆域

数字经济作为全球经济的新动力源，其理论与实践探索正蓬勃发展。数据要素作为数字经济时代的核心资源，其价值释放的内在逻辑直接关系到数字经济的成长质量与速度。因此，本书通过深入探索数据要素价值释放的路径、机制及其影响因素，旨在丰富数字经济研究的理论框架，并为数字经济政策的制定与实施提供坚实的科学依据。这对于推动数字经济稳健前行、促进经济转型升级具有深远意义。

3. 促进学科交叉融合的深度发展

数据要素价值释放的研究横跨信息科学、经济学、统计学、社会学、管理学、法学及计算机科学等多个学科领域，对研究者的跨学科认知、研究能力及整合能力提出了高要求。本书通过整合多学科的理论与方法，构建了一个综合性的研究框架，实现了各学科之间的优势互补与资源共享。这不仅提升了研究的深度与广度，还激发了新的学术火花与研究思路，推动了相关学科领域的协同发展。同时，跨学科的研究也为培养具备综合素质与创新能力的复合型人才提供了重要平台，为学术界的持续发展注入了新的活力。

1.2.2 实践意义

1. 指导数据要素的实践应用

深入探究数据要素价值释放的基本框架，旨在为政府、企业等各方在数据要素的应用与发展中提供明确的方向和支持，进而推动数据要素在广泛领域的创新应用与深入发展。首先，需明确价值释放的路径，通过详尽描绘数据要素从生成、收集、处理到价值实现的完整流程，为实践者提供清晰的操作指南与策略建议。实践者可据此识别关键环节与瓶颈，制定针对性的策略与措施。其次，该框架为政策与规则的制定提供了坚实的依据，通过深入研究数据要素价值释放的过程，政策制定者能准确把握权利与义务界定、流通交易范围、安全治理条例等关键节点，从而制定有效的政策措施，确保数据要素价值的充分释放。

2. 促进数字经济的高质量发展

数据要素作为数字经济时代的核心驱动力，其价值释放框架的构建，进一步凸显了数据作为关键生产要素的基础性与战略性地位。一方面，该框架有助于优化数据资源的配置效率，通过促进数据共享、开放与交易，实现数据资源的最大化利用；另一方面，数据驱动的生产模式推动了产业升级与创新，使生产者在生产、管理、销售等各个环节实现优化与创新，提高了生产效率与产品质量。此外，数据要素还促进了全要素生产率的提升，通过精准把握市场需求与消费者偏好，实现生产过程的智能化与自动化，降低了生产成本与能源消耗。

3. 提升社会治理水平

数据要素在社会治理中发挥着重要作用。首先，通过大数据分析，可以实时监控社会动态，及时发现潜在的社会问题或风险，为决策提供有力支持。例如，在灾害预警方面，基于地震监测网络的数据分析为地震预测提供了关键性依据。其次，数据要素的共享与互通打破了信息壁垒，促进了政府部门之间的协同合作，形成了社会治理的合力。通过数据共享平台，不同部门可以共享关键数据，共同分析与解决社会问题。最后，数据分析还优化了社会治理流程，提高了治理效率。例如，在交通管理中，数据分析可以优化交通路线与公共交通系统；在公共安全领域，数据分析则有助于预测与预防犯罪。

4. 推动科技创新与产业升级

数据要素在科技创新与产业升级中扮演着重要角色。首先，通过深入挖掘、分析、利用、共享与管理数据要素，可以优化科技创新要素的配置，减少信息交互的不对称性与交易成本，促进要素向高效益、高产出的企业与行业流动。其次，数据要素价值释放的基本框架强调系统推进"权属—主体—角色"三位一体的价值化机制创新，有助于激发政府、科研院所、企业、高校等多元主体的活力与参与度，共同推动科技创新与产业升级。此外，该框架还加速了科技创新的进程与提升科技创新的质量，通过优化资源配置、打通共享堵点、提升利用效率与治理质量等方式，推动了科技成果的转化与应用；同时，通过提高数据质量与降低数据误差等方式，提升了科技创新的精准度与实效性。

1.3 研究内容

在数字经济时代，数据要素的战略性价值愈发显著，但伴随而来的是数据应用范围扩大的障碍和价值释放环节中的瓶颈问题。为此，本书聚焦于释放数据要素的价值并推动新质生产力的发展，作为其核心目标。基于深厚的理论基础，我们精心设计了数据要素价值释放的多层次框架，深入剖析了数据从基础性、战略性资源向高级智慧转变的复杂过程，并揭示了这一过程中数据价值释放的演进趋势。同时，还详细阐述了各环节的具体内容以及它们对价值释放所起的关键作用机制，以期为实践提供有力的理论支撑和行动指南。

1.3.1 相关理论与机制

数据价值释放的历程可划分为三个阶段：价值创造、价值实现与价值倍增。依据数据价值链①与DIKW链的理论框架②③，从数据到智慧的转变，本质上是一个不断深化数据加工处理的过程，其特征是数据通过提炼转化为信息，信息再升级为知识，最终升华为智慧，形成螺旋上升的态势，同时数据价值得以持续释放。④

具体来说，数据（data）作为现实世界各类现象与行为的忠实记录者，为信息与知识的孕育提供了丰富的原材料。借助采集、记录、传播与共享等先进技术，生产者、投资者、消费者及管理者等多方主体的行为数据均可实现即时且精准地捕捉，进而转化为支持生产、经营、投资、消费、规划及决策的关键资源。这一过程凸显了数据作为核心生产要素在创造价值与释放潜力方面的重要作用。

当数据历经采集、传输、计算、存储与分析等一系列处理环节后，其形态便转化为信息（information）。在此阶段，数据的基础价值开始初露端倪。信息作为数据有序且富有意义的排列组合，为决策过程提供了强有力的支撑，是价值实现不可或缺的环节。

随着信息的进一步深入分析、整合与应用，其逐渐升华为知识（knowledge）。知识不仅是对信息的简单累积，更是通过洞察信息间的内在联系，实现对信息的深刻理解和灵活运用。这一过程有助于更加高效地解决问题、优化资源配置并提升生产与管理的效率。

而智慧（wisdom）则代表了价值的最高层次，是知识的进一步升华与凝练。它体现为对复杂问题的综合判断能力与战略决策能力。通过收集、分析与转化而来的信息与知识，最终汇聚成智慧的力量，并借助物理实体的作用，深刻影响土地、技术等生产要素的利用效率，从而实现数据要素

---

① 王雪，夏义堃，裴雷. 国内外数据要素市场研究进展：系统性文献综述［J］. 图书情报知识，2023，40（6）：117-128.
② Ackoff R. From Data to Wisdom［J］. *Journal of Applied Systems Analysis*，1989，16（1）：3-9.
③ 沙勇忠，魏兴飞."数据要素×应急管理"的乘数效应机理与激活路径［J］. 图书情报知识，2024，41（2）：18-22.
④ Rowley J. The Wisdom Hierarchy：Representations of the DIKW Hierarchy［J］. *Journal of Information Science*，2007，33（2）：163-180.

价值的倍增效应。①

数据要素的本质在于其作为经济价值创造者的数字化数据、信息、知识与智慧的集合体。这一集合体随着社会生产力的不断进步、生产工具的持续革新以及生产关系的深刻变革而得以再生与分化，成为新时代背景下不可或缺的新兴生产要素。通过有效的数据管理与治理手段，我们能够使数据要素从混乱无序的状态转变为合规有序的状态，并确保其质量、安全与合规性，从而为数据分析提供坚实可靠的基础。最终，通过深入的数据分析、处理与挖掘工作，我们能够挖掘出有价值的信息、知识与智慧资源，进而推动生产与管理效率的显著提升。

1.3.2 数据要素价值释放框架

本书基于上述价值释放机制，精心构建了"一核心、两基础、三驱动、四保障、五途径"的数据要素价值释放框架，② 其核心要点如下："一核心"聚焦于数据要素价值的释放与新质生产力的培育，作为整个框架的灵魂；"两基础"则涵盖了软性与硬性数据基础设施，它们共同构成了数据要素价值释放的坚实基石；"三驱动"强调供给侧、场内外交易与需求侧的深度融合，针对政府、企业及个人数据，深入剖析并探讨供需匹配难题，旨在推动数据要素市场的高效运作与价值释放；"四保障"从数据质量提升、安全监管强化、数据权益保护及流通交易促进四个维度出发，全面探索相关应用场景、标准制定、机制构建、法律规制及策略应对，为数据要素价值的顺畅释放提供全方位保障；"五途径"则围绕数据资源化、资产化、资本化、普惠化及均等化展开，深入剖析其内涵、现状、挑战与误区，并提出针对性举措。其中，"数据资源化""数据资产化"与"数据资本化"呈现

---

① 王伟玲，王蕤，贾子君，等. 数据要素市场——全球数字经济竞争新蓝海［M］. 北京：电子工业出版社，2023.
② 奉国和，邱婧. 数据要素价值释放机制与框架研究［J］. 深圳社会科学，2025，8（1）：47-62.

出清晰的递进关系，而"数据普惠化"与"数据均等化"作为数据价值释放的高级形态，相互依存，共同促进。本书逐一深入探讨并解析这一框架中五个关键部分的内涵及其相互间的逻辑关系。

1.4 研究思路与方法

1.4.1 研究思路

1. 研究目的

本书旨在深入探讨在数智化时代背景下，数据要素作为经济社会发展与社会治理现代化的关键驱动力，如何有效释放其多维度价值。基于数据要素的可复制性、流动性及增效性特征，[①] 深入剖析了这些属性如何作用于生产、分配、流通和消费等社会经济环节，明确了数据要素所蕴含的经济、社会及创新价值。同时，深入剖析了影响数据要素价值有效释放的关键因素，如数据基础设施、隐私保护、政策法规、市场机制及技术支撑等，并在此基础上构建了数据要素价值最大化释放的框架。该框架旨在全面解析数据要素价值释放的内在逻辑与外部条件，为政策制定者、企业及社会各界提供理论与实践指导，助力数据要素市场健康、可持续发展，推动我国数字经济迈上新台阶，实现社会治理现代化的宏伟目标。

2. 研究过程

本书首先广泛且充分地收集了自数据要素被正式确立为生产要素以来的中央及地方级相关政策文件，包括法律法规、规范性文件及工作文件等。

---

① 奉国和，肖雅婧．数据要素价值释放研究进展［J］．图书馆论坛，2024（8）：123-132.

从政策背景、政策主体、政策内容及政策效果等方面对数据要素价值释放的相关内容进行了深入分析，为数据要素价值释放框架的构建提供了坚实的政策依据。其次，以各地数据要素实践为基础，深入分析了地方在不同领域的数据要素实践特点。通过文献分析、案例分析、对比分析等方法，归纳出了共性与差异性特征，为数据要素价值释放框架的构建提供了丰富的实践依据。最后，基于数据要素的发展方向和成功实践经验，提出了数据要素价值释放的"一核心、两基础、三驱动、四保障与五途径"基本框架。

3. 研究结论

通过对现有政策、研究及实践案例的深入研究，本书提出了数据要素价值释放的基本框架。该框架的核心目标是充分释放数据要素价值，并在新质生产力中赋予劳动者、生产资料和劳动对象新的内涵。为实现这一核心目标，软性和硬性数据基础设施是两个重要基础。软性数据基础设施通过顶层设计、标准化制定、数据要素人才孵化及制度体系完善等方面为数据要素价值释放提供全方位支持；而硬性数据基础设施则从数据空间、网络和算力等方面为价值释放提供坚实的技术和硬件支撑。

在数据基础设施的基础上，供给侧、需求侧和场内外交易是完善数据要素市场并刺激数据要素价值释放的三个关键驱动因素。为实现从数据到数据要素的转变，必须促进大规模、高质量数据的流通、使用和复用。需求侧的意义在于通过需求引导实现市场的有效配置，统筹管理公共数据、企业数据和个人数据，打通数据要素价值释放的"最后一公里"。场内和场外交易则是高效撮合数据供给方和需求方的重要方式，对于增强数据要素价值具有重要意义。因此，培育场内集中交易、规范引导场外分散交易是数据价值释放的基本支撑点。

为保障数据要素价值的有效释放，需要从提高数据质量、加强安全监管、保护数据权益和促进数据流通交易四个方面构建保障体系。这四个方面相互作用、缺一不可，共同确保数据要素在安全、公平和高效的环境中释放价值，进而推动新质生产力的发展。

为在上述研究内容基础上进一步激发数据要素价值并实现乘数效应，提出了"数据资源化、数据资产化、数据资本化、数据普惠化与数据均等化"的五途径。在数据要素价值释放的初级阶段，通过数据资源化到资产化再到资本化的递进过程实现两次价值飞跃；而在高级阶段，则需进一步体现"大数据是大家的数据，取之于民，用之于民"的思想，实现"数据普惠化"和"数据均等化"的高阶表现形式。

基于上述分析，最终构建了多层次框架，为我国数据要素价值释放提供了理论指导和策略参考，有助于激发我国数据要素的潜力，助力数字经济、数字中国及数字社会的高质量发展，提升新质生产力。

1.4.2 研究方法

本书系统地收集并整理了关于数据要素的政策文件、既有研究成果及各地的实践案例，旨在通过深入剖析各类文献资料，揭示数据要素价值释放的深层内容。为此，我们采用了多元化的研究方法，以构建出一个全面的数据要素价值释放框架。

1. 文献分析法

本书通过详尽地分析收集到的文献资料，深入探索其内在规律与特征，从而提出独到的见解和结论。我们特别注重文献的全面性和时效性，广泛检索国内各大期刊库、数据库、报纸、政府官方网站及行业研究报告等资源。在筛选与分类过程中，严格剔除重复、无关或质量不高的资料，确保所选文献具有代表性、权威性和前沿性。通过深入剖析文献中的关键概念、理论观点、实践经验及政策导向，提炼出核心观点，并梳理出数据要素价值释放的理论脉络与实践路径，最终构建了一个涵盖政策环境、技术支撑、市场机制、价值实现等多个维度的框架。

2. 案例分析法

本书采用案例分析法，通过深入分析具体案例，揭示数据要素价值释放的普遍规律与原理。我们精心挑选了涵盖农业、工业、制造业等多个领域的地方数据要素实践案例，全面覆盖了数据要素的生命周期。在案例分析过程中，紧密结合实际情况，总结优秀实践经验，同时指出现存问题，并基于实践成效提出进一步优化的方向和措施。

3. 对比分析法

为了从多元视角展示数据要素价值释放的举措，还采用了对比分析法。我们综合对比了同一数据要素领域内各地方政策、工作文件、规范等内容的异同，以及同类数据要素实践主题下各地方应对措施、发展路径、解决办法等的特性和共性。这一分析为我们提供了丰富的实例依据，进一步丰富了数据要素价值释放的多元化路径。

1.5 创 新 点

1.5.1 多维度价值释放模型构建

本书摒弃了传统上对数据价值释放的探究模式，创新性地搭建了数据要素价值释放的多维框架，深入剖析了影响其价值释放的诸多因素。在理论层面，精心构建了一个集"一核心""两基础""三驱动""四保障""五途径"于一体的全方位价值释放体系。此框架旨在促进数据要素价值的最大化释放，并推动新质生产力的蓬勃发展。它不仅涵盖了数据要素价值释放所需的软性与硬性数据基础设施，还深入探讨了供给侧、场内外交易、需求侧三方面的融合驱动机制，以及提高数据质量、强化安全监管、保护数据权益、促进流通交易等四大保障措施。

具体而言，"一核心"聚焦于数据要素价值释放与发展新质生产力的核心使命。作为新兴的生产要素，数据不仅是形成新质生产力的关键资源，其真正价值更在于通过深度分析与有效利用，实现知识创新、效率提升与业务模式的革新。高效释放数据要素价值，已成为推动数字经济与新质生产力高质量发展的核心驱动力。

"两基础"则为数据要素价值释放提供了坚实的支撑。这包括软性制度环境与硬性技术设施的双轮驱动，两者相辅相成，共同确保数据要素能够在高效、安全、有序的环境中自由流动与持续增值。

"三驱动"则深入揭示了数据价值释放的多维度驱动力。它涵盖了供给侧改革、场内外交易市场融合与需求侧牵引力的协同作用机制，三者相互激发，共同推动数据价值的全面释放。

"四保障"作为价值释放框架的稳固支柱，通过一系列具体措施为数据要素价值释放提供全方位的支持与保障。这包括加强数据质量管理、构建严密的安全监管体系、保护数据主体的合法权益以及促进数据的自由流通与交易等。

"五途径"描绘了数据要素价值释放的多元路径与广阔前景。通过数据资源化以挖掘潜在价值、数据资产化以明确产权归属、数据资本化以激活市场融资、数据普惠化以扩大社会福祉以及数据均等化以缩小数字鸿沟五种途径，我们有望实现数据要素价值的全面释放与最大化利用。

1.5.2 多元案例分析的创新应用

与以往局限于特定行业或领域的单一案例分析不同，本书精心挑选的案例广泛涵盖了传统制造业的数字化转型、信息技术产业的前沿探索、金融服务领域的精准营销与风险管理，以及政府管理与公共服务的智能化升级等多个维度。这些案例不仅充分展示了数据要素在经济领域的广泛应用及其深远影响，还揭示了其在社会治理、公共服务等非经济领域的变革力量。通过多元案例的深入分析，本书旨在构建一个普适性的数据要素价值释放框架，为不同情境下的实践应用提供宝贵的参考。

此外，本书并未满足于对案例的简单堆砌与描述，而是进一步深入剖析了每个案例背后的内在逻辑与运行机制。通过跨领域的比较分析，不仅揭示了数据要素价值释放在不同情境下的共性与差异，还明确了这些共性与差异的具体表现。共性方面，包括数据驱动的决策优化、资源配置效率的提升以及创新模式的不断涌现；而差异性则主要体现在行业特性、政策环境、技术条件等多元因素对数据要素价值释放路径与效果的深刻影响。此方法不仅有助于深化对数据要素价值释放机制的理解，还为未来的相关研究提供了丰富的理论素材与实证依据。

1.5.3 跨领域融合的分析视角

本书基于跨领域融合的数据要素价值释放分析视角，对数据要素价值释放框架进行了深入剖析，旨在推动不同领域间数据要素的深度融合与协同创新，为数据要素价值的更高层次释放开辟新途径。

跨领域融合是指不同行业、不同领域间基于共同目标或利益，通过资源共享、优势互补、流程再造等手段达成的深度合作与协同创新过程。在数据要素价值释放的推动下，跨领域融合得以实现，它打破了传统价值链的线性框架，构建了一个更为复杂、灵活的价值网络体系。这一过程不仅增强了各领域的核心竞争力，还催生了新兴业态，促进了经济结构的优化与升级。

本书借助多元案例分析方法，深化了对跨领域融合的理解。以智能制造与金融服务的融合为例，传统制造业借助金融科技手段，实现了供应链金融的精准对接与风险控制，有效降低了融资成本，提升了资金利用效率。与此同时，金融机构则依托制造业的实体运营数据，开发出更符合市场需求的金融产品和服务，实现了双方的价值共创。在这一过程中，数据要素作为关键纽带，将制造业与金融服务业紧密相联，促进了信息流、资金流与物流的高效协同。再以智慧城市为例，通过整合政府、企业、高校等多方资源，并借助"互联网+"、AIGC 等先进技术，实现了城市管理的智能化、精细化。在医疗健康领域，跨领域融合则推动了远程医疗、智能诊断等新型医疗模式的兴起，显著提高了医疗服务效率与质量。这些实践案例充分展示了跨领域融合在数据要素价值共创与释放方面的巨大潜力与广阔前景。

第 2 章 相关政策与实践探索

数据作为新的生产要素，正逐步改变着社会经济发展的格局。本章旨在从政策与实践两个维度，深入剖析数据要素的发展走向及其价值释放的路径与模式，并通过多维度的分析，揭示当前数据要素价值释放过程中面临的挑战与问题，为后续的深入研究提供坚实的理论基础与实践参考。

2.1 数据要素政策演进

数据要素政策是国家通过政策文本的形式，为数据要素活动的各个环节设定明确的目标和要求，旨在引导数据要素的有序流动与集聚，并促进数据要素价值的最大化转化。这一政策文本不仅是数据要素发展方向的引领者，也是实施举措的指南针，对所有数据要素活动具有最高的指导作用。[1] 每当中央层面发布新的数据要素政策时，各省区市都会积极响应，并结合自身实际情况进行细化与拓展，从而逐步形成了包括京津冀地区、长三角地区、粤港澳大湾区和川渝贵地区在内的四大数据要素产业聚集区。

自 2020 年起，数据要素被中央正式确立为新型生产要素，这一年也因此被誉为"数据要素元年"。自那时起至 2024 年 5 月，中央及上述四大区域共发布了 260 篇数据要素相关政策文件，具体分布情况见表 2-1：中央发布了 51

---

[1] 奉国和，彭凯林. 我国数据要素政策文本的多维分析 [J]. 图书馆论坛，2025，45（2）：92-100.

篇，京津冀地区发布了 39 篇，长三角地区发布了 81 篇，大湾区发布了 56 篇，川渝贵地区发布了 33 篇。这些政策文件的发布，不仅彰显了国家对数据要素的高度重视，也为数据要素产业的持续发展提供了强有力的政策保障。

表 2-1　　　　　　　　数据要素政策文本样本汇总

区域	序号	年份	政策文件名称
中央	1	2020	关于构建更加完善的要素市场化配置体制机制的意见
	2	2020	关于推进"上云用数赋智"行动 培育新经济发展实施方案
		……	
	50	2023	"数据要素×"三年行动计划（2024—2026）
	51	2024	促进和规范数据跨境流动规定
京津冀	52	2020	河北省数字经济发展规划（2020—2025 年）
	53	2022	关于推进北京市数据专区建设的指导意见
		……	
	89	2024	河北省 2024 年要素环境提升专项行动方案
	90	2024	河北省数据知识产权地方试点工作实施方案
长三角	91	2022	上海市数据条例
	92	2023	上海市公共数据开放 2023 年度重点工作安排
		……	
	170	2024	安徽省数据资源登记管理办法
	171	2024	安徽省公共数据授权运营管理办法
大湾区	172	2021	广东省公共数据管理办法
	173	2021	广东省数据要素市场化配置改革行动方案
		……	
	226	2023	香港促进数据流通及保障数据安全的政策宣言
	227	2024	深圳市福田区公共数据授权运营暂行管理办法
川渝贵	228	2023	贵州省数据流通交易管理办法
	229	2023	贵州省数据要素登记服务管理办法
		……	
	259	2024	关于推进数据要素市场化配置综合改革的实施方案
	260	2024	贵州省关于加强数字政府建设的实施方案

中央与四大区域的数据要素政策，在政策类型、政策主题及政策效力方面呈现出显著的差异性。政策类型与主题的设定，深刻揭示了数据要素政策文本所蕴含的丰富内涵与核心意义；而政策效力的展现，则直观体现了政策文本的外部特征与影响范围。各类政策不仅指明了政策实施的具体方向，同时，政策文本内容中主题的数量与类型，也进一步凸显了不同政策所关注的焦点与侧重点。此外，各效力政策文本的发布，更是政策力度与决心的重要体现。

2.1.1　政策工具类型分析

为实现多样化的政策目标，政策制定者常常会运用不同种类的政策工具。在众多的政策工具分类方法中，罗斯威尔和赛格费尔德（Rothwell & Zegvelad）的政策工具理论因其广泛适用性而备受推崇。[①] 本书依据此理论框架，将数据要素政策细分为环境型工具、供给型工具以及需求型工具三类。

环境型政策工具，主要通过统筹规划、金融财税激励、法律规制与行业标准的设定等外部保障措施，为数据要素的发展营造了一个有利的环境。它们犹如肥沃的土壤，滋养着数据要素的茁壮成长。

供给型政策工具，则是政府直接介入数据要素发展进程的有力手段。通过加大对基础设施、人才技术、资源资金等方面的投入，政府为数据要素的发展提供了精准的支持，助力其加速前行。

需求型政策工具，则是政府通过外包、采购、设立示范项目等方式，激发市场及其他社会主体对数据要素活动的参与热情。它们如同催化剂，进一步推动了数据要素市场的繁荣与发展。

从中央层面来看，数据要素政策呈现出了"一体两翼"的独特结构。其中，环境型工具作为主体，为数据要素的发展提供了坚实的基础；而供给型和需求型工具则如同两翼，共同助力数据要素政策的全面实施。

---

① Rothwell R, Zegveld W. Industrial Innovation and Public Policy：Preparing for the 1980s and 1990s [J]. *The American Political Science Review*, 1982, 76 (3)：699-700.

然而，在不同地区，数据要素政策工具的结构却呈现出不同的特点。京津冀地区在政策工具的应用上较为失衡，过于偏重供给型和环境型工具，而忽视了需求型工具的重要性。长三角地区则相对较好地平衡了各类政策工具的使用，既注重供给端的支持，也兼顾了需求端的引导。大湾区内部各地区在政策发文数量、对数据要素的重视程度以及政策工具类型结构等方面均存在较大差异，且普遍存在对需求型工具运用不足的问题。相比之下，川渝两地的数据要素政策在工具结构上较为均衡，且两地之间的合作联系紧密，已经形成了较为密切的数据要素实践互动；而贵州省则需要在未来加强与川渝两地的联动，共同打造"东数西算"的战略高地。

2.1.2 政策主题分析

词频—逆文档频度（TF-IDF）是一种信息检索与挖掘的技术。若某个词在一篇文章中具有较高的 TF-IDF 值，则说明这个词具有良好的区分能力，适用于分类。[1][2] 分别统计中央和四区域数据要素政策的前 25 个关键词，基于此进行主题聚类，所得主题见表 2-2。

表 2-2　　　　　　　　　　数据要素政策主题

区域	主题	主题所含关键词
中央	数字化转型的关键要素	大数据、数字化转型、供应链、服务平台、数字技术、数据要素、5G
	数据要素驱动营商环境优化	数据安全、营商环境、新模式、产业链、人工智能、科技创新、发展改革委、数据共享、工业和信息化部
	数字政府和政务一体化建设	政务数据、政务服务、公共服务、一体化、数据资源、体系建设、数字政府、体制机制、法律法规
	数据助力高质量发展	数字经济、高质量发展、社会发展、乡村振兴、实体经济

---

[1] Karen Sparck Jones. A Statistical Interpretation of Term Specificity and Its Application in Retrieval [J]. *Journal of Documentation*, 1972, 28 (1): 11-21.
[2] 王文韬, 张子一, 钱鹏博, 等. 三维框架下我国数据要素政策量化研究 [J]. 情报理论与实践, 2024, 47 (10): 32-40, 117.

续表

区域	主题	主题所含关键词
京津冀	政务一体化服务	公共数据、人民政府、政务服务、政务数据、一体化、公共服务
	数字京津冀：技术创新与应用探索	大数据、5G、人工智能、应用场景、网信办、数据安全、区块链、发展改革委、京津冀、物联网、服务平台、算力、数字技术、大数据中心
	数据交易引领数字经济发展	数字经济、数字化转型、数据资产、数据资源、产业链、数据要素、数据交易、数据贸易、产业发展、数据共享
长三角	长三角政务"一网通办"	公共数据、人民政府、服务机构、一体化、政务服务、公共服务、政务数据
	数字长三角：数字产业发展	数字经济、大数据、长三角、产业链、数据交易、数据产品、数字产业
	数字技术与应用平台优化	数据资源、数字化转型、人工智能、5G、区块链、物联网、数字技术、服务平台、应用场景、云计算、大数据中心、算力、数字基础设施
	数据要素授权运营与安全管理	授权运营、数据共享、数据安全
大湾区	数据驱动大湾区创新与发展	数字经济、人工智能、大数据、区块链、高质量发展、粤港澳大湾区、科技创新、产业发展、产业集群、产业链
	数字政府建设与服务优化	数字政府、政务服务、服务机构、人民政府、公共数据、公共服务
	数字湾区建设：数据管理局挂牌	省政务服务数据管理局、数据资源、数据要素
	数据关键环节	数据安全、数字化转型、一体化、数据共享、应用场景
	数据跨境与营商环境优化	数据跨境、服务平台、数据交易、营商环境
川渝贵	多元技术驱动西南部数字经济发展	大数据、数字经济、应用场景、高质量发展、物联网、人工智能、数字化转型、区块链、算力
	数据要素生命周期重点内容	数据安全、数据要素、数据交易、人民政府、服务机构、法律法规、数据要素市场、个人信息、数据处理、数据产品、数据资产
	公共数据治理与服务优化	公共数据、政务数据、数字政府、数据资源、公共服务、政务部门、数据共享、一体化、政务服务、数据治理

中央和四区域间数据要素政策虽均有重叠的词和主题，但亦有体现出区域特征的特色词和主题。重复词和主题体现数据要素政策共同的发展重点，区域特色词和主题体现各地差异化发展目标和特色化的数据要素实践着力点。

2.1.3　政策效力分析

我国将政策细化为决议、命令、通告等具体类型，① 依据此分类方法及我国数据要素政策内容的特性，中央与四区域数据要素政策的效力层次可划分为八大类别：法律、法规、部门规章、部门规范性文件、部门工作文件、地方性法规、地方规范性文件以及地方工作文件。其中，中央层面的法律、法规及部门规章数量占据显著优势，其政策级别明显高于其他四区域。

进一步观察，中央级数据要素政策尤为丰富多样，这得益于中央的职责广泛与权威性，使得其涵盖了除大湾区外其他三地区所不具备的法律、法规及部门规章。而在长三角、粤港澳大湾区和川渝贵这三大区域，数据要素政策则主要聚焦于地方规范性和工作文件，鲜少或完全不涉及其他类型的政策文本。

在四大区域中，大湾区的表现尤为亮眼，其不仅拥有其他三区所未涉及的法规与部门规章，而且地方性规章的总数也最为庞大，彰显了大湾区在数据要素政策领域的领先地位与深厚实力。

2.1.4　数据政策演进特点

从中央以及京津冀、长三角、大湾区和川渝贵四大区域的数据要素政策来看，其特点大致可归纳如下。

---

① 党政机关公文处理工作条例［EB/OL］．（2013-01-22）［2024-06-15］．https：//www.gov.cn/zwgk/2013-02/22/content_2337704.htm.

在政策工具类型层面，中央的数据要素政策呈现出"一体两翼"的独特格局，而其他四个区域则在不同程度上存在政策工具结构的失衡现象。具体而言，京津冀区域以环境型和供给型工具为主导，多采取二维复合政策；长三角地区则更倾向于三维多元政策，其需求型工具的使用情况明显优于京津冀和大湾区；大湾区在需求型工具的使用上占比最低，二维复合政策文本数量远超三维多元政策；川渝贵地区三维多元政策文本数量略多于二维复合政策，且需求型工具的使用情况亦优于其他三个地区。

为优化数据要素政策工具类型结构，我们应以环境型和供给型政策工具为基础，同时增加需求型工具的使用，以丰富三维多元数据要素政策体系。具体措施包括：一是加强宣传推广，由中央和地方数据局牵头，联合其他部门开展数据要素宣传教育活动，通过线上线下培训、工作会议等形式，并弘扬成功案例，提升宣传的可理解性和覆盖面；二是鼓励政府采购数据服务、数据分析、数据安全保障等产品，向市场释放明确的数据需求信号，引导市场主体积极参与数据要素的开发和应用；三是开展试点项目，制定数据要素实践试点城市名单和试点项目方案，探索可借鉴、可复制、可推广的数据要素经验。

在政策效力层面，通过剔除政策数量对得分的影响，更客观地揭示了四区域政策效力的优缺点。中央在效力均分和效力丰富度方面均表现最优。四集群区域在效力均分上相差不大，但大湾区因拥有中央颁布的法规和部门规章，其效力结构构成更为多元，整体表现最佳。在政策发文主体层面，四区域均较少涉及中央级发文主体，长三角地区和大湾区以市县乡级发文主体为主，而京津冀和川渝贵则因直辖市较多，以省级发文主体为主。

为提高政策效力的丰富度，我们应以中央数据要素政策为最高导向，尽管目前相关法律法规仍在规划筹备中。为更好地应对数据要素实践中遇到的问题和风险，中央应以各地实践为事实依据，加快颁布针对数据要素生命周期各环节的法律、法规和部门规章，逐步形成条理清晰的法律法规体系，为区域数据要素活动提供宏观建议和方向引导。同时，四区域应以中央政策为基础，制定地方性法规以规范本区域数据要素实践，并通过地方规范性文件和工作文件明确各项目的时间节点和具体措施。

通过政策关键词和政策主题分析发现，四区域紧跟中央政策，同时也形成各区特色，体现出差异化发展目标与实践着力点。

为进一步凸显数据要素政策的区域性特征，四区域的政策内容应以本地数据要素的发展情况、定位、特征等为依据，在落实中央数据要素政策精神的基础上进行创新。例如，京津冀地区应利用其数据要素资源聚集的优势，政策内容应多关注数据基础设施的规划和建设、数据产品的研发和应用等；长三角地区数字贸易和数据交易繁荣，政策内容应以数据要素的运营和交易为重点，推动国内外数据要素的流动和贸易；大湾区作为数据跨境的先行示范区，政策关键内容应聚焦于粤港澳数据合作、数据安全与数据跨境流动；川渝贵地区聚集了大量数据产业和数据基础设施，是西南地区的数据高地，政策内容应重点关注"东数西算"、数据基础设施建设、数字技术以及三地数据合作等方面。

2.2 地方实践探索

随着数据日益成为至关重要的生产要素，国家和地方层面正积极采取行动，通过颁布一系列数据要素专项政策、规范性文件及工作文件等，从宏伟蓝图的绘制到具体实践的深入探索，全面推动数据要素价值的释放与实现。各地已积累了丰富的数据要素实践案例，这些优秀案例主要体现在五个方面：一是设计和完善数据要素体系，确保数据资源的有效整合与利用；二是制定和完善相关法律法规，为数据要素市场提供坚实的法律保障；三是建设和规范数据要素运营平台，促进数据要素的高效流通与交易；四是超前部署数据基础设施，为数据要素的未来发展奠定坚实基础；五是激发数据要素乘数效应，极大释放数据价值。

2.2.1 数据要素管理体系设计与优化

1. 数据要素管理体系

在确定数据要素管理体系方面,湖北省以省级人民政府为全省政务数据资源应用与管理的核心领导地位,负责统筹协调与指导。市级及县级人民政府则在其各自行政区域内,承担起政务数据应用与管理的直接责任,确保地方层面的有效实施。[①] 省级政务部门通过明确行业标准与规范,推动数据资源的系统性归集、促进数据共享开放及深化数据应用实践,从而全面提升政务数据管理的效能与水平。政务部门按照本职负责本部门内的政务数据的采集和获取、目录编制、共享和开放、授权和使用、维护和更新以及安全监控等工作。县级以上的政务数据主管部门需负责本行政区域内政务数据的统筹管理和协调调度等工作,并指导、协调和监督政务数据资源应用与管理。市级以上的政务数据主管部门需要负责建设并管理本级政务数据共享开放平台,做好与上一级平台的对接工作。[②] 市人民政府和省级政务部门应当在每年1月底之前,向省级主管部门提交上一年度政务数据资源收集规整、共享利用、开放协同、安全预警等情况报告。此外,省级政务数据主管部门应当在每年2月底之前,向省人民政府提交上一年度湖北省政务数据资源年度报告。[③]

在此基础上,湖北省规范了政务数据的共享和管理方式。由政务信息管理机构携手各关联政务实体,共同承担对基础政务资料如人口统计、法人信息、自然资源与空间地理信息、社会信用体系及电子化证照等核心数据的整合、监管与保养职责。此外,该机构还负责协同多部门合作生成的特定领域数据,包括但不限于公众健康与医疗服务、社会援助体系、生态

---

① 张茜茜,涂群. 湖北的数据要素实践探索和经验启示 [EB/OL]. (2024-02-11) [2024-07-10]. https://mp.weixin.qq.com/s/wmN-4LOilV1_IvnUfgujNw.
②③ 湖北省政务数据资源应用与管理办法 [N]. 湖北日报,2021-02-10 (006).

环境保护、气象水文监测、食品安全追溯、应急管理体系建设以及城乡发展与建设规划等主题的数据收集、管理与维护任务。①②

2. 数字城市建设框架

在搭建数字城市建设框架方面，重庆市颁布了《数字重庆建设工作方案》，界定了数字重庆的概念、特征、定位和目标。建设数字重庆，就是要深度融合数据要素技术、数据要素化理念与洞察，全面渗透并引领山城经济、政治、文化、社会和谐及生态文明构建的全方位进程。此建设方案聚焦于构建跨越层级、地域、系统、部门及业务界限的高效协同机制，通过数字化赋能的策略，将数据要素流作为核心驱动力，深度融合于决策、执行与业务运作之中，实现各领域工作架构的革新、业务流程的优化以及体制机制的深度改造。这一进程旨在系统性地触发城市经济社会发展的质量飞跃、效率升级与动力转换，加速推进市域治理体系与治理能力的现代化转型，为山城的发展注入强劲的数字动力。③

此外，重庆市提出构建"1361数字重庆"的基本架构。第一个"1"是一体化智能化公共数据平台，作为数字重庆建设的基础，利用数字资源"一本账"管理，统筹推进"一朵云"和"一张网"。"3"是三级数字化城市运行和治理中心，以构建全局掌控、政令智达、监督无余的协同工作场景。④"6"是党建、政务、经济、社会、文化、法治这六个应用系统，重庆坚持把该系统作为数字化变革的"主战场"，共设置84个市级单位梳理核心业务。最后一个"1"是指一体化基层智治体系，它是数字重庆建设在基层的落地落细，能更好承接六大应用系统在基层综合集成、协同赋能。⑤⑥

---

① 湖北省政务数据资源应用与管理办法［N］.湖北日报，2021-02-10（006）.
②⑤ 张茜茜，涂群.湖北的数据要素实践探索和经验启示［EB/OL］.（2024-02-11）［2024-07-10］.https：//mp.weixin.qq.com/s/wmN-4LOilV1_IvnUfgujNw.
③ 张茜茜，涂群.重庆的数据要素实践探索和经验启示［EB/OL］.（2024-01-14）［2024-07-10］.https：//mp.weixin.qq.com/s/hIvOOWUJ0PVQHiLIGtivPg.
④ 黄朝永.以数字化变革引领推动全面深化改革［J］.重庆行政，2023，24（6）：36-40.
⑥ 着力搭建数字重庆"1361"整体构架 目前全市共享数据超1.2万类［EB/OL］.（2023-09-27）［2025-02-04］.https：//www.cq.gov.cn/ywdt/jrcq/202309/t20230927_12385328.html.

3. 健全数据基础设施

在健全数据基础制度方面,上海颁布了《上海市数据条例》,提出要持续完善数据权益保障、浦东新区数据改革、长三角区域数据合作、上海数据要素市场、数据跨境、数据安全、法律责任等基础制度。在确定"自定+评估"定价原则、探索数据跨境新规则、支持各类数据交易专业服务平台、构建数据基础设施和建立政府统一采购非公共数据制度等方面,都具有先导性和示范性。①

4. 公共数据管理

在加强公共数据管理层面,浙江省颁布了《浙江省公共数据条例》。作为我国第一部地方性公共数据法规,指出浙江省公共数据主管部门应联合省内有关部门,统筹搭建一体化、集约化、智能化、智慧化的公共数据平台,实现浙江省域内公共数据跨层级、跨区域、跨系统、跨行业、跨部门流通共享。②此外,该文件还对增强公共数据安全管理、规范公共数据安全实践等作出体系化和实质性的制度设计指引。《浙江省公共数据授权运营管理办法(试行)》于2023年9月1日正式实施,从以下方面确保公共数据授权运营有序进行:一是实施条块融合策略,于省、市、县三级行政体系中构建公共数据授权运营协同管理机制。该机制专门负责区域性的整体规划与协调,确保公共数据管理部门作为核心出口,以实现统一授权流程和强化本区域内公共数据授权运营的集中调度与管理效能。二是强化政府引导角色,各级公共数据管理机构遵循"聚焦于具备重大经济贡献与社会影响力的授权运营应用场景"的原则,采取"公告重点领域授权运营机会"的策略,来引导和鼓励市场参与者自主申报参与。③在此过程中,政府聚焦

---

① 涂群,张茜茜. 上海的数据要素探索做法和特点启示[EB/OL].(2023-10-08)[2024-07-10]. https://mp.weixin.qq.com/s/N7OkvSqbRubMX5NvgpaWCA.
② 张茜茜,涂群. 浙江的数据要素探索做法和特点启示[EB/OL].(2023-10-01)[2024-07-10]. https://mp.weixin.qq.com/s/-4B7A9bbHvqf1aYA2SvRpw.
③ 浙江省人民政府办公厅. 浙江省公共数据授权运营管理办法(试行)[EB/OL].(2023-08-23)[2024-07-10]. https://www.zj.gov.cn/art/2023/8/23/art_1229093914_2487168.html.

于项目的经济价值、社会价值、可行性、目标清晰度与实现路径的明确性，以及预期成效的显著性，以此为导向，激励市场主体围绕创新与价值创造为核心，积极参与公共数据的开发利用。三是推行开放共享的运营模式，即任何满足既定条件的市场主体均有权参与公共数据运营活动。这一模式依托公共数据主管部门，利用集成化、智能化的公共数据平台构建授权运营专区，能实现非排他性的管理控制，并确保没有单一平台公司被指定为公共数据授权运营的垄断者，从而营造一个公平、开放、竞争的数据运营生态环境。

5. 数据要素管理体系特征

该体系展现出以下显著特征。

（1）政策制度层面持续深化。

第一，国家战略部署。2022年末，中共中央与国务院联合发布了《关于构建数据基础制度更好发挥数据要素作用的意见》（以下简称"数据二十条"），全面规划了数据产权、流通交易、收益分配及安全治理等基础性制度体系，为数据要素管理奠定了顶层设计和政策框架。进入2023年，国家数据局携手17个核心部门共同制定了《"数据要素×"三年行动计划（2024—2026年）》，旨在高效配置并广泛应用数据要素，促进其在国家发展各关键领域的深度融合，成为推动经济社会高质量发展的核心驱动力。此后，各级政府部门积极响应，细化并落实相关政策，共同推动数据要素管理的新模式发展。

第二，地方政策响应。在地方层面，浙江、贵州、广西、山东等地密集出台了多项针对数据要素市场的政策措施。例如，浙江省率先制定了《数据资产确认工作指南》，成为国内首个地方性数据资产确认标准[①]；贵州省则发布了《贵州省数据要素登记服务管理办法（试行）》[②]；广西也印发

---

① 《数据资产确认工作指南》浙江省级地方标准发布［EB/OL］．（2023-12-05）［2025-02-03］．http：//zj.news.cn/20231205/775a59fb4c6b4eeaba181e949acd50da/c.html．
② 贵州省大数据发展管理局．贵州省数据要素登记服务管理办法（试行）［EB/OL］．（2023-11-15）［2025-02-03］．https://dsj.guizhou.gov.cn/zwgk/zcwj/fgwj/202501/t20250117_86641017.html．

了《广西数据要素市场化发展管理暂行办法》[①] 等。这些政策紧密结合地方实际,对数据确权、登记及交易规则等核心问题进行了明确和细化。

(2) 管理主体日益多元化。

第一,政府主导与监管。政府部门在数据要素管理中发挥着关键性的引导和监管作用。一方面,通过制定政策法规和标准规范,引导数据要素市场的健康有序发展;另一方面,加强对数据安全、隐私保护等方面的监管,确保数据要素的合法、安全使用。例如,央行发布了《中国人民银行业务领域数据安全管理办法(征求意见稿)》,以强化银行业务领域的数据安全管理。[②]

第二,企业主体作用凸显。作为数据的主要生产者和使用者,企业在数据要素管理中的地位日益重要。大型企业纷纷加强内部数据管理,设立数据治理部门,完善数据管理制度和流程,提升数据质量和管理水平。同时,数据服务提供商、数据交易平台等相关企业也在快速发展壮大,为数据要素的流通和交易提供了有力支持。

第三,行业组织与机构参与。相关行业组织和机构积极参与数据要素管理,通过制定行业标准和规范、推动行业自律等方式,提升行业整体的数据管理水平。例如,一些行业协会组织开展了数据治理培训和交流活动,促进了行业内数据管理水平的提升。

(3) 技术手段不断创新。

第一,数据确权技术创新。区块链技术在数据确权领域得到了广泛应用。利用其分布式账本、不可篡改等特性,区块链能够为数据的来源、流转等提供可靠证明,为数据确权提供强有力的技术支持。部分数据交易平台已利用区块链技术实现了数据的溯源和确权。

第二,数据安全技术发展。面对日益严峻的数据安全问题,数据加密、

---

① 广西壮族自治区人民政府办公厅. 广西数据要素市场化发展管理暂行办法 [EB/OL]. (2023-11-07) [2025-02-03]. http://www.gxzf.gov.cn/zfwj/zxwj/t17451044.shtml.
② 中国人民银行. 中国人民银行业务领域数据安全管理办法(征求意见稿) [EB/OL]. (2023-07-24) [2025-02-03]. http://www.pbc.gov.cn/tiaofasi/144941/144979/3941920/4993510/index.html.

访问控制、安全审计等技术不断得到发展和完善。同时，隐私计算技术也在数据要素管理中得到了应用，能够在保障数据安全和隐私的前提下实现数据的分析和计算，为数据的安全流通和使用提供了坚实的技术保障。

第三，数据管理平台建设。为提升数据管理效率和水平，企业和政府部门纷纷建设数据管理平台，实现数据的集中管理、共享和分析。这些平台集成了数据采集、存储、处理、分析等功能，为数据要素的高效利用提供了有力支撑。

（4）数据交易市场稳步发展。

第一，交易平台建设加速。各地积极建立数据交易平台，为数据要素的流通和交易提供便捷场所和优质服务。如上海数据交易所、北京国际大数据交易所等已成为国内重要的数据交易平台。这些平台在数据交易规则制定、交易主体准入、数据产品定价等方面进行了积极探索和实践。

第二，交易规模持续扩大。随着数据要素市场的不断发展壮大，数据交易的规模也在逐步扩大。越来越多的企业和机构开始参与数据交易活动，数据产品和服务的种类也日益丰富多样，涵盖了政务数据、金融数据、医疗数据等多个领域。

（5）面临的挑战仍需关注。

第一，数据确权难题待解。尽管在数据确权方面取得了一定进展但仍存在诸多难题。由于数据的特殊性导致其产权归属存在多种观点和争议尚未形成具有共识性的数据确权标准和方法。这在一定程度上制约了数据要素的流通和交易活动。

第二，数据安全风险严峻。随着数据的积累和流通不断增加，数据泄露、篡改、滥用等安全风险也日益凸显。企业和政府部门在数据安全管理方面面临着巨大挑战，需要不断加强数据安全技术和管理体系的建设以应对潜在的安全威胁。

第三，数据流通障碍需破除。尽管数据交易市场在稳步发展但仍存在一些制约数据高效流通的障碍。如数据标准不统一、数据质量参差不齐、数据交易的信任机制不完善等问题亟待解决以推动数据要素市场的健康发展。

第四，监管机制尚需完善。随着数据要素市场的快速发展对监管提出了更高的要求。当前监管机制仍在不断完善之中，在数据隐私保护、反垄断、反不正当竞争等方面的监管力度还需进一步加强以确保数据要素市场的公平竞争和健康发展。

2.2.2 数据要素法律法规体系探究

在建立数据要素多层级法律法规体系方面，深圳市已构建起覆盖多维度的数据要素法制框架。首先，该框架首要层面聚焦于党中央、国务院，通过中央办公厅与国务院办公厅联合颁布《深圳打造中国特色社会主义先行示范区综合改革试验蓝图（2020—2025）》①，为整体布局奠定基调。随后中央各部委积极响应，国家发展改革委、商务部、财政部及海关总署等部门纷纷出台针对性扶持政策，构成了坚实的第二层支持体系。其次，广东省委与省政府大力支持本市法律法规体系建设，连续推出一系列配套措施，鼓励深圳在数据资源配置模式、数据交易机制构建及数据跨境流通等前沿领域率先探索与实践，这构成了法治建设的第三层深度推进。最后，以深圳市委为引领，凝聚深圳市发展改革委及深圳政务服务数据管理局等机构的合力，出台覆盖了数据治理的各个方面的系列法规，共同编织出一张紧密而高效的数据法规网络。② 为进一步贯彻落实该体系，深圳市出台《深圳经济特区数据条例》，包括总则、个人数据、公共数据、数据要素市场、数据安全、法律责任和附则七部分内容。作为国内数据领域首部基础性、综合性立法，该条例在数据保护、数据利用、数据交易等方面进行了全面规范，具有重要示范意义。

在完善和丰富多层级数据要素法律法规体系层面，各地在中央数据要素政策法规的指引下，有序开展探索实践，部分省份交出了风格各异的"地方答卷"。

---

① 深圳打造中国特色社会主义先行示范区综合改革试验蓝图（2020—2025）[EB/OL].（2020-10-11）[2025-02-03]. https://www.gov.cn/zhengce/2020/10/11/content_5550408.htm.
② 涂群，张茜茜. 深圳的数据要素探索实践和经验启示[EB/OL].（2023-10-22）[2024-07-10]. https://mp.weixin.qq.com/s/hSVWLlkJ0D7iFGFOPFwNQg.

山东省通过《山东省大数据发展促进条例》，明确核心议题是数据资源管理，并提出目录管理、合法收集、汇聚整合、治理机制、公共数据共享及开放的六大要求，旨在构建安全、有序、高效的数据生态系统。其次将数据产业分为三大板块，即基础板块、特色板块和新兴板块，强调通过数字化改造传统产业，推动大数据与产业的深度融合，并依托多平台与园区建设，促进数字产业集聚发展，以形成强大的产业生态链，辐射政务服务、数字机关、综合管理平台、智能化公共服务、社会治理及智慧城市与乡村建设这六大数据应用场景。①

福建省颁布《福建省"十四五"数字福建专项规划》，其独特之处在于确立"四化"战略导向来实现数字政府智能化治理、数字经济高质量跃升、数字社会全面智慧化转型及数据要素价值最大化释放。该规划设定了六大核心任务，聚焦于构建协同运作的智慧政府体系、激发数字经济融合创新活力、营造共治共享的数字生活环境、建立赋能型数据生态、部署集约智能的新基建蓝图，并加固网络安全防线，确保其可信可靠。此外，还强调构建全省一体化的数据资源管理体系，包括政务大数据平台的整合优化、公共数据资源目录的完善、数据汇聚共享的全面推进、市场化服务体系的建立、数据交易流通的推动以及数据要素市场规则的完善，以激发数据潜能，赋能经济社会发展。②

海南省颁布《海南省培育数据要素市场三年行动计划（2024—2026）》③，该计划以发展海南自由贸易港为基础，对海南特色数据要素发展作出规划。如保障数据关联对象权益和探索数据资产入表管理、提升公共数据开放水平并以商业化机制促开放、打造多元数据服务供给站以促进数据合规汇聚与流通、实施"1+N+X"市场交易体系，推动数据要素市场协同发展、发

---

① 涂群，张茜茜. 山东的数据要素探索实践和经验启示［EB/OL］.（2023-12-17）［2024-07-10］. https：//mp.weixin.qq.com/s/9BlEfV7CcKNsrhFEVnBXVg.
② 涂群，张茜茜. 福建的数据要素探索实践和经验启示［EB/OL］.（2023-11-12）［2024-07-10］. https：//mp.weixin.qq.com/s/u-LP-kIMnUNqpQZWLzDuAA.
③ 海南省人民政府办公厅. 海南省培育数据要素市场三年行动计划（2024—2026）［EB/OL］.（2023-12-05）［2025-02-03］. https：//en.hainan.gov.cn/hainan/xgwj/202312/1a0019f411014118a03df530721f55af.shtml.

展"3地1态1会"的特色数据产业,并积极参与国际规则制定,推动数据跨境应用,利用国际资源探索新兴领域,加速数据产业国际化进程。①

当前我国数据要素法律法规体系正持续进步并趋于完善,展现出蓬勃发展的良好态势。总体而言,其特点可概括为以下几个方面。

(1)基础法律框架已初步构建。《中华人民共和国网络安全法》为数据的网络安全奠定了坚实的法律基石,清晰界定了网络运营者的安全保护职责,并确立了网络安全的监管架构,对于确保数据在网络空间的安全存储与传输具有深远意义。《中华人民共和国数据安全法》则聚焦于数据安全领域,详尽规定了数据处理活动的安全标准、保护义务及监管措施,为数据的安全管理与保护提供了专门的法律支撑,是数据要素法律法规体系中不可或缺的一环。《中华人民共和国个人信息保护法》则针对个人信息的全生命周期处理活动,包括收集、存储、使用、加工、传输、提供及公开等,制定了严格的规范,明确了信息处理者的责任与义务,有效保障了个人信息主体的合法权益,在数据要素领域内对涉及个人信息的处理活动形成了强有力的约束。

(2)政策文件引领顶层设计。《关于构建更加完善的要素市场化配置体制机制的意见》开创性地提出培育数据要素市场,为数据要素的市场化配置指明了前进方向,促进了数据要素在市场中的自由流通与优化配置。《中共中央 国务院关于构建数据基础制度更好发挥数据要素作用的意见》更是深入聚焦数据产权、流通交易、收益分配及数据要素治理等关键环节,提出了20条具体政策举措,科学构建了我国数据基础制度的总体框架,为数据要素市场的稳健发展提供了高屋建瓴的顶层设计与政策导向。

(3)地方立法勇于探索实践。部分地方政府积极响应,结合本地数据要素发展的实际情况,制定了一系列地方性法规与政策文件。例如,部分省市已出台关于公共数据开放共享的地方性法规,明确了公共数据的开放范围、方式及安全管理要求,为公共数据的开放共享提供了坚实的法律保障。

---

① 张茜茜,涂群. 海南的数据要素探索实践和经验启示[EB/OL]. (2023-12-11)[2024-07-10]. https://mp.weixin.qq.com/s/TGKvjtImavkhxMGoDq224A.

（4）行业规范与标准日益完善。相关行业组织与机构也积极行动，制定了多项与数据要素相关的行业规范与标准，如数据管理能力成熟度评估模型、数据交易的技术标准与规范等。这些规范与标准对于规范数据处理活动、提升数据质量及促进数据交易等方面均发挥了重要的指导作用。

然而，值得注意的是，尽管我国数据要素法律法规体系已取得显著进展，但仍需持续完善。未来，我们需进一步明确数据权属、细化数据流通交易规则并加强跨境数据流动的法律规范，以推动数据要素市场的健康、有序发展。

2.2.3 数据运营平台的确立与规范

作为数据要素价值的挖掘者与释放渠道，确立和规范数据要素运营平台在数据要素实践中至关重要，该举措不仅能整合并优化各类数据资源、为各行业提供强大的数据支持，还能通过精准分析助力各行业制定科学决策、优化资源配置。因此，数据要素运营平台是推动数字经济高质量发展的关键力量。

湖南省设立了央地合资省级数据运营平台，以数字政府建设运维和数据要素运营为主业，着眼于"聚、通、用"的数据要素全生命周期，引领构建全价值链、全产业链和全服务链的数据要素产业生态圈。[1][2] 该平台的核心业务涵盖公共资源建设运维、公共平台运维管理以及数据要素运营三大板块。在公共资源建设运维层面，该平台致力于稳步推进省级数字政府公共资源平台的构筑进程，向社会广泛输出高质量的资源服务，并重视省大数据总枢纽的强化、省级一体化公共支撑平台的优化以及"湘易办"超级终端等关键平台的运维服务的智能化。在公共平台运维管理层面，该平台以"湘易办"超级服务端为枢纽，加速数据流通与智慧化应用步伐，

---

[1] 湖南省人民政府. 央地合作，数字湖南公司揭牌成立！[EB/OL]. (2023-06-10) [2025-02-03]. https://www.hunan.gov.cn/topic/hnsz/szmtbd/202402/t20240217_32861324.html.

[2] 张茜茜，涂群. 湖南的数据要素探索实践和经验启示[EB/OL]. (2023-12-24) [2024-07-10]. https://mp.weixin.qq.com/s/FIskLB7hC3m0hjrEpe2ZPQ.

深化与跨省政务 App 联盟的协作，推动政务服务向"便捷化、高效化、快速化"转型，最终实现"数据代跑，民众少劳"，进一步擦亮"一件事一次办"的服务宗旨。在数据要素运营领域，该平台计划构建省域范围内统一的数据要素市场，全面铺开数据运营服务。同时规划建立数据金库以存储核心、重要及敏感数据及其数据元件，来保障数据安全与高效利用。①

贵州省设立省市两级数据运营平台，即"云上贵州"政务数据平台，其核心聚焦于政府数据"汇集、流通、实用"一体化模式，并遵循高标准政务数据平台建设原则，内含公共信息服务平台与公共应用服务支撑系统两大支柱。公共信息服务平台构筑了资源累积、数据处理与服务递送的立体架构：资源层负责海量公共数据的收纳存储；数据层则经由精细的数据净化、分类整合与智能分析，有序安置处理后的数据资源，供用户依据应用需求便捷检索或调用，其核心职能涵盖公共数据的全面采集、净化处理、系统归类与高效运算，同时担当着公共信息公示与政务数据开放共享的重任；② 而公共应用服务支撑系统则是政府各职能部门对外展示业务资讯、提供应用下载服务的窗口，它作为政府与社会互动的桥梁，不仅让公众能够轻松获取最新的政府公告与资讯，还实现了政务服务的在线即时办理，极大地提升了政务服务效率与民众满意度。

上海市探索统一授权、集中运营的数据运营模式。上海数据集团作为上海市政府特许的数据运营先锋与城市大数据治理的基石，旨在成为上海市数据资源与市场供给的核心力量，服务于多元化市场主体。其四大核心业务板块并驾齐驱：首先是数据基础架构的构建与运维，涵盖数据采集、整合、存储、共享、网络安全等全方位基础设施建设；其次是数字资产的市场化运作，基于特许授权，集团提供合规、安全的多样化数据产品和配套的标准化、定价、支付等交易服务；再次是依托大数据分析，集团为企

---

① 湖南省人民政府．央地合作，数字湖南公司揭牌成立！［EB/OL］．（2023-06-10）［2025-02-03］．https：//www.hunan.gov.cn/topic/hnsz/szmtbd/202402/t20240217_32861324.html．
② 涂群，张茜茜．贵州的数据要素探索实践和经验启示［EB/OL］．（2023-12-03）［2024-07-10］．https：//mp.weixin.qq.com/s/f0lLZH0HOYka-ujXwAPr7g．

业、行业及城市数字化转型提供定制化咨询、解决方案、行业平台搭建及数据安全保障等增值服务；最后是该集团致力于构建数据产业生态体系，通过多元化投资策略，以资本为纽带，助力上海数据产业集群的蓬勃发展。上海市统一授权、集中运营的模式不仅促使公共与国企数据向集团平台的汇聚与流通、促进数据的开发与应用，还确保了数据市场化运营的安全边界，为数据经济繁荣奠定坚实基础。①

当前，各省市遵循中央精神，积极开展数据开放利用与授权运营的实践活动，并已积累了一定的宝贵经验。从全局视角审视，政府数据运营平台的现状呈现出鲜明的特点。

（1）政策层面的积极驱动。首先，国家层面对数据要素市场建设给予了高度重视，持续出台了一系列相关政策。以 2022 年 12 月发布的《中共中央　国务院关于构建数据基础制度更好发挥数据要素作用的意见》为例，该政策初步构建了我国数据基础制度体系，为政府数据运营平台的发展奠定了坚实的政策基础，并指明了发展方向。

其次，地方政府积极响应中央号召，根据中央政府的文件精神，纷纷出台了地方性的政策与条例。这些政策不仅推动了数据要素市场化配置改革，还明确了数据运营平台的建设目标、任务及管理规范等。例如，济南市在 2024 年推出了《济南市推动数据要素市场化配置改革加快数字经济发展行动方案（2024—2025 年）》，为当地的数据运营平台建设提供了有力支持。②

（2）平台建设的加速推进。在平台建设方面，多种模式并存且各具特色。首先，集中统一模式在部分地区得到了广泛应用。这些地区通过政府授权，将各部门的数据市场化运营集中在特定的国资载体上，实现了数据的集约化管理和高效利用。例如，成都市政府将数据运营的重任交给了成

---

① 涂群，张茜茜．上海的数据要素探索做法和特点启示［EB/OL］．（2023-10-08）［2024-07-10］．https：//mp.weixin.qq.com/s/N7OkvSqbRubMX5NvgpaWCA．
② 济南市人民政府办公厅．济南市人民政府办公厅关于印发济南市推动数据要素市场化配置改革加快数字经济发展行动方案（2024—2025 年）的通知［EB/OL］．（2024-07-15）［2024-09-12］．http：//www.jinan.gov.cn/art/2024/7/17/art_2615_4984201.html．

都市大数据集团股份有限公司,数据使用单位只需与其签署协议即可获得数据使用权。①

其次,分行业集中模式也在部分地区得到了实践。针对特定行业建立的数据专区,如北京市的金融公共数据专区,以场景为牵引,为特定行业的数据应用提供了更加专业、精准的数据支持。

此外,综合服务模式也在一些地方得到了推广。这些地区建立了兼具公共数据加工与数据交易的综合服务平台,如海南省的"数据产品超市"。该平台集数据归集、管理、加工、交易于一体,将各类型参与主体纳入其中,形成了数据要素的全流程服务体系。

随着平台建设的不断推进,其功能也日益完善。除了数据存储、管理等基础功能外,还不断扩展了数据开放、共享、交易、应用等功能。一些平台甚至提供了数据登记、数据交易、数商入库、数据要素第三方服务等功能,成为面向企业和社会提供数据要素全流程服务的总门户。

(3)数据开放程度的显著提升。各级政府积极推进公共数据的开放工作,纷纷上线了公共数据开放平台。截至2023年8月,我国已有226个省级和城市的地方政府上线了数据开放平台。这些平台开放的数据覆盖领域广泛,包括市监、工商、交通、生态、公共设施等多个领域,为企业和社会公众提供了丰富的数据资源。这些数据的开放不仅促进了数据的创新应用和价值释放,还为社会经济的发展注入了新的活力。

(4)应用场景的日益丰富。在政府服务方面,政府数据运营平台为政务决策和公共服务提供了强有力的数据支持。通过利用数据进行政务数据分析,可以优化政务流程、提高政务服务的效率和质量。同时,这些平台还推动了交通、医疗、教育等领域的数字化发展。例如,在医疗领域,通过数据共享实现了医疗信息的互联互通,方便了患者就医;在交通领域,利用交通数据优化城市交通管理、缓解了交通拥堵等问题。

在企业发展方面,政府数据运营平台也发挥了重要作用。它们为企业

---

① 赵蔡晶,计丽娜. 开放与运营:公共数据价值实现的双路径[J]. 信息通信技术与政策,2023,49(4):27-33.

提供了市场趋势、行业动态等数据信息，帮助企业进行市场分析、产品研发和业务创新。这些数据的支持促进了企业的数字化转型和升级发展。

（5）安全保障的日益加强。随着数据价值的不断提升和数据应用的不断深入，数据安全问题也日益受到重视。政府高度重视数据运营平台的安全保障工作，在数据安全法规、技术防护、安全管理等方面不断加大投入力度。通过建立数据安全保障体系、加强对数据运营平台的监管等措施，确保了数据的安全存储、传输和使用。同时，还明确了数据使用的规则和权限，对数据的采集、存储、加工、交易等环节进行严格监管和管控，防止了数据泄露和滥用等问题的发生。

2.2.4 数据基础设施适度超前部署

北京市正探索一体化数据基础设施建设，共包括四大板块，即市级大数据平台及公共数据开放平台、公共数据流通交易平台、数据跨境服务平台和数据流通"监管沙盒"项目。市级大数据及公共数据开放的基础设施由北京大数据中心构建并运维，该平台核心职能在于整合全北京市范围内的公共数据资源，并推动其向外界开放共享。公共数据流通交易平台依托北京金融公共数据专区这一战略地位，深度融合区块链与隐私计算技术，构建起一个安全可信的数据处理与交易生态系统，聚焦于原始公共数据的精细化加工及数据交易的顺畅流通。跨境数据服务平台由北京国际大数据交易所打造，旨在提供涵盖数据托管、脱敏处理、档案管理、备案审核及跨境托管在内的一站式跨境数据服务。[①] 数据流通"监管沙盒"项目是为政府机构量身打造高效的监管服务工具。目前，这四大支柱性数据基础设施已初步搭建完成，正步入持续优化阶段，通过制度创新、机制完善和技术革新，逐步推动各环节间的无缝对接与融合，以构建一个覆盖数据汇聚、公共数据产品开发、交易流通、跨境服务及安全监管等全链条的综合性数

---

① 张茜茜，涂群．北京的数据要素探索实践和经验启示［EB/OL］．（2023-10-25）［2024-07-10］．https：//mp.weixin.qq.com/s/OmePPjhAPerEi8Vg1KePlg．

据基础设施体系，全面赋能公共数据的全生命周期管理。

四川省依托"东数西算"工程，正努力建设国家数据基础设施的枢纽节点。四川省发改委联合其他部门，共同颁布《全国一体化算力网络成渝国家枢纽节点（四川）实施方案》①，该方案指出2025年天府数据中心集群先导区将全面竣工，构建起结构合理、绿色低碳、安全高效且算力供给与数字经济扩张相匹配的数据中心整合发展框架；2030年四川省将实现数据中心布局的深度优化、技术引领前沿、绿色可持续发展以及算力效能跃居国内领先行列，为经济社会全面数字化转型提供坚实支撑，加速构筑国家"东数西算"战略的核心引擎。② 此外，四川省正构建以天府数据中心集群为核心、辅以绵阳、德阳、宜宾、达州、雅安等地数据中心节点的全省算力网络架构。其中天府新区建设成效尤为突出，不仅率先建立了国家超算中心与华为鲲鹏生态基地，还成功吸引了中国科学院成都科研中心、中国商飞等37家国字号科研与产业创新机构入驻，加速了科技创新生态的繁荣。与此同时，工业互联网标识解析国家顶级节点（成都托管与灾备）正高效运行，其注册量与解析量均位居全国首列，极大地促进区域及行业数据的流通与应用。

广东省背靠粤港澳大湾区，在广州、深圳和珠海建造数据跨境流动基地，并致力于将广州南沙粤港澳数据服务试验区转型升级为集多功能于一体的综合示范标杆。同时，加速深圳前海深港现代服务业合作区的创新发展，聚焦于构建"数据海关"特色示范区，引领数据跨境管理与服务的新模式。为此，广东省采取了以下举措：一是设立数据合作产业聚集区，重点扶持大算力、数据算法、数据服务等数据类产业；二是探索建设离岸数据服务先行区，并推行跨境数据流通"正面清单"管理机制，精细化可流通数据的范畴；三是完善跨境共享互通互认机制，促进南沙与港澳在商事登记、信用体系、社保福利、食品安全监管、医疗健康服务及商品追溯等

---

① 四川省人民政府. 全国一体化算力网络成渝国家枢纽节点（四川）实施方案［EB/OL］.（2022-08-03）［2025-02-03］. https: // www. sc. gov. cn/10462/10778/10876/2022/8/3/fd9c17b638cd4c0dab1296009d5857f4. shtml.
② 张茜茜，涂群. 四川的数据要素探索实践和经验启示［EB/OL］.（2023-11-19）［2024-07-10］. https: // mp. weixin. qq. com/s/u8htPYRPRK4R30EgRIiE_w.

关键营商环境及民生服务领域的互通互认机制，此举旨在强化粤港澳三地数据标准的协同与规则的对接，通过创新数据跨境应用场景，加速区域数据流通与融合，为粤港澳大湾区的协同发展注入新动力。①

数据要素基础设施是支撑数据要素流通、存储、处理和应用的基础体系，对于释放数据要素价值、推动数字经济发展至关重要。2023年习近平总书记在黑龙江考察时首次提出"加快形成新质生产力"②，中央多次会议重点提出推进数据基础设施建设。同年，国家数据局局长在相关会议上指出，数据基础设施建设是数据要素市场化改革的重点任务之一。③在发展新质生产力的背景下，数据要素在数字经济发展中愈发占据核心地位，其迅猛发展的势头对配套的数据基础设施提出了全新的挑战。传统的信息基础设施已经无法满足当前数据要素流通和应用的需求，亟须进行升级和改造数据基础设施。为此，有必要构筑契合数据要素特性、推动数据要素顺畅流通、最大化释放数据要素潜能和赋能新质生产力的新型数据基础设施。

从各省市实践看，已经充分意识到数据要素基础设施的重要性，纷纷加大基础设施投入，利用先进技术超前部署基础设施，为数据要素价值释放提供了数据底座。

总体上，数据流通基础设施建设取得可喜成绩，但依然存在一些不足：第一，数据基础设施应用可复用性较差，只能面向单一场景和应用提供解决方案，缺乏必要的灵活性和通用性，影响了互联互通和规模化应用。第二，数据流动成本较高，数据流通的全链路技术方案涉及多个环节，每个环节都可能产生较高的成本，这增加了基础设施的建设和运营难度，也影响了建设者的收益预期和市场竞争力。第三，没有典型的案例示范作为行业规范和引领，市场仍处于探索和发展期，行业标准和最佳实践尚未形成，增加了市场参与者的不确定性和风险。

---

① 张茜茜，涂群.广东的数据要素探索实践和经验启示[EB/OL].（2023-11-05）[2024-07-10]. https://mp.weixin.qq.com/s/30EJ-rEA9qVGjm7j9J_yNA.
② 大力发展新质生产力[EB/OL].（2023-11-20）.http://www.xinhuanet.com/politics/20231120/f608b1b0497f44ee8fa085954c55be65/c.html.
③ 国家数据局：正推进数据要素市场化配置改革[EB/OL].（2023-11-25）[2024-03-25]. https://www.gov.cn/lianbo/bumen/202311/content_6917026.htm.

2.2.5 数据要素乘数效应有序激发

为了深入贯彻《行动计划》精神，2024 年 5 月，国家数据局在第七届数字中国建设峰会上隆重推出了首批 20 个"数据要素×"典型案例，这些案例广泛覆盖了工业制造、现代农业、商贸流通、交通运输、金融服务、科技创新、文化旅游、医疗健康、应急管理、气象服务、城市治理、绿色低碳 12 大关键行业与领域，并涵盖了北京、上海、浙江、江苏、四川、安徽、湖南、湖北、广东、福建、山东、新疆 12 个代表性省份。[1] 这些案例充分展示了不同地区、不同所有制企业在数据要素开发利用方面的创新实践与宝贵经验。

例如，在工业制造领域，国家能源投资集团有限公司凭借其在铁路运输装备、港口装备、船舶装备等领域的深厚积累，成功构建了智能模型与数据资产交易平台，极大地推动了产品设计与功能的优化升级。而在商贸流通领域，浙江中国小商品城集团股份有限公司则巧妙利用公共数据授权运营机制，推出了企业信用、供应链金融等数据产品服务，有效提升了贸易效率，降低了交易风险。[2]

此外，还有诸如上海钢联电子商务股份有限公司在大宗商品贸易领域的卓越表现，他们通过融合多方数据资源，显著提升了大宗商品流通效率，增强了国际定价影响力。而浙江网商银行和蚂蚁科技集团在金融服务领域的创新尝试，更是通过融合农田遥感、农业生产、农户授权等多源数据，优化了授信评估模型，为农户提供了更加精准、高效的金融服务。

这些典型案例的推出，旨在通过示范效应，激发多方主体积极参与，进一步释放数据要素的巨大价值，推动数字经济发展迈入一个全新的阶段——

---

[1] 数字中国建设峰会.20 个"数据要素×"典型案例发布［EB/OL］.（2024-05-25）［2024-08-27］.https://www.szzg.gov.cn/2024/xwzx/szkx/202405/t20240525_4830359.htm.

[2] 第七届数字中国建设峰会在福建福州举办——数字创新激活发展动力［EB/OL］.（2024-05-26）［2024-08-27］.https://paper.people.com.cn/rmrbwap/html/2024-05/26/nw.D110000renmrb_20240526_1-02.htm.

激活数据要素价值的新时代。展望未来，国家数据局将坚定不移地推进"数据要素×"典型案例的遴选工作，以数据要素市场化配置改革为核心，积极培育全国一体化数据市场，为数据要素的开发利用创造更加广阔的空间与机遇。

2.3 数据要素价值释放存在的问题

数据要素作为数字经济的核心资源，其价值释放对于推动经济高质量发展具有重要意义。然而，当前数据要素价值释放仍面临诸多问题和挑战，这些问题主要集中在以下几个方面。

2.3.1 数据基础设施有待持续提升

传统交易市场中，商品通过排他性占有来管控其流向和用途。[1] 但数据由于易复制性，一旦交易完成，卖方将失去数据控制权并面临潜在安全风险。因而数据持有者既"不愿"也"不敢"进行数据流通。为促进数据流通，必须加快数据要素制度体系与数据要素系统设施建设，培育多级市场联动的可信流通体系，[2] 利用区块链、隐私计算等技术确保数据供应方能有效监控数据使用目的、方式和去向，实现"可用不可见和可控可计量"的数据流通机制。

2.3.2 数据要素市场化有待完善

美国与欧盟各有不同数据要素市场化模式，美国凭借其发达的信息产

---

[1] 严宇，孟天广. 数据要素的类型学、产权归属及其治理逻辑 [J]. 西安交通大学学报（社会科学版），2022，42（2）：103-111.
[2] 孙静，王建冬. 多级市场体系下形成数据要素资源化、资产化、资本化政策闭环的总体设想 [J]. 电子政务，2024（2）：12-20.

业为数据供给和需求提供强大动力,有效促进数据要素市场的形成和发展,基于丰富的应用场景不断挖掘数据要素新应用。欧盟积极探索数据定价方式①②、数据治理体系,试图打造统一数据市场。③

我国数据要素市场发展基础好,市场规模不断增长,潜力巨大,但也存在发展不平衡不充分等问题④,主要表现在以下几个方面。

(1)场内交易不充分,场外交易乱象频发。

(2)数据要素市场部门、区域、行业之间壁垒突出,阻碍市场一体化发展。

(3)在确权、定价、可信流通、安全与合规等支撑数据要素流通的交易要件体系建设方面存在巨大障碍。⑤

为有效应对我国数据要素市场化中存在的供需不平衡、市场分割、交易不规范等问题,急需从供给侧、场内外交易、需求侧三方面入手,协同推进数据要素市场规范有序发展。通过优化供给侧,提升数据的可获得性和质量;通过规范场内外交易,减少市场乱象,促进数据要素有序流通;通过激发需求侧潜力,进一步挖掘数据要素的应用场景和市场价值。

2.3.3 安全治理体系与模式缺乏

数字经济以具有高创新性、广覆盖性和强渗透性的数据为关键要素。数据要素不仅增强了传统生产力内涵的深度和广度,而且挑战了传统监管模式。在大规模数据流通过程中,多源多方数据融合进一步加剧这一挑战。

---

① Pei J. A Survey on Data Pricing: From Economics to Data Science [J]. Ieee Transactions on Knowledge and Data Engineering, 2022, 34 (10): 4586-4608.

② Cong Z C, Luo X, Pei J, et al. Data Pricing in Machine Learning Pipelines [J]. Knowledge and Information Systems, 2022, 64 (6): 1417-1455.

③ 王伟玲, 王蕊, 贾子君, 等. 数据要素市场——全球数字经济竞争新蓝海 [M]. 北京: 电子工业出版社, 2023.

④ 奉国和, 邱婧. 数据要素价值释放机制与框架研究 [J]. 深圳社会科学, 2025, 8 (1): 47-62.

⑤ 王璟璇, 窦悦, 黄倩倩, 等. 全国一体化大数据中心引领下超大规模数据要素市场的体系架构与推进路径 [J]. 电子政务, 2021 (6): 20-28.

当前，传统信息安全保护范式难以应对数据大规模流通和交易背景下的新型数据安全风险[1]，具体体现在数据质量欠缺[2]、数据权益保护不足[3]、安全监管滞后[4]及数据流通交易不畅[5]等方面。为应对这些挑战进而保障数据要素价值全面释放，需从提高数据质量、保护数据权益、加强安全监管与促进流通交易四方面开展保障工作。基于四保障构建适应数据特点的安全治理体系与模式，充分发挥数据要素在数字经济的价值潜力。

2.3.4 数据要素乘数效应有待进一步激发

当前，我国数据要素的应用仍处于初级阶段，多数应用仅限于局部范围或组织内部，并未实现数据要素的高水平应用。[6]高水平数据要素应用不仅是数据查询或报表分析等信息化应用，更在于通过数据驱动实现全产业链全要素协同、多场景多主体复用和跨领域跨行业融合的智能化应用。2024年1月，中央明确提出要探索多样化、可持续的数据要素价值释放途径。[7]实际上，从数据要素的资源化到资产化再到资本化，这两次价值飞跃的过程是发挥数据要素乘数效应的核心途径。[8]当数据要素价值释放到一定程度时，数据普惠化和数据均等化则成为其释放的高阶表现形式。基于此，本书提出数据要素价值释放途径包括数据资源化、数据资产化、数据资本化、数据普惠化和数据均等化，这五条途径将有助于充分发挥数据要素的潜力，

---

[1] 袁康，鄢浩宇. 数据分类分级保护的逻辑厘定与制度构建——以重要数据识别和管控为中心[J]. 中国科技论坛，2022（7）：167-177.
[2] 李一. 网络社会治理的"功能整合"：内涵、类型与实践指向[J]. 浙江社会科学，2021（8）：84-91, 159.
[3] 金耀. 从数据排他到数据治理：数据持有者权的双阶构造[J]. 电子政务，2024（7）：112-124.
[4] 靳晓宏，谭晓，李辉. 数据要素乘数效应赋能实体经济发展：作用机理及路径选择[J]. 情报理论与实践，2024，47（6）：31-38.
[5] 陈兵. 科学构建数据要素交易制度[J]. 人民论坛·学术前沿，2023（6）：66-78.
[6] 金观平. 释放数据要素乘数效应[N]. 经济日报，2024-05-29（001）.
[7] 国家数据局. "数据要素×"三年行动计划（2024—2026年）[EB/OL].（2024-01-04）[2024-06-15]. http://www.cac.gov.cn/2024/01/05/c_1706119078060945.html.
[8] 孙静，王建冬. 多级市场体系下形成数据要素资源化、资产化、资本化政策闭环的总体设想[J]. 电子政务，2024（2）：12-20.

实现数据驱动的高水平智能化应用，进一步激发数据要素乘数效应。

2.4 述 评

数据，作为信息的核心载体，不仅忠实地记录了客观世界的运行轨迹，更潜藏着巨大的经济价值与社会效益。中国信息通信研究院将数据要素精准定义为能够直接产生经济效益的数据资源，这一界定深刻揭示了数据作为现代生产要素的本质属性。相较于传统的生产要素，如劳动、资本、土地，数据要素展现出其独有的价值性、虚拟性、非竞争性、非消耗性以及时效性等特点。这些特性不仅确立了数据在资源配置中的独特地位，同时也为其价值的全面释放带来了复杂而多样的挑战。

值得注意的是，数据要素的非竞争性与排他性并存，这一特殊性质使得数据在流通过程中涉及了多重法律属性，如所有权、控制权、使用权等，这无疑增加了数据确权与管理的难度。然而，正是这些特性赋予了数据所有者以"可用不可见"的竞争优势，进一步巩固了其在市场竞争中的核心地位，推动了数据资源的垄断与集中。

数据要素政策，作为国家层面的战略指引，对于促进数据要素的有序流动和价值转化具有不可估量的作用。近年来，中央及各大区域在数据要素政策制定上展现出高度的活跃性和针对性，不仅全面覆盖了数据产权、流通、交易等多个关键环节，还成功打造了各具特色的区域数据要素产业聚集区。这些政策的出台，不仅为数据要素市场的健康发展提供了坚实的制度保障，更为数据要素价值的充分释放搭建了广阔的舞台。通过政策的积极引导，数据要素得以在更广泛的领域内实现优化配置和高效利用，为经济社会的持续发展注入了新的活力。

在中央和地方数据要素政策的共同推动下，各地纷纷开展数据要素价值释放的实践探索，并取得了显著成效。部分省市在设计和优化数据要素体系、搭建和完善数据要素法律法规体系、确立和规范数据运营平台以及适度超前部署数据基础设施等方面进行了积极探索和有益尝试。这些实践不仅为数据要素市场的繁荣发展提供了宝贵经验,更为其他地区的数据要素价值释放工作树立了典范。

然而,在数据要素的实际应用中,其乘数效应并未得到充分发挥。数据孤岛现象依然普遍存在,不同部门、地区和企业之间的数据壁垒尚未完全打破,导致数据资源难以实现有效整合和共享。同时,数据要素的价值挖掘和利用深度仍有待提升,许多潜在价值尚未被充分发掘和释放。为了破解这些难题,需要深入探究数据要素价值释放的机制,并积极寻求解决方案。

基于数据要素价值释放的相关理论和DIKW模型,本书提出了数据要素价值释放的基本框架。该框架以释放数据要素价值和发展新质生产力为核心目标,以数据基础设施和数据管理体系为基础支撑,以融合供给侧、场内外交易和需求侧为驱动力量,以提高数据质量、加强安全监管、保护数据权益和促进流通交易为保障措施,以数据资源化、数据资产化、数据资本化、数据普惠化、数据均等化为实现途径。这一框架的提出,为我们更好地理解和利用数据要素提供了有力的理论支持和实践指导。

第 3 章　基本理论与框架构建

本书基于数据要素的基本内涵、价值链、价值释放机制以及 DIKW 机理，精心设计了一个多层次的数据要素价值释放框架。此框架旨在深入剖析数据如何从基础性、战略性的资源逐步转变为关键生产要素的过程，并揭示在这一转变过程中数据价值释放的趋势。同时，该框架还详细阐述了各个环节的具体内容以及它们对价值释放的作用机制。

3.1　基本支撑理论

3.1.1　生产要素理论

生产要素理论在经济学中占据核心地位，其范式演进不仅记录并诠释了社会生产力的阶段性飞跃，亦深刻剖析了经济形态演化的历史逻辑。随着数字经济如潮水般涌来，这一古老而常新的理论正面临前所未有的挑战与机遇，其内核与外延在数字浪潮中焕发新生。本书旨在深入剖析数据要素价值释放的内在机理，为构建适应新时代的要素市场化配置体系提供坚实的理论支撑。

回溯历史长河，生产要素理论的起源可追溯至古典经济学的辉煌时代。

亚当·斯密在《国富论》[①]中首次提出了土地、劳动与资本三大生产要素理论，这一划时代的贡献为后续研究奠定了坚实的基础。随着工业革命的推进和社会生产力的显著提升，生产要素的内涵逐渐丰富，外延不断拓展。马歇尔在《经济学原理》[②]中独具慧眼地将组织纳入生产要素的范畴，强调了企业组织对于生产效率的重要影响；而熊彼特则以其独到的见解，揭示了创新在推动经济增长中的关键作用[③]；索洛则进一步指出，技术进步是推动经济增长的核心动力[④]。

进入新时代，中国特色社会主义政治经济学在继承与发展中不断创新，对生产要素理论进行了深刻的拓展与升华。党的十九届四中全会通过的《关于坚持和完善中国特色社会主义制度　推进国家治理体系和治理能力现代化若干重大问题的决定》（以下简称《决定》）[⑤]，明确提出，劳动、资本、土地、知识、技术、管理、数据七项生产要素，这一重大理论创新不仅体现了对新时代生产力特征的精准把握，更为深化要素市场化配置改革提供了行动指南。随后，2020年3月发布的《关于构建更加完善的要素市场化配置体制的意见》（以下简称《意见》）[⑥]，更是聚焦土地、劳动、资本、技术、数据五大要素领域，为改革指明了具体路径，推动要素市场化配置向纵深发展。

生产函数，这一研究生产要素与产出关系的利器，为我们揭示了各要素投入对产出的影响机制。在数字经济背景下，生产函数的形式更加复杂多样，但其核心思想依然清晰：$Q=f(L,K,N,T,M,D,\cdots)$。其中，Q代表广义产出，而L、K、N、T、M、D等则分别代表劳动、资本、土地、技术、

[①] 亚当·斯密. 富国论[M]. 孙善春，李春长，译. 开封：河南大学出版社，2020.
[②] 马歇尔. 经济学原理[M]. 章洞易，译. 北京：北京联合出版公司，2015.
[③] 约瑟夫·熊比特. 发展经济学理论[M]. 何畏，易家详，译. 北京：商务印书馆，2020.
[④] Solow R. M. Technical Change and the Aggregate Production Function [J]. *The Review of Economics and Statistics*，1957（39）：312-320.
[⑤] 中共中央关于坚持和完善中国特色社会主义制度　推进国家治理体系和治理能力现代化若干重大问题的决定[EB/OL].（2019-11-05）[2024-09-20]. https：//www.gov.cn/zhengce/2019-11/05/content_5449023.htm.
[⑥] 中共中央　国务院关于构建更加完善的要素市场化配置体制机制的意见[EB/OL].（2020-04-09）[2024-08-23]. https：//www.gov.cn/zhengce/2020-04-09/content_5500622.htm.

管理、数据等生产要素。这一模型不仅为我们提供了一个分析框架，还激发了无数学者对数据要素与其他要素之间复杂关系的深入探索。

在数字经济时代，数据无疑成为最具战略价值的生产要素，被誉为"第一生产要素"。这一判断并非空穴来风，而是基于数据独特的属性与价值。首先，数据具有非竞争性和可复制性，这一特性使得数据能够在不同场景中被反复使用，极大地提高了生产效率。其次，数据的价值并非线性增长，而是随着规模的扩大呈指数级上升，这种网络效应使得数据成为推动经济增长的强大引擎。最后，当数据与人工智能技术深度融合时，能够产生出超越传统生产方式的创新性解决方案，为经济发展注入新的活力。

然而，"数据为王"并不意味着其他生产要素可以被忽视或边缘化。[1] 事实上，数据的价值实现离不开技术、资本等要素的协同支持。数据的采集、存储、分析和应用需要先进的计算设备和算法作为支撑；而数字型企业在发展初期往往需要大量的资本投入以构建用户基础和技术优势。因此，我们应当注重数据要素与其他传统生产要素优化配置和协同效应，通过融合发展的方式驱动传统要素的创新与演化共同促进新质生产力的发展。

此外，作为生产要素的数据本身并不能直接用于生产经济物品但其在生产过程中发挥的作用却不可小觑。数据能够创造新的知识、形成对未来的预测并指导经济物品的生产。在这个过程中数据不仅成为连接过去与未来的桥梁，更成为推动经济发展的重要力量。

综上所述，生产要素理论的演进与发展是一个不断适应时代变化、不断创新与完善的过程。在数字经济时代数据作为新兴的生产要素正以其独特的价值和作用引领着经济发展的新潮流。我们应当以开放的心态和创新的思维去拥抱这一变化，深入挖掘数据要素的价值潜力，推动经济社会的全面发展。

---

[1] 于立，王建林. 生产要素理论新论——兼论数据要素的共性和特性 [J]. 经济与管理研究，2020，41（4）：62-73.

3.1.2 数据要素独特的内涵

数据要素是数字经济时代中的新型生产要素，厘清数据要素内涵有利于清晰地分析数据要素在经济生产、社会生活中的重要性和贡献度。[①] 数据要素的内涵大致可从以下四个方面阐述。

（1）《中华人民共和国数据安全法》对数据作出了明确定义，即数据是以电子或非电子方式记录的信息。[②] 数据和数据要素是截然不同的两个概念，数据包含数据要素，后者一般由前者转化而来，是前者的特殊存在形式，是数字经济时代下的关键生产要素。

（2）从产生条件上看，数据的产生几乎不需要特定条件，数据出现在文字之前，如结绳记事和穿珠计数等[③]。数据要素来源于数据，但不等于数据，社会生产活动产生的数据并非都是生产要素。数据要转化为生产要素，必须同时满足以下条件。

一是信息技术发展，如 IPv6、"互联网+"、云计算、大数据、AIGC、区块链等技术的发展，极大地提高了数据传输、计算、分析和决策效率及质量。

二是硬性信息基础设施的完善。[④]当前，互联、互通、融合、泛在的算力、流通、网络基础设施等已成为数据要素实践不可或缺的重要基础。

三是应用场景的更新。数据要素必须参与到有目的的生产活动中，以在线数字平台、数据要素市场等形式为依托，与千行百业深度融合并为社会经济提供个性化、精准化、高效化、优质化的正反馈。在这个过程中需要注意的是，无论数据要素多么海量多么优质，如果不能被利用并有效参与到生产过程中，就会变成数据冗余。

[①④] 王杰森. 数据作为生产要素参与分配机制研究 [D]. 福州：福建师范大学，2022.
[②] 中华人民共和国数据安全法 [EB/OL]. （2021-06-10）[2024-07-14]. http://www.npc.gov.cn/npc/c30834/202106/7c9af12f51334a73b56d7938f99a788a.shtml.
[③] 刘红，胡新和. 数据革命：从数到大数据的历史考察 [J]. 自然辩证法通讯，2013（6）：33-39.

（3）从生产过程上看，数据若未融入最终产品的生产链条之中，则不可称为生产要素的一部分。只有直接参与并服务于最终产品生产的那一部分数据，方能被界定为数据要素。[①] 为了提升生产效率、优化供需关系的精准对接，并实现产品的有效交换，数据要素的需求需要挖掘数据中的信息与情报，这一过程赋予了数据以生产要素的核心特质，使其转化为推动经济发展的关键数据要素。

（4）从价值论与使用价值的视角深入剖析，分散、独立且缺乏特殊性的一般数据，其使用价值微乎其微，进而此类数据在价值层面上亦难觅踪迹。[②] 相反，数据要素因其在社会生产活动中展现出的"实用性"而天然具备使用价值特性。因此，不论是在生产过程的第二阶段还是后续的再生产阶段，数据要素均融入了人类无差别的抽象劳动成果[③]，这一转化使其成为价值与使用价值和谐共生的载体。在此统一体中，所凝聚的"一般劳动"不仅涵盖了数据采集、存储、清洗等环节中数字技术人员所付出的辛勤劳动，以及他们在提供、应用和加工数据要素时贡献的智慧与技能，同时也包括原始数据提供者的数字劳动，确保数据流的源头活水与持续更新。

综上所述，数据要素指的是被整合为生产性资源，并投入生产流程中的数字化信息与知识的集合。作为随着社会生产力飞跃及生产关系演进而涌现于信息领域的虚拟资源，数据要素不仅承载着人类无差别的普遍劳动成果，还兼具价值与使用价值的双重特性。[④] 这些特性使得数据要素在推动经济发展、优化资源配置方面展现出巨大的潜力和价值。

3.1.3 数据要素价值链

从原始的数据形态开始，直至融入并积极参与社会生产经营管理的各

[①] 杨铭鑫，王建冬，窦悦. 数字经济背景下数据要素参与收入分配的制度进路研究［J］. 电子政务，2022（2）：31-39.
[②④] 王杰森. 数据作为生产要素参与分配机制研究［D］. 福州：福建师范大学，2022.
[③] 王胜利，樊悦. 论数据生产要素对经济增长的贡献［J］. 上海经济研究，2020（7）：32-39.

个环节并实现内在价值，数据要素在这一过程不断经历着数据形态的深刻演化。学界参考数据生命周期理论中的采集、存储、处理、利用、管理等阶段，提出数据要素价值链的概念。数据要素价值链是指数据从初步采集与生成，历经一系列处理与转化，最终实现高效利用并创造出实际价值的完整链条。在这一链条中，各环节都紧密相联，共同构成数据要素实现其潜在价值的重要路径。

在数据要素价值链中，数据要素的价值化进程可以细化为资源化、资产化及资本化这三大阶段。[1] 首先，数据资源化是对原始数据的精细化处理，包括采集、高效存储、深度加工与精准分析等多个环节，旨在将这些原始数据转化为高质量、可信赖的数据资源。其次，数据资产化是价值实现的核心环节。在这一阶段，通过明确数据的权属、科学评估其潜在经济价值以及制定合理的价格机制，数据要素被正式赋予经济属性，成为能够带来实际经济利益的数据资产。最后，数据资本化是数据价值深度释放与广泛流通的关键，这一过程赋予了数据要素金融属性。通过市场机制促进数据资产在市场中自由流通与交易，有利于数据要素的社会化最优配置，不仅扩大了数据价值边界，还加速了数据价值的转化与实现。[2]

数据要素价值链是一种系统性框架，它将数据从原始状态转化为具有实际价值资源的过程细化为一系列紧密相联的阶段。每个阶段都蕴含着数据的输入、处理转换以及输出，这些过程不仅拓宽了数据作为生产要素的交易边界，还促使数据要素在多样化的应用场景中流通与运用。将数据要素价值释放融入多样化的应用场景，为不同参与主体的介入和价值实现提供了机遇，最终将促进数据价值在不同维度和层面上的释放与增值。[3]

综上所述，数据要素价值创造是一个以资源化为起点，经由资产化，最终迈向资本化的递进过程。这一过程全面展现了数据要素如何通过精细

---

[1] 杨云龙，张亮，杨旭蕾. 数据要素价值化发展路径与对策研究[J]. 大数据，2023，9(6)：100-109.
[2] 奉国和，肖雅婧. 数据要素价值释放研究进展[J]. 图书馆论坛，2024（8）：123-132.
[3] 刘奕，李清逸，姜莱. 基于数据价值链的数据要素交易机制创新研究[J]. 学习与探索，2023（4）：88-97.

处理、权属确认、价值评估及市场交易等多个环节逐步释放出其内在的巨大价值，从而揭示了数据要素价值创造的完整路径。[①]

3.1.4 数据要素价值释放机制

数据要素的特征是影响数据要素价值释放的关键因素，是探究数据要素价值释放机制的基础。具体而言，数据要素的非竞争性、正外部性、时效性和供给侧、需求侧相协同的特点决定其价值释放的实现过程。数据要素具有非竞争性，这一特点使得同一数据集能够被不同主体同时使用，即使新增使用者也不会损害已有使用者的效用。[②] 此特性结合零边际成本的特点，表现为数据的开放共享与再利用，从而最大化挖掘数据要素的价值。这一特性使得开放共享成为数据要素价值释放的关键。[③]

数据资源的开发利用展现出强烈的正向外部效应。从个体消费者视角来看，孤立的个人数据往往难以直接体现其经济价值。然而当这些数据跨越个体界限，实现聚合并累积至一定量级时，其蕴含的价值便得以显现，这一转变凸显了数据间的互补特性，即数据价值的实现依赖于其规模效应与相互间的整合能力。数据要素越汇集，其数量和类型越丰富，越有助于生成更具价值的数据要素集、信息集和知识集。此外，数据还具有外溢性，即单个主体对数据要素集的分析可能对其他主体的数据要素开发和信息获取产生积极影响。

数据要素的价值具有时效性，获取和利用数据要素的速度和及时性决定了其提供的信息知识的价值。与土地、资本等传统生产要素的价值随时间增值不同，数据要素的价值会迅速贬值，除非持续采集并及时开发利用。数据的时效性对数据的开放共享的及时性提出了要求，即最理想的数据开

---

① 奉国和，邱婧. 数据要素价值释放机制与框架研究 [J]. 深圳社会科学，2025，8（1）：47-62.

② Acquisti A, Taylor C, Wagman L. The Economics of Privacy [J]. *Journal of Economic Literature*, 2016, 54 (2): 442-492.

③ Jones C I, Tonetti C. Nonrivalry and the Economics of Data [J]. *American Economic Review*, 2020, 110 (9): 2819-2858.

放共享状态应是实时地、动态地、持续地接入。

数据的开发利用展现出供给侧和需求侧规模经济相互协同的特征，这种协同机制显著拓宽了社会经济生产潜力的边界，促进了多领域深度融合的趋势，并催生了经济增长的乘数效应。为了高效推进数据的广泛开采、流通、实践应用及有序管理，数据作为核心生产要素的开发与利用必须根植于供给侧与需求侧之间紧密且高效的协同机制，以此作为驱动数据价值最大化释放的基石。[①]

鉴于上述数据要素所展现的独特属性，从价值转化维度深入剖析，数据形态可概括为三种：初始数据形态、加工衍生数据形态及数据赋能的商业应用形态。初始数据形态作为数据价值链条的基石，内在蕴含着尚未发掘的潜在价值，是价值创造的原点。加工衍生数据形态则是通过一系列数据采集、精细化处理及互补性资源投入过程后所涌现出的新形态，它进一步丰富了数据的价值维度与深度。数据赋能的商业应用形态作为数据价值实现的最终表现形式，展现了数据如何驱动商业决策、优化运营流程乃至创造全新商业模式的能力，实现了数据从潜在价值到实际经济与社会效益的转化。具体而言，原始数据是数字经济背景下的副产品，主要以非结构化的形式存在，尚未包含资本或劳动投入，仅具有潜在的经济价值。原始数据的主体包括个人数据和非个人数据，其中个人原始数据的一部分涉及个人隐私，需要进行有效的保护。衍生数据是对原始数据进行采集、处理后的结构化或数字化数据产品，如数据库和数据信息知识。衍生数据是企业投入资本、劳动和智力活动后形成的数据资产，可以直接通过数据要素市场的价格机制进行交易，实现货币化。[②] 衍生数据的主体是数据占有人，如数据企业和政府机构。商业衍生数据是企业资产的重要组成部分，需要有效的数据财产权保护以激励数据采集和开发处理。数据驱动的商业行为是基于数据资产所产生的信息知识，通过商业战略决策和创新来最大化数

---

① 唐要家. 数字经济赋能高质量增长的机理与政府政策重点［J］. 社会科学战线，2020 (10)：61-67.

② 汪小涓. 数智时代的秩序重构与治理合作：合理合意双重目标［J］. 管理世界，2025，41 (5)：1-14，58.

据的经济价值,包括数字技术创新、数字营销方式创新、数字产品和服务创新、数字化信息流投放模式创新、数字化商业模式创新等。[①] 数据驱动下的商业行为有助于企业打造独一无二的数据要素禀赋和核心竞争力。具体而言,企业的数据要素禀赋不仅体现在数据资源的持有量、处理能力、运用能力和管理能力上,还体现在数据驱动的创新能力、协同能力、商业决策能力和战略分析能力。为了实现对数据价值的最大化、最优化利用,必须投入更多互补性要素,并营造蕴含多元主体、资源、应用场景、发展前景的数据商业生态。[②]

因此,数据价值的实现过程从原始数据的潜在价值开始,再到衍生数据有限价值的释放,最后通过数据驱动的商业活动以实现价值最大化。决定数据价值的根本是人类社会的创造性实践,而非数据本身。

3.1.5 DIKW 理论

DIKW 模型,或称 DIKW 概念链、DIKW 概念模式,是数据(data)、信息(information)、知识(knowledge)、智慧(wisdom)四个英文单词的首字母缩写,将数据、信息、知识、智慧四个概念纳入一个金字塔形的层次体系中。[③] 关于 DIKW 模型,最早应该追溯到托马斯·斯特尔那斯·艾略特提出的"信息—知识—智慧"结构,为 DIKW 模型提供了思想源泉;[④] 哈蓝·克利夫兰指出"资讯有如资源",为 DIKW 体系的建设奠定了基础;[⑤] 米兰·瑟兰尼对 DIKW 体系的发展起到了推动作用;[⑥] 罗素·艾可夫对 DIKW 体系的进一步扩展和理论深化有重要意义;[⑦] 万里和韩雅鸣在自然三要素理

[①②] 唐要家,唐春晖. 数据价值释放的理论逻辑、实现路径与治理体系[J]. 长白学刊,2022(1):98-106.

[③] 叶继元,成颖. 情报的概念及其与信息链、DIKW 链的关系探讨[J]. 中国图书馆学报,2022,48(4):39-51.

[④] Eliot T S. *The Rock* [M]. London: Faber & Faber, 1934.

[⑤] Cleveland H. Information as a Resource [J]. *Futurist*, 1982, 16(6): 34-39.

[⑥] Milan Z. Management Support Systems: Towards Integrated Knowledge Management [J]. *Human Systems Management*, 1987, 7(1): 59-70.

[⑦] Ackoff R L. From Data to Wisdom [J]. *Journal of Applied Systems Analysis*, 1989, 16(1): 3-9.

论框架下探讨了 DIKW 模型的缺陷并提出了 DiKS 信息论模型，进一步完善 DIKW 模型不足。① 许多学者分析 DIKW 模型在不同领域的具体应用，沃格宁等（Wognin et al.）提出了一个基于代理的知识管理系统中 DIKW 的修订模型，对 DIKW 模型在知识管理领域的应用进行了探索和拓展；② 埃文（Aven）探讨了 DIKW 模型在风险评估和管理中的应用，为风险管理和决策提供了新的视角；③ 巴斯卡拉达和科罗尼奥斯（Baskarada & Koronios）从符号学理论和实证研究的角度对 DIKW 层级及其质量维度进行了探索，为 DIKW 模型在社会科学领域的应用提供了理论依据和实证支持；④ 雷和段（Lei & Duan）基于 DIKW 模型研究了可信服务提供商的发现方法，探讨了 DIKW 模型在软件工程和知识工程领域的应用，为相关领域的研究提供了新的思路和方法；⑤ 马特尼等（Matney et al.）以及巩婷婷等详细介绍了 DIKW 模型在护理临床决策支持系统中的应用，包括如何从数据中提取信息、知识，以及如何辅助临床决策等；⑥⑦ 莫富传等探讨如何利用 DIKW 体系对政府数据利用的路径；⑧ 武小龙等依托 DIKW 模型立足乡村数字治理实践，从"数据—信息—知识—智慧"四大维度构建数字平台赋能乡村治理的理论框架，深入揭示了乡村数字治理如何从浅层的"平台数据"转向深层的"智慧升级"，为乡村数字治理提供了新的理论视角。⑨ 对 DIKW 模型的理论深

---

① 万里，韩雅鸣. 从 DIKW 到 DiKS [J]. 信息资源管理学报，2021，11（3）：59-66.
② Wognin R, Henri F, Marino O. Data, Information, Knowledge, Wisdom: A Revised Model for Agents-Based Knowledge Management Systems [M]. New York: Springer, 2012.
③ Aven T. A Conceptual Framework for Linking Risk and the Elements of the Data-information-knowledge-wisdom (DIKW) Hierarchy [J]. Reliability Engineering & System Safety, 2013, 111 (3): 30-36.
④ Baskarada S, Koronios A. Data, Information, Knowledge, Wisdom (DIKW): A Semiotic Theoretical and Empirical Exploration of the Hierarchy and its Quality Dimension [J]. Social Science Electronic Publishing, 2013, 18 (1): 2109-2112.
⑤ Lei Y, Duan Y C. Trusted Service Provider Discovery Based on Data, Information, Knowledge, and Wisdom [J]. International Journal of Software Engineering and Knowledge Engineering, 2021, 31 (1): 3-19.
⑥ Matney S, Brewster P J, Sward K A, et al. Philosophical Approaches to the Nursing Informatics Data-information-knowledge-wisdom Framework [J]. Advances in Nursing Science, 2011, 34 (1): 6-18.
⑦ 巩婷婷，金靓，郑雅宁，等. 基于临床决策支持系统的新生儿早期诊疗护理预警模型的构建与应用 [J]. 护士进修杂志，2021，36（7）：604-609.
⑧ 莫富传，娄策群，冯翠翠，等. 基于 DIKW 体系的政府数据利用路径研究 [J]. 情报科学，2021，39（3）：82-87.
⑨ 武小龙，张亚楠. 数字平台赋能乡村治理的底层逻辑及多重限度——基于 DIKW 模型的解释框架 [J]. 电子政务，2025（1）：65-77.

化与实践应用还在继续探索中,如何基于 DIKW 模型合理释数据要素价值释放机制是当前关注的焦点。①

探究数据要素价值释放,可从数据、信息、知识和智慧的演变及不同价值贡献进行分析。根据 DIKW 模型理论内涵,它揭示的是从"浅层数据"到"深层智慧"的转型过程,使数据升华为智慧的过程可分为四个层次,由下至上分别是数据(D)、信息(I)、知识(K)和智慧(W),形成了一个金字塔形的层次体系。②

在 DIKW 模型中,数据(D)处于最基础的层级。学界对数据有多种定义:数据被视为对事物、事件、活动及事务的直接描述与记录;数据表现为离散的、客观存在的事实或观察结果;数据在未经过组织、整理或处理之前,仅仅作为不包含特定意义的原始描述存在等。这些定义均强调了数据在 DIKW 模型中的基础性和原始性。

信息(I)处于 DIKW 模型的第二层级。数据与信息紧密联系,这种联系体现在信息的定义中:信息是被转化为有明确意义和实用价值的数据;信息是经过精加工后的数据,能够向接收者传达特定的意义与价值;信息是为了满足特定目标而经过加工处理的数据等。与数据相比,信息更具备有序性、结构性、可理解性和价值性。

知识(K)处于 DIKW 模型的第三层级。数据作为事物的基本属性,是未经加工的原始素材;而知识不仅仅是对数据的简单累积,更是指导人类以特定方式行动的智慧结晶,是人类独有的特质。知识是数据与信息经过深度加工处理后的产物,蕴含了对现实世界问题或活动的深刻理解和洞察。这种理解融合了个人或集体的观点、专业技能及实践经验,共同构筑成一种高价值资源,为决策过程提供坚实的支撑和指引。

智慧(W)处于 DIKW 模型的第四层级,也是最高层级。智慧是知识长期积累与内化重塑的结晶,这一过程体现对知识的广泛吸收与深刻理解,

---

① 奉国和,邱婧. 数据要素价值释放机制与框架研究[J]. 深圳社会科学,2025,8(1):47-62.

② Rowley J. The Wisdom Hierarchy: Representations of the DIKW Hierarchy [J]. *Journal of Information Science*, 2007, 33(2): 163-180.

更代表着具有将知识灵活迁移至新情境或问题中的应用能力。智慧代表着认知领域的最高抽象层次，与人类的直觉、认识、理解、重塑能力有关，是引导人们作出成功决策的关键。

根据 DIKW 模型，数据可以转化为信息，促进知识的生成，并在人类的能动性中凝结为智慧[①]，即在 DIKW 链中数据要素通过数据实践活动沿"数据（D）—信息（I）—知识（K）—智慧（W）"的链条释放价值，每个层级的转换都是数据价值递增的过程。在 DIKW 链的演变过程中，通过广泛的数据收集、规范的数据处理、精准的数据分析和有效的数据治理，尽可能多地掌握数据要素，挖掘数据要素内在价值。[②]

3.2　研究框架构建

本书基于数据要素内涵、价值链、价值释放机制和 DIKW 模型设计数据要素价值释放多层次框架，分析数据从基础性战略性资源到高级智慧的转变过程及在该过程中数据价值释放的演进趋势，阐述各环节的具体内容及其对价值释放的作用机制，分析推动数据价值从创造到实现再到倍增的全过程。

3.2.1　机制与框架内涵

1. 机制

在数据要素价值链的框架下，数据价值的释放过程被精准地划分为三个核心阶段：价值创造、价值实现与价值倍增。这一逐步深化与增值的加

[①] 沙勇忠，魏兴飞. "数据要素×应急管理"的乘数效应机理与激活路径［J］. 图书情报知识，2024，41（2）：18-22.

[②] 陈艳利，蒋琪. 数据生产要素视角下开放公共数据与企业创新——基于建立公共数据开放平台的准自然实验［J］. 经济管理，2024，46（1）：25-46.

工处理链条,紧密地植根于 DIKW 理论框架之中,彰显了数据向智慧演进的本质轨迹。此链条的起点是数据,通过精心提取、整合与深入分析,数据被初步赋予了特定的意义,转化为信息,从而实现了其初步的价值创造。

紧接着,信息被进一步精炼与阐释,形成了能够指导实践、解决实际问题的知识体系。这一过程标志着数据价值从潜在的、未发掘的状态,向现实的应用价值转变,即实现了价值的实质性飞跃——价值实现。

最终,在反复的验证与创新中,知识升华为智慧,这种智慧形态能够洞察未来的趋势、应对复杂的挑战,并激发新的创意与灵感,从而实现了数据价值的倍增效应。DIKW 链的每一次转化,都是数据价值不断释放与深化的过程,呈现出一种螺旋式上升的趋势。

在这一过程中,数据的内在潜力被逐步挖掘与展现,从最初的描述性信息,逐步提升到解释性知识,最终跃升至预测性与创造性的智慧层面。这一系列的转化,不仅是数据价值向更高层次跃迁的里程碑,更是数据价值潜力得以充分发挥的生动体现。

基于上述理论基础,本书创新性地提出了"一核心、两基础、三驱动、四保障、五途径"的数据要素价值释放框架,旨在全面、系统地指导数据价值的释放与提升,如图 3-1 所示。[①]

2. 框架内涵

"一核心"是释放数据要素价值并促进新质生产力发展。在新质生产力的构架中,数据的角色主要在于驱动创新。如通过数据治理与数据分析,企业等组织获取宝贵的信息、知识与智慧,优化生产决策流程,提升生产效率及产品品质,完成数据价值从创造到实现再到倍增的释放过程。数据也是技术创新、管理创新以及商业模式创新的重要推动力。在产业升级方面,数据的作用同样巨大,数据分析与应用的深度和广度直接关系到传统产业的转型升级以及高技术产业的发展,进而提升产业的技术水平和增加

---

① 奉国和,邱婧. 数据要素价值释放机制与框架研究 [J]. 深圳社会科学,2025,8 (1):47-62.

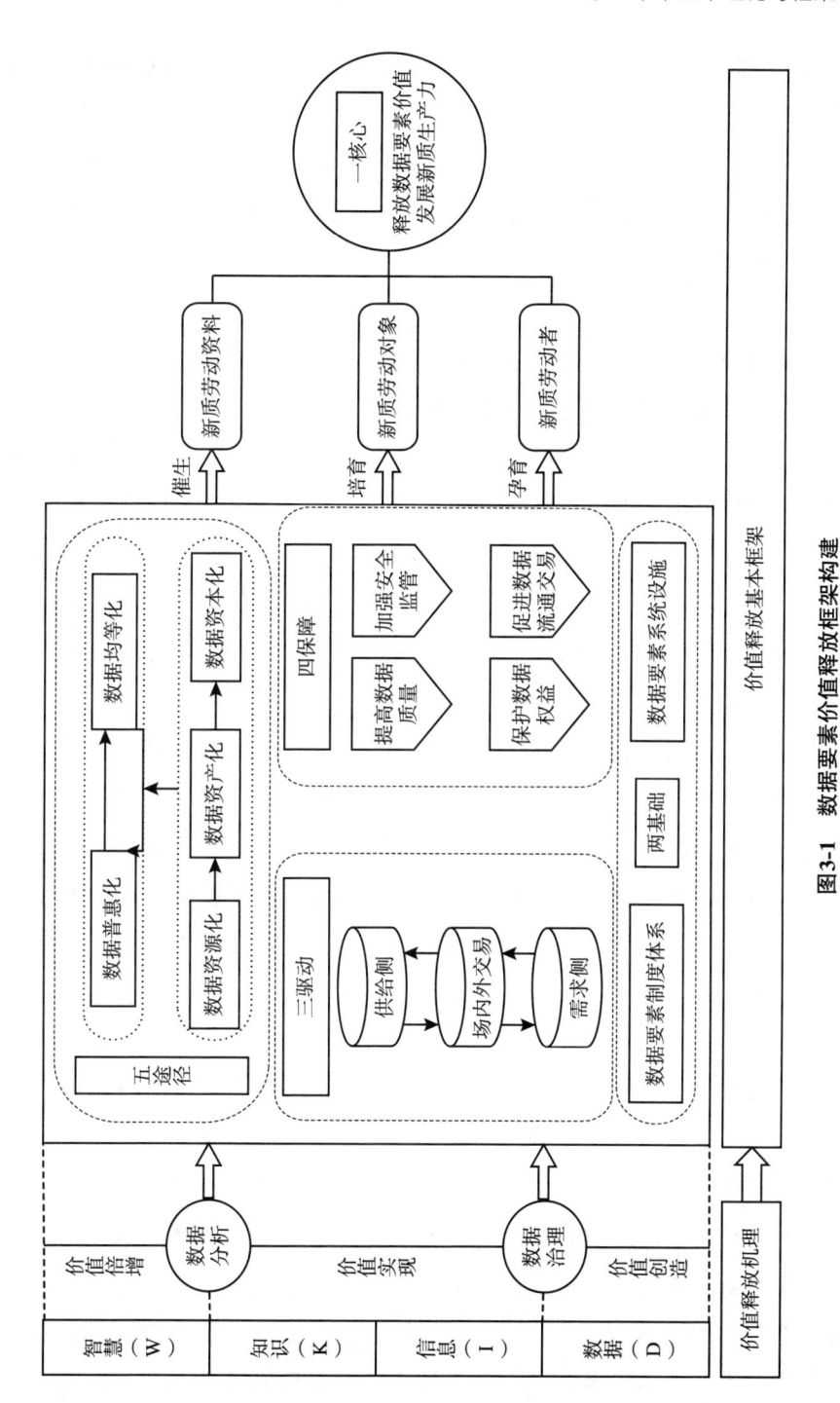

图 3-1 数据要素价值释放框架构建

附加值。因此，释放数据要素价值，对于提升新质生产力、促进经济结构优化具有重要意义。

本书聚焦数据基础设施建设、数据要素市场发展、数据安全治理体系与模式建立及数据要素乘数效应激发的现状与问题，从"两基础""三驱动""四保障""五途径"探索和激发数据的要素价值，助力发展新质生产力。

"两基础"是软性和硬性数据基础设施，二者作为数据要素的"两翼"，共同支撑"一体"有序推进。前者强调政策策略、配套机制等非物理形态的数据基础设施，通过绘制蓝图、组建地方数据局、制定专项标准和培育人才来为硬性数据基础设施提供方向指引、组织领导、统一规范和智力支持；后者侧重具有实体形态的、物理层面的数据基础设施，包括数据空间、网络、算力、流通、融合和安全六个方面，为软性数据基础设施建设提供实施环境和支撑底座。此双翼为具体实施举措提供重要基础环境和技术支撑。

"三驱动"是供给侧、场内外交易、需求侧。为完善数据要素市场，有效应对供需不平衡、交易不规范等问题，要从供给侧、场内外交易、需求侧三方面着手，通过优化供给侧提高数据质量、规范场内外交易、促成有效匹配及激发需求侧潜力，来强化市场引导并共同推进数据要素市场迈向良性发展。为了实现从数据到数据要素的转变，必须依赖于大规模、高质量的数据在有序、规范的数据要素市场中流通、使用和复用，这是驱动数据价值释放的源泉。场内外交易平台是数据要素价值释放的重要媒介。场内交易通过数据交易所或数据交易平台，数据供需双方能够便捷地进行交易。这些平台通常具备完善的交易规则、监管机制和结算系统，确保数据交易的合规性、安全性和高效性，有助于打破、链接、连通数据孤岛，实现跨区域、跨产业、跨流程的数据流通，从而提高数据的利用率和价值。场外交易具有灵活便捷的特点，使得数据交易更加灵活多样。通过点对点或依托第三方的交易方式，供需双方能够更快地达成交易，满足特定场景下的数据需求。这种交易方式有助于补充场内交易的不足，进一步促进数据的流通和应用。场内和场外交易的结合为数据创新和价值实现提供了广阔的空间，两者相互促进、相互补充，共同推动数据要素市场的繁荣和发展。

"四保障"是从提高数据质量、加强安全监管、保护数据权益和促进数据流通交易四方面为数据的有效利用和价值最大化构建保障体系。首先，数据质量是指数据准确性、完整性和一致性，提高数据质量是保障数据要素价值释放的基础条件。只有高质量的数据才能为决策和创新提供可靠支持，提升组织的竞争力和业务效率。为此，要做好大数据的建设和管理工作，事前制定质量管理机制、数据质量标准、质量监测模型与规则、源头数据自查自纠方面做好预防工作；事中从原始数据质量、数据中心质量、反馈数据质量问题及考核数据质量绩效方面做好监控工作；事后从修复数据质量问题、收集数据质量需求、质量管理制度与标准、质量监测模型等方面做好完善工作。其次，加强安全监管是保障数据要素价值释放的基石。目前，安全监管措施仍显滞后，数据泄露、破坏、滥用、盗窃、损毁和篡改等潜在的数据安全威胁迫在眉睫，加强安全监管保障数据要素价值释放迫在眉睫。应通过建立数据分类和分级保护机制、实施严格的访问控制和身份验证手段、加强数据加密和匿名化处理、制定数据泄漏和侵害应对计划及持续监测和评估数据安全风险等措施进行有效预防和应对数据安全风险，释放潜在数据要素价值。再次，保护数据权益是保障数据要素价值释放的前提条件。目前主要依靠两种路径来实现数据权益保护，一是传统公私法权利，二是创立专门的数据权利体系，但这两种途径都无法完美解决现阶段所显现的各类数据权益保护问题，各具一定的合理性与不足之处。为此，应重视对数据内容进行分类分级保护并实施差异化确权机制、坚持数据权益保护与数据产权制度相适应以及强化数据权利与传统物权保护的有机耦合。最后，流通交易是数据在不同主体之间传递和交换的动态过程，是数据资源转化为数据资产进而充分释放价值的必由之路。[①] 数据只有流通

[①] 人民日报海外版."数据二十条"对外发布，构建数据基础制度体系——做强做优做大数字经济［EB/OL］.（2022-12-21）［2024-07-14］.https：//www.gov.cn/zhengce/2022-12/21/content_5732906.htm.

起来，才能产生价值，因此数据流通交易是数据要素化的中枢神经，数据流通交易越为顺畅，数据要素化程度越高，数据要素的价值潜能越能得到允分发挥。① 为促进数据流通交易，构建叮信的流通环境可试验数据沙箱、多方安全计算、隐私计算、区块链等技术模式，并建立一个开放、公平、透明的数据交易机制，以实现数据的安全和隐私保护、确保数据流通的高效与便捷促进数据资源的共享和流动、激发创新活力、创造数据的多方共赢。

"五途径"是数据资源化、数据资产化、数据资本化、数据普惠化、数据均等化。第一，数据资源化是通过对原始数据进行采集、汇聚、存储、加工、分析等一系列处理使其成为具备价值释放基础的高质量数据，最终实现对数据进行探明和标识的过程。② 第二，数据资产化是指数据资源在数据市场上进行流通和交易，为使用者或所有者创造经济利益的过程③，在此阶段，数据资源通过确权、估值、入表、交易等手段变为可为数据持有者带来收益的数据资产，赋予数据持有者保值、增值和资金融通等多重利益。第三，数据资本化是指将数据资产转化为市场化的数据资本，赋予数据资产更多的金融属性，并在多个生产和应用场景中持续释放价值，实现价值增长的动态过程。④ 从数据资产化到数据资本化意味着数据价值增值能力的提高，通过数据作价入股、数据资产的质押融资、数据保险、数据资产证券化、数据资产信贷、数据信托等方式盘活数据要素，使其转化为能保值增值的数据资产，进而成为数据资本，最后通过资本运作释放数据资本的价值。第四，数据普惠化是通过平台经济将数据的使用和受益范围扩展到更广泛的人群，即通过知识普及与赋能、数据产品和服务的普及让民众以更低的成本从中受惠，侧重数据应用的"普世价值"。积极推动数据应用的普及和发展，让更多人理解和应用数据，需通过优化数据访问、强化数据

---

① 交大评论.国家数据要素化总体框架：总纲［EB/OL］.（2024-02-18）［2024-07-14］. https：//mp.weixin.qq.com/s/YI1n0hGnIjpmgMVsEXywgg.
② Shapiro C，Varian H. Information Rules：A Strategic Guide to The Network Economy［M］. Boston：Harvard Business School Press，1999.
③ 马涛，刘秉源.跨境数据流动、数据要素价值化与全球数字贸易治理［J］.国际经济评论，2024（2）：151-176，8.
④ 杨兴全，刘颖，李枫.政府引导基金与公司现金股利：融资造血抑或创投驱动［J］.经济管理，2023，45（12）：120-137.

隐私与安全、促进多方合作、加强监管等措施确保不同人群都能享受数据带来的红利。第五，数据均等化是指在数据的生产、获取、处理和使用过程中，尽可能地消除各种不利因素，使数据资源在全国范围内得到均衡分布，让各群体能公平公正地享有数据资源，均等享受数据服务的机会和结果，突出数据公平、数据共享和数据能力提升。可通过政策引导、市场调节、多方合作共建数据共享平台、加大对数字技术的培训和教育投入、提高全民数字技术应用能力等手段，推动数据资源在全国范围内的公平分配，使得各地区社会群体都能享受到数据的福祉，从而缩小数字鸿沟，促进社会公平。

3.2.2 理论、机制与框架融合

基于前述框架，我们进一步深入探讨其在数据基础设施建设、数据要素市场完善、数据安全治理体系与模式及数据要素乘数效应等方面的具体运作机制。[1]

在数据基础设施建设层面，该框架显著优化了从数据收集到智慧生成的完整链条。在"数据"阶段，物联网传感器与数据采集设备高效协作，广泛搜集原始数据，并通过数据湖技术实现集中化、规范化的存储与管理，确保了数据的完整性与可访问性。进入"信息"阶段，数据清洗、集成与分析工作有条不紊地展开，提取出富有价值的信息；而在操作层面，人工智能算法被灵活应用，实时分析大数据，精准捕捉业务关键洞察。随后，"知识"阶段将这些信息转化为决策导向的知识，借助企业级知识图谱的构建，助力企业在坚实的数据基础设施上作出精准决策。在"智慧"阶段，结合反馈机制，持续优化数据处理与管理流程，显著提升数据基础设施的智能化水平，从而加速数据要素价值的释放效率。

在数据要素市场完善方面，DIKW 机理框架为数据交易与流通的全过程

---

[1] 奉国和，邱婧. 数据要素价值释放机制与框架 [J]. 深圳社会科学，2025，8（1）：47-62.

管理提供了有力指导。在"数据"阶段，标准化的数据交易接口与协议被建立，确保了数据在不同系统间的无缝传输与高效流通。在"信息"阶段，区块链智能合约技术的应用，保障了数据交易过程的透明性与不可篡改性，维护了市场的公正与秩序。在"知识"阶段，数据价值评估工具的开发，结合市场需求与历史交易数据，实现了数据的动态定价，确保了数据价值的合理释放。而在"智慧"阶段，通过数据要素市场中的共享与流通，促进了行业间的协同合作，构建了跨行业的数据智慧网络，最大化地发挥了数据要素的市场价值。

在数据安全治理体系与模式方面，DIKW 机理为构建安全、高效的数据流通与治理体系提供了坚实的理论支撑。在"数据"阶段，实施严格的数据分类分级管理，根据数据的重要性与敏感性制定差异化的安全防护策略。在"信息"阶段，采用先进的隐私计算技术，如联邦学习等，确保信息在共享与分析过程中的安全性与隐私性。在"知识"阶段，建立动态安全策略机制，根据实时监控的数据流与信息分析结果自动调整安全防护措施，有效防范潜在风险。在"智慧"阶段，则依托 AI 驱动的智能安全系统实现对安全事件的精准预测与迅速响应，确保数据治理体系的高效性与智能化水平。

在数据要素乘数效应方面，DIKW 机理依据《行动计划》中明确的 12 个行业领域为其乘数效应的实现提供了清晰的路径指引。在"数据"阶段，广泛收集并整合各行业中的海量原始数据至跨行业数据共享平台。在"信息"阶段，通过数据融合与分析生成行业特定的信息与洞察。在"知识"阶段，则将行业洞察转化为可操作的业务策略并利用知识图谱等工具实现行业经验与最佳实践的共享。在"智慧"阶段，结合跨行业的智慧应用推动数据在不同领域的创新性使用，从而实现数据要素乘数效应的全面释放。

3.2.3 实践转化与场景适配策略

为了确保数据要素价值从理论层面有效转化为实践成果，首要任务是立足于实际应用需求,将理论框架精准地嵌入具体的业务场景之中。在理论探索的维度上,DIKW机理为数据要素的价值释放铺设了清晰的路径。然而,在纷繁复杂的实践领域中,各个行业的应用场景千差万别,这就要求我们灵活调整并适配理论框架,以更好地适应实际需求。

以制造业和金融业为例,数据要素的价值释放路径迥异。在制造业,数据采集与分析的焦点在于优化生产流程与预测潜在故障;而在金融业,数据则更多地被用于风险管理与客户洞察。这充分说明,从理论到实践的转化过程,必须紧密围绕不同行业的特定需求,对数据处理与价值释放的流程进行定制化设计。

在实践推进的过程中,可以遵循以下步骤来促进数据要素理论的应用落地:首先,针对各应用场景中的核心问题,制定详尽的数据采集与管理策略,确保数据的准确性、完整性与可用性。其次,借助大数据分析与人工智能技术的强大力量,将理论框架中的信息与知识生成机制深度融合到业务流程之中,实现对数据的深度挖掘与精准分析,进而转化为具有可操作性的业务策略。最后,建立有效的反馈机制,针对不同应用场景的实际情况,持续优化理论模型,确保其始终保持高度的适应性与实效性。

在医疗健康领域,数据要素理论的转化可以通过构建数据驱动的诊疗支持系统来实现;而在智慧城市建设中,则可以通过智能交通管理系统与城市安全监控系统的部署来应用相关理论。此外,为了促进理论在不同应用场景中的广泛适应与有效应用,我们还需要建立跨行业的知识共享平台与实践案例库,通过总结与分享成功经验来推动数据要素理论的深入发展与广泛应用。同时,制定具有高度适应性的标准化操作流程与工具集也是至关重要的,它们将为不同行业和领域提供有力的支持与保障,加速实现从理论到实践的快速转化。这种灵活性与适应性不仅有助于提升数据要素理论的实用价值与社会影响力,也将确保其在多样化的应用场景中发挥最大的效用与潜力。

3.3 本章小结

在深入剖析"两基础""三驱动""四保障""五途径"这一综合性架构时，我们清晰洞见，这远非一个概念堆砌，而是一个错综交织、彼此依存且持续进化的生态系统。其核心在于各层级间精妙绝伦的互动与无缝对接，共同绘制出一幅数据价值转化的璀璨画卷，从内在逻辑至外在展现，皆彰显出一种和谐共融的力量。

首先，聚焦"两基础"，即数据要素价值释放的坚固基石。它不仅涵盖制度层面的稳固支撑，更涉及技术平台的革新与精进。制度层面，一系列旨在促进数据开放共享、确保数据安全合规的政策法规密集出台，为数据市场的稳健前行筑起了坚不可摧的法律堤坝。与此同时，技术平台建设亦日新月异，大数据、云计算、人工智能等尖端技术深度融合，为数据的采集、处理、分析及应用构筑了强大的技术底座。这两大基础的坚实构建，为数据价值转化流程铺设了稳固的基石。

其次，是"三驱动"的澎湃动力。它们从供给侧、需求侧及场内外交易三大维度协同发力，共同激发数据潜能，驱动价值创造。供给侧，企业通过技术创新与模式创新双轮驱动，深度挖掘数据资源的潜在价值，催生更加丰富多彩的数据产品和服务。需求侧，随着数字经济的蓬勃兴起，各行各业对数据的需求水涨船高，这种旺盛需求反哺供给侧，推动其持续创新。而场内外交易的活跃，则为数据资源的自由流通与高效配置开辟了广阔的市场蓝海。"三驾马车"齐头并进，共同引领数据经济的繁荣前行。

为确保这一过程的稳健与可持续，"四保障"体系应运而生。它围绕数据质量、安全监管、权益保护及流通交易四大维度构建全方位保障体系，确保数据要素价值的顺畅流通与高效转化。通过严苛的数据质量控制机制，保障数据的准确性、完整性与时效性；通过强化安全监管措施，有效抵御数据安全风险；通过完善数据权益保护机制，激发数据主体的积极性与创造力；通过促进数据流通交易机制创新，打破数据壁垒，实现数据资源的优化配置。这四大保障措施相互支撑、协同发力，共同为数据经济的健康发展保驾护航。

最后，"五途径"作为实践路径的明灯，为数据资源化、资产化、资本化、普惠化及均等化指明了清晰方向。沿着这五条路径深入探索与实践，能够将数据从基础资源形态逐步升级为具有更高价值的资产与资本形态，进而实现数据的普惠化与均等化。这一过程不仅将推动数字经济与实体经济的深度融合与高质量发展，更将为社会带来广泛而深远的变革。

综上所述，"两基础""三驱动""四保障""五途径"这一综合性框架的提出与实施，不仅为数据要素价值的释放提供了坚实的支撑与保障，更为数字经济、数字中国及数字社会的蓬勃发展注入了强劲的新动能。它们携手共绘了一幅充满无限希望与机遇的数字未来蓝图。

第 4 章　释放数据要素的价值，推动新质生产力的发展

在当今数字化时代，数据作为关键要素，其价值的释放对于提升新质生产力至关重要。本章从"技术—要素—产业"以及"劳动者、劳动对象、生产资料"等多视角，围绕"数据要素价值释放，推动新质生产力发展"核心问题开展深入探索与分析。

4.1　"技术—要素—场景"视角

新质生产力理论作为生产力发展新阶段的理论和概念，已引起学界广泛关注和探讨。王廷惠和李娜构建了"技术—要素—产业"的新质生产力分析框架，深入探究了新质生产力的催生机制。[①] 王羽提出新质生产力由科学技术的革命性突破、生产要素的创新性配置、产业的深度转型升级与劳动力、劳动工具、劳动对象三要素的优化组合共同构成。[②] 结合现有成果，本节基于技术、要素和场景三维度深入分析新质生产力提升路径，其中场景可从微观、中观和宏观三个层面展开，为新质生产力理论研究提供了新的视角。

[①] 王廷惠，李娜. 新质生产力催生机制与发展路径——"技术—要素—产业"分析框架 [J]. 广东社会科学，2024（4）：14-25，284.

[②] 王羽. 以人工智能推动新质生产力发展的论述和思考 [EB/OL]. （2024-08-11）[2024-10-03]. https：//mp.weixin.qq.com/s/gKgrKlAyy5B8fWlkYQ83-Q.

4.1.1 技术维度

人工智能无疑是新质生产力形成和发展的核心驱动力。[1] 马克思曾深刻指出"劳动生产力是随着科学和技术的不断进步而不断发展的"。[2] 这一论断在当前人工智能技术快速发展的背景下显得尤为重要。人工智能、机器学习和自然语言处理等前沿技术正以前所未有的方式重塑传统生产函数,[3] 优化管理流程,促进高效分工协作,实现生产过程的自动化、智能化和社会化。特别值得关注的是,以 ChatGPT 和 SORA 为代表的生成式人工智能技术的不断突破,以及生成性对抗网络(GAN)和卷积神经网络(CNN)等深度学习技术[4]的持续演进,正在推动人类文明向数字文明形态加速演进。这些技术创新不仅改变了生产方式,还深刻影响了社会结构和人类认知,对人类社会产生了革命性的影响。

4.1.2 要素维度

数据要素具有边际收益递增和规模效应递增的独特特征。[5] 数据要素与其他传统要素的深度渗透和融合,[6] 促进了生产要素的创新性配置,催生了数据驱动发展的新模式。数据要素的应用推动了生产过程的数字化、智能化和自动化,实现了生产全流程、全产业链和全生命周期的数据可获取、

---

[1] 王廷惠,李娜. 新质生产力催生机制与发展路径——"技术—要素—产业"分析框架 [J]. 广东社会科学,2024(4):14-25,284.
[2] 中共中央马克思恩格斯列宁斯大林著作编译局. 马克思恩格斯文集(第五卷)[M]. 北京:人民出版社,2009:698.
[3] 孙艺. 人工智能赋能新质生产力:理论逻辑、实践基础与政策路径 [J]. 西南民族大学学报(人文社会科学版),2024,45(2):108-115.
[4] 黄先海,虞柳明,戴岭. 政府数据开放与创新驱动:内涵、机制及实践路径 [J]. 东南学术,2023(2):102-113,246.
[5] 冯永琦,林凰锋. 数据要素赋能新质生产力:理论逻辑与实践路径 [J]. 经济学家,2024(5):15-24.
[6] 程娜,王璐. 数据要素赋能新质生产力的理论逻辑 [J]. 工业技术经济,2024,43(2):9-12.

可共享，形成了自动化生产、数字化制造等新型数字生产方式。[1] 同时，新的产业组织形态如项目制众包分工、云端统筹、开源式协作创新等也应运而生，进一步推动了生产力的质变。[2]

4.1.3 场景维度

人工智能与数据要素协同作用呈现出多层次、多维度的赋能效应，其影响力贯穿微观、中观和宏观三个层面，共同推动新质生产力的形成与经济社会的全面发展。这种多维度的赋能效应不仅重塑了传统生产模式，还催生了新型产业生态，进而推动了国家治理体系的革新。

1. 企业微观层面

消费者数据的深度挖掘和充分利用为企业带来了新的生产力增长点。企业通过精细化分析消费者行为数据，不仅能够精准把握市场需求，还能持续优化产品设计和服务流程，从而提高生产效率和客户满意度。[3] 这种数据驱动的决策模式正逐步成为企业提升竞争力的关键因素，推动企业向更加智能化、个性化的方向发展。与此同时，人工智能技术的广泛应用正在深刻改变企业的生产组织方式。通过劳动要素替代效应，人工智能推动劳动力需求向高技能的"脑力化"转换[4]，同时，人机交互模式的生产协同性显著提升了企业智能制造水平。自动化生产的智能运转大幅优化了资源配置效率，为企业创造了巨大的生产力提升空间。[5]

---

[1] 刘启雷，张媛，雷雨嫣，等. 数字化赋能企业创新的过程、逻辑及机制研究[J]. 科学学研究，2022，40（1）：150-159.

[2] 孙良俊，王惠琨. 基于众包模式的智慧城市时空信息云平台构建研究[J]. 地理信息世界，2016，23（3）：91-96.

[3] 焦勇，高月鹏. 数据要素赋能新质生产力涌现：供给创新与需求牵引的解释[J]. 新疆社会科学，2024（4）：38-51，173.

[4] 张夏恒，冯晓宇. 数据要素乘数效应的逻辑解构与实现进路[J]. 长安大学学报（社会科学版），2024，26（3）：91-102.

[5] 赵剑波. 推动新一代信息技术与实体经济融合发展：基于智能制造视角[J]. 科学学与科学技术管理，2020，41（3）：3-16.

2. 产业中观层面

工业数据的深度挖掘为产业新质生产力的涌现提供了肥沃土壤。通过对生产过程、设备运行、供应链等多维度数据的系统分析，产业结构得以优化，生产效率显著提升，进而推动产业升级和创新。[①] 同时，人工智能技术正在加速传统产业的数字化转型，促进数实深度融合，为数字化战略性新兴产业的乘数增长提供强劲动力。[②] 人工智能的规模化应用正在重构智能产业链和创新链，形成新的产业生态系统。这种数据驱动的产业变革正在重塑全球价值链，为经济高质量发展注入新的活力，推动产业向更高层次、更高质量的方向发展。

3. 区域和国家的宏观层面

人工智能技术与数据要素的融合应用正在深刻影响国家治理体系的建设。政府数据的开放共享为区域新质生产力的催生提供了重要支撑。通过整合和分析政府各部门的海量数据，资源配置得以优化，公共服务质量显著提升，区域协调发展的目标得以更好实现。[③] 人工智能技术的加速发展与广泛应用不仅推动了社会治理的精准化、政府决策的科学化和公共服务的高效化，还促进了与新质生产力相适应的新型生产关系的形成。这种数据驱动的治理模式正在推动国家治理体系和治理能力现代化，为构建新发展格局提供了强大动力。

4.2 "劳动者—劳动资料—劳动对象"视角

数据要素作为重要生产资料，在生产过程中能降低不确定性、提升交

---

① 陶锋，王欣然，徐扬，等. 数字化转型、产业链供应链韧性与企业生产率 [J]. 中国工业经济, 2023 (5): 118-136.
② 胡俊, 杜传忠. 人工智能推动产业转型升级的机制、路径及对策 [J]. 经济纵横, 2020 (3): 94-101.
③ 黄先海, 虞柳明, 戴岭. 政府数据开放与创新驱动: 内涵、机制及实践路径 [J]. 东南学术, 2023 (2): 102-113, 246.

易匹配质量、提高其他生产要素协同性。新质生产力从"新"出发，立足于"质"，落脚于"生产力"，并赋予数字时代下的劳动者、劳动对象、生产资料以及优化组合新内涵。① 机制与框架对数据要素价值释放和新质生产力提升的作用不言而喻，此过程的内在逻辑主要体现为以"提高数字素养和增强技术驾驭能力"孕育新质劳动者、以"促进要素融合和刺激技术创新"催生新质劳动资料和以"加速资源优化和渗透生命周期"培育新质劳动对象。②

4.2.1 孕育新质劳动者

为满足数据要素与新质生产力的蓬勃发展需求，新质劳动者亟须掌握高水准的数字素养与数字技术驾驭能力。机制与框架的构建，不仅是数据要素流通应用的坚实后盾，更是孕育新型人才队伍的沃土。

一方面，这些机制与框架致力于培育"数据三军"，即创新型、技术型与管理型数据人才大军。针对创新型数据人才，机制与框架通过整合数据收集、存储、处理与应用的全方位流程，为他们提供丰富的数据集资源，激发其深入探索数据与技术内在规律的热情，从而挖掘新的难点、热点与创新点。同时，实时数据反馈与验证机制的建立，让创新型数据人才能够紧跟数据动态，及时调整优化数据模型与算法，加速创新步伐，提升创新效能。

对于技术型数据人才，框架体系成为数字技术工程师成长的摇篮与试金石。它不仅鼓励技术型人才投身数据基础设施建设与运营，还通过职业培训、教程实验等多元化手段，按职业、专业、等级提供针对性与专业性并重的培养与评价，助力技术人才技能跃升。对于表现卓越者，更将授予

---

① 刘海军，翟云. 数字时代的新质生产力：现实挑战、变革逻辑与实践方略[J]. 党政研究，2024（3）：45-56，125.
② 奉国和，杨晓骏，邓伟伟."数智×"驱动新质生产力发展的机制与框架[J]. 图书馆论坛，2025，45（7）：10-21.

专业技术等级证书或职称，激励其在技术领域持续发光发热。

管理型数据人才的培养同样受到框架体系的重视。它助力建立首席数据官制度，并配套相关培训，旨在打造既精通业务又掌握数智化技术的复合型管理层人才。这些首席数据官不仅须具备数据政策知识与管理流程的熟练掌握，还需在数据分析、数据挖掘、数据应用、机器学习等关键领域展现卓越能力。框架体系通过构建统一的数据平台，实现数据的整合与标准化，为首席数据官营造高效协同的工作环境。

另一方面，框架体系在推动"专精特新""小巨人"企业成长方面亦发挥重要作用。它依托科学中心与创新基地等资源，为企业打造人才孵化与人力资源服务的综合平台。通过整合数据资源与技术优势，框架体系助力企业吸引并培育创新型、技术型与管理型数据人才。尤为重要的是，它注重提升人才的实践能力与经验积累，通过技术培训、数据实践与项目合作等方式，确保人才与企业需求的高度契合。此外，框架体系还运用数据分析手段，精准把握人才求职与晋升意向，助力企业制定高效的人才引进策略。这种精准匹配不仅提升了企业的招聘效率，更为企业发展注入了源源不断的创新活力与动力。最终，通过提供共享人事档案等功能与服务，框架体系助力企业实现人才的优化配置与高效利用，减少业务损失与时间成本，提升企业整体的人力资源竞争力。

4.2.2 催生新质生产资料

机制与框架与五大核心生产要素——土地、劳动力、资本、技术和数据，紧密相联，构成了洞悉新质生产力发展脉络的关键蓝图。

首先，土地作为传统且不可或缺的生产要素，不仅承载着农业生产的基石作用，还为工业、服务业乃至信息产业的蓬勃发展提供了宝贵的物理空间。在数字化转型的浪潮中，数据基础设施如雨后春笋般涌现，数据中心、服务器等硬件设施的兴建，无一不依赖于大量的土地资源，正是土地要素的支撑，让数据基础设施得以稳固落地。

其次，劳动力要素为数据基础设施的建设与运营注入了强大的动力。尤其是在信息化时代，具备良好数据素养和数字技术驾驭能力的优质劳动力成为稀缺资源，他们不仅为数据基础设施提供体力和智力支持，更是推动其不断迭代更新、保持竞争力的关键力量。

再次，资本要素在优化资源配置、促进经济活动中发挥着举足轻重的作用。通过财政拨款、金融市场融资、吸引社会投资等多种渠道，资本为数据基础设施的建设提供了必要的资金支持，满足了购置设备、开发软件、运营维护等多样化需求，确保了数据基础设施的稳步发展。

从次，技术要素则是数据基础设施实现各项功能的核心驱动力。技术的先进性、多元性和成熟度直接影响着数据基础设施的性能和效能。随着云计算、数实融合等前沿技术的不断发展，数据基础设施的功能不断升级换代，为各行各业提供了更加高效、优质的数智化服务。

最后，数据要素作为数据基础设施的直接处理对象，其共享性和复用性特性使得数据基础设施能够实现跨行业、跨领域的资源共享与协作。数据基础设施的设立初衷正是为了推动数据要素的实践应用，促进数据资源的深度挖掘和价值释放。

综上所述，机制与框架以土地、资本和技术要素为基础，依托劳动力要素的体力和脑力智慧，服务于数据要素的需求，共同构建了一个高效、稳定、可持续的数据基础设施生态系统。在这个生态系统中，各要素相互依存、相互促进，共同推动着数据要素的高质量发展。

同时，技术创新作为推动新数据基础设施升级迭代的重要力量，与数据基础设施建设和应用的深度融合，进一步促进了各类技术的革新与发展。当前，"5G+""物联网+""人工智能+"等技术交互已成为引领各行业发展的新趋势。例如，华为通过打造三无线融合园区网，利用5G+Wi-Fi+物联网（IoT）技术开辟园区网新蓝海；① 而"AI+RPA"技术的应用，则打造

---

① 5G+Wi-Fi+IoT 三网融合，开辟企业无线新蓝海［EB/OL］.（2022-11-22）［2025-01-15］. https：//e.huawei.com/cn/blogs/enterprise-networking/2022/5g-wifi-iot-convergence.

出了高度拟人化的数字员工，为新基建的智能化发展提供了有力支持。[①]此外，"6G"技术也正在从概念走向实践，中国移动等企业在通感融合、算网一体、动态频谱共享等领域进行了积极探索与尝试。[②]

在技术创新的推动下，各行业已普遍受益于数据基础设施的发展成果。自动化和数智化成为提升效率与效益的重要途径。一方面，数据基础设施利用先进技术打造自动化生产线，通过收集、分析生产过程中的各类数据，实现对生产线运行状态的精准掌握与高效管理；另一方面，数据基础设施以数据驱动为核心，推动数据、生产工具和业务的无缝对接与深度融合，实现了数字化与智能化的有机结合。这不仅为传统行业的转型升级提供了强大的技术支持与数据保障，还带动了人工智能等新兴产业的快速发展与产业结构的持续优化升级。

4.2.3　培育新质劳动对象

机制与框架基于深度融合五大生产要素，进一步促进资源优化。首先体现在"数据基础设施×"千行百业蓬勃发展，正面临着万亿级市场新机遇，迎来了迈向"数据强国"的新契机。在此过程中，数据基础设施作为数据底座，通过增强数据汇聚、处理和存储能力、加强数据安全保障等，推动数据资源"增量增值"。如数据基础设施在能源领域收集和分析能源消耗数据，制定更科学合理的能源管理和使用方案；智能电网数据基础设施实时监测电力设备的运行和能耗，以精准调度和优化电力分配；交通部门通过数据基础设施收集和分析车流量、路况等数据，以实时调整信号灯配时、优化交通路线，减少拥堵和等待时长。其次体现在数字经济、数据资源的总量和价值激增。2022年我国数字经济规模已达50.2万亿元，其占

---

① 大模型+RPA重塑人才管理，释放10人月生产力｜创新场景［EB/OL］.（2024-08-24）［2025-01-15］. https：//www.163.com/dy/article/J9DH5KPI05118O92.html.
② 6G标准化步入深水区，可持续发展、与AI融合等是未来关键［EB/OL］.（2024-09-24）［2025-01-16］. https：//new.qq.com/rain/a/20240924A086OC00.

GDP 比重达 41.5%，其中数字产业化规模为 9.2 万亿元，产业数字化规模为 41 万亿元，占数字经济比重分别达 18.3%和 81.7%。① 此外，该年数字经济生产率水平和同比增幅均显著高于整体的国民经济生产效率，对国民经济生产效率提升具有支撑和拉动作用。② 2024 年召开的全国数据工作会议指出，我国去年数据生产总量预计超 32ZB，该总量占全球总量比重高于10%并位居全球第二，这意味着我国俨然成为"数据大国"。③

机制与框架贯穿数据汇聚与处理、数据共享与流通、数据运营与应用等过程，深度渗透并全面支撑数据要素在生命周期发挥作用。

1. 数据汇聚与处理

目前，我国数据汇聚已建立较为完善的设施体系，包括大数据中心、云计算平台、数据交换共享平台等。同时，数据汇聚主体正向多元化发展，政府积极鼓励企业和个人参与数据资源汇集和整合。数据汇集发展前景良好，但还有些许问题亟待解决。一是"黑暗数据"较多，阻碍数据要素价值挖掘。"黑暗数据"是指已被收集，但尚未被发掘、识别或加以利用的数据资源，作为潜在的数据资产尚未激活，亦可称为"睡眠数据"。④ 未被充分利用的"黑暗数据"不仅浪费数据平台内存，还会增加数据成本。二是数据格式和标准的异质性问题。因不同系统和平台可能使用不同的数据格式与标准，致使难以在数据汇聚过程中直接整合和比较，故需要对数据进行标准化处理，如格式转换、单位统一等，导致数据汇聚的难度和成本增加。

随着大数据、云计算和人工智能等大批新兴信息技术不断涌现，数据处理的效率得到极大提高，但这些技术还不能有效解决海量数据处理中存

---

① 李春剑，崔兴毅. 专家热议：互联网基础资源如何夯实 [EB/OL]. （2023-12-15）[2025-02-03]. http://finance.people.com.cn/n1/2023/1215/c1004-40139481.html.
② 国家互联网信息办公室. 数字中国发展报告（2022 年）[EB/OL]. （2023-05-23）[2024-07-13]. https://www.cac.gov.cn/rootimages/uploadimg/1686402331296991/1686402331296991.pdf.
③ 我国去年数据生产总量预计超 32ZB [EB/OL]. （2024-04-03）[2024-04-13]. https://www.gov.cn/lianbo/bumen/202404/content_6943184.htm.
④ 数据要素市场亟待治理的四大难题 [EB/OL]. （2023-04-19）[2024-07-12]. https://baijiahao.baidu.com/s?id=1763569095492922238&wfr=spider&for=pc.

在的处理质量和成本问题。自动收集而来的数据需要经过人工二次甚至多次加工处理，目前国内尚未出现能实现文本数据全自动处理的方案，尚未有"一家大厂解决数据处理的最后一公里"。① 此外，高效的数据处理虽能更快地发掘数据价值，但前期往往需要投入巨大的人力、时间和物质成本，难以在数据处理中找到效率和成本的绝佳平衡点。

为解决数据汇聚难题，数据基础设施可依托标识编码与解析、ETL（数据抽取、转换和装入）技术、区块链、物联网等技术，采用 IPv6、卫星互联网、5G、下一代互联网等高速信息网络，进行多源头多维度数据接入、实施可信登记和精准确权，提高数据汇集的广度、深度、便利度和准确度。针对数据处理问题，不仅要原创算法并抽象底层规则，摆脱对清洗和标注准确的大样本、大素材的依赖，还应充分利用边缘计算的实时响应能力、分布式计算的并行处理能力、AI 分析的智能决策能力和绿色低碳的环保节能优势等技术②，为各主体提供高效便捷、优质可靠的数据要素计算和分析能力，最终实现数据处理环节的低成本、高效率、高智能目标。

2. 数据共享与流通

数据共享是指不同机构或不同平台间的数据交换，目的是在明确权限和隐私保护的前提下，把数据分享给其他需要该数据的组织或个人；数据流通是数智时代促进资源配置、促进数据要素市场发展的重要环节，是实现数据要素的交换价值的重要方式。③ 上述过程致力于逐步实现数据价值的挖掘、创新、复用和增值。中国信息通信研究院报告提到各方主体已就数据流通开展了多项合作，如国资委正构建"1+98+X"国资央企大数据体系以实现央企数据互联互通和开放共享，2025 年我国数据交易整体市场规模将超 2200 亿元。④ 但在数据共享和流通过程中还存在着一定壁垒，尤其是

---

① 高超. 北京航空航天大学国家科技资源共享服务工程技术研究中心副主任王建平：突破海量数据处理瓶颈［N］. 通信产业报，2022-07-25（015）.
② 高超. 刘烈宏首论数据基础设施［N］. 通信产业报，2023-11-27（005）.
③ 路沙. 数据可信流通激活数据要素潜能［N］. 中国信息化周报，2024-02-26（024）.
④ 杨洁. 2025 年数据流通市场规模将超 2200 亿元［N］. 中国证券报，2023-04-18（A07）.

在权益保障体系和安全监管体系尚未十分完善的情况下,各数据实践活动参与者心存一定顾虑。①

为破除数据共享和流通困境,应由政府牵头,制定数据共享申请和审批的规则,包括共享的数据类型、级别、时间、形式及传输方式等,并按照"按需最小化共享"的原则,评审共享的数据范围、字段需求及时限范围等,以促进政产学研等各方力量协作共享和打破"数据孤岛"。为解决跨领域流通的断点、卡点问题②还要加强跨域管控。对此,《数联网(DSSN)白皮书》构建了依托"连接+算力+能力"的信息服务体系,以打造跨领域、跨地域和跨主体的新一代数据流通基础设施。③ DSSN 面向场内交易(集中交易)和场外交易(分散交易)提供低价高效且可信的流通环境,满足连接、算力、网络、安全等共性需求。此外,数据空间、数据沙箱和数据脱敏等技术具备让数据在不同主体间实现"可用不可见"和"可控可计量"的功能,亦是数据基础设施促进数据流通的基础要件。

3. 数据运营与应用

数据如同蕴含着大量价值但未经开采的矿山,需要深入勘探和提炼,真正"为我所用",充分释放数据价值红利,数据运营和应用显得特别重要。精细化数据运营能有效整合、清洗和加工数据要素,将其转化为结构化、标准化的数据资产。再根据各项业务、任务需求,通过数据应用将这些数据资产转化为实际价值。

对数据授权运营而言,公共数据是突破口之一,如今各地已陆续颁布授权运营办法条例,搭建起授权运营平台。数据基础设施提供数据要素运营平台,通过一系列技术和手段的协同联动,提供场景地图、大屏展示和热度排行等数据全景概览功能,以构建数据应用场景、实现数据动态优化、

---

① 张晓霞,张涵. 拓宽合作领域 促进数据共享[N]. 中国信息报,2023-04-28(002).
② 姬晓婷. 发展数字经济要打通数据孤岛[N]. 中国电子报,2024-03-12(005).
③ 中国移动. 数联网(DSSN)白皮书[EB/OL].(2023-03-26)[2024-07-14]. http://cmri.chinamobile.com/wp-content/uploads/2023/04/%E6%95%B0%E8%81%94%E7%BD%91%EF%BC%88DSSN%EF%BC%89%E7%99%BD%E7%9A%AE%E4%B9%A6.pdf.

保障数据要素市场供需精准匹配,不仅是内置的监管系统的重要组成[①],更是数据市场化的创新试验与应用的前沿阵地。在数据应用方面,框架体系基于"新精尖"的技术为数据应用方提供通用化的辅助设计、智能决策及智慧管理等核心功能。例如,生成式人工智能技术取得了显著的突破,框架体系紧密融合该技术的最新成果,充分发挥其赋能千行百业、推动数字化转型和智能化升级的关键作用。从设计生产到销售服务和管理,每一环节均实现精准优化,显著降低数据应用的难度,推动各行业数字化水平提升。

4.3 本章小结

在当今这个数据爆炸的时代,数据要素的价值正在以前所未有的速度被全面释放,不仅深刻地改变了我们的生活方式,还孕育出了一系列新质生产力,推动着全球经济迈向新的高度。数据要素价值的全面释放与新质生产力的孕育发展是一个相互促进、相互依存的过程。它们共同构成了推动社会经济持续健康发展的强大动力。本章聚焦于"释放数据要素价值,加速新质生产力飞跃"的核心愿景,通过"技术—要素—应用场景"及"劳动者—劳动工具—劳动目标"等多维视角,深入剖析数据要素为社会经济带来的前所未有的机遇与潜能,旨在驱动社会经济实现更加稳健与可持续的发展。

[①] 林镇阳,侯智军,赵蓉,等. 数据要素生态系统视角下数据运营平台的服务类型与监管体系构建[J]. 电子政务,2022(8):89-99.

第5章　软性数据基础设施和硬性数据基础设施

　　数据基础设施包括软性基础设施和硬性基础设施。软性数据基础设施旨在为我国数据基础设施的建设提供指导，确保数据要素价值释放实践顺畅进行。通过优化数据基础设施的战略蓝图，构筑起坚实有力的国家和地方性数据局，发布标准化的数据基础设施指导准则，并积极孵化专业的人才队伍，为数据要素价值的充分释放提供了坚实的制度与政策支撑。① 硬性基础设施涵盖存储系统、计算资源以及网络设施等核心硬件组件，这些硬件要素不仅为各行业各地区的数据收集与整合、深度处理与分析、高速传输与共享应用、贯彻数据安全观和质量评价提供强有力的硬件保障，更构建了一个稳定高效的数据处理生态系统。软性和硬性数据基础设施共同构成深入发掘和释放数据要素价值的根基，是数据要素市场化、培育新质生产力、建设"数字中国"过程中不可或缺的一环。②

　　2020年，国家发展和改革委员会提出要建设"新型基础设施"，本质上是以信息网络为基础，面向高质量发展需要，提供数字转型、智能升级、融合创新等服务的基础设施体系。③ 新型数字基础设施主要通过降低数据流通成本、扩大创新主体范围和强化市场感知能力促进经济发展，为我国数

---

① 郭华东，陈和生，闫冬梅，等．加强开放数据基础设施建设，推动开放科学发展［J］．中国科学院院刊，2023，38（6）：806-817．
② 中国信息通信研究院．数据基础设施白皮书 2019［EB/OL］．［2024-03-25］．http://www.caict.ac.cn/kxyj/qwfb/bps/201911/P020191118645668782762.pdf．
③ 中华人民共和国商务部．国家发改委首次明确"新基建"范围［EB/OL］．（2020-04-21）［2024-03-25］．http://www.mofcom.gov.cn/article/i/jyjl/e/202004/20200402957398.shtml．

— 84 —

据基础设施建设奠定基础。①

随着数据要素实践深入开展，现有的数字基础设施已不能满足发展新质生产力、充分释放数据要素价值的需要，"数据基础设施"应运而生。2023年习近平总书记在黑龙江省哈尔滨市主持召开新时代推动东北全面振兴座谈会上，强调要形成新质生产力，并将建设现代化基础设施体系作为重点谈话内容之一。②在第二届全球数字贸易博览会数据要素治理与市场化论坛上，国家数据局首次提出数据基础设施建设，并指出数据基础设施从释放数据要素的价值出发，依托网络、算力等，向社会各主体提供一体化数据汇聚、处理、共享、流通、应用、运营、安全保障服务的一类新型基础设施，是覆盖制度体制设计、硬件软件和标准规范等在内的有机整体。③2024年全国数据工作会议指出，本年度数据工作要着力于健全数据制度、优化数据基础设施布局、抓好试点工作等，为开创我国数据工作新局面提供了指引。在此背景下，地方省市开展了数据基础设施实践并取得了一定进展：如济南市以项目试点的形式，打造我国首个公共数据可信流通基础设施；贵阳市发布《贵阳贵安数字基础设施建设三年攻坚行动计划》，主攻网络、算力和应用这三个方面的数据基础设施建设；河北省近两年拟开工和在建的5G网络、数据中心、物联网等数据基础设施项目约有140项，总投资高达1744亿元。④

在政策与实践指引下，学界亦对数据基础设施展开了相关研究，主要包括以下成果。

（1）"数据要素×基础设施"，朱晓武等将数据要素和数据基础设施结合，构建动态一般均衡模型，探究这两个因素如何影响产业结构，结果表明数据基础设施建设对产业结构调整的推动作用受到数据要素的调节，且

---

① 贺晓宇，张二宇. 新型数字基础设施建设与经济增长质量提升［J］. 现代经济探讨，2023（11）：40-53.
② 陈沸宇，孟海鹰，祝大伟，等. 努力走出一条高质量发展、可持续振兴的新路子［N］. 人民日报，2023-09-12（001）.
③ 高超. 刘烈宏首论数据基础设施［N］. 通信产业报，2023-11-27（005）.
④ 总投资1744亿元！河北"新基建"打造数字经济新引擎［EB/OL］.（2024-09-29）［2025-01-13］. https：//baijiahao.baidu.com/s？id=1661667626115506076&wfr=spider&for=pc.

最终的影响方向和路径与数据要素一致。[①]

（2）"新技术×数据基础设施"，王畅畅等设计了基于区块链的共享基础设施以服务于材料行业的数据应用，发现该数据基础设施服务于材料行业的研发、生产到贯穿全生命周期的数据管理，促进不同组织间生成数据开放、协作的新生态。[②]

（3）"重点领域×数据基础设施"，陈洁梅和林曾发现数据基础设施可促进农业"双链"现代化和农村三产融合；[③]边志强以"宽带中国"示范城市建设为研究对象，发现数据基础设施能提高城市土地绿色利用效率；[④]杨志安和孟司雨借助双模型探究并证明数据基础设施对高技术产业创新绩效有持续性正向影响。[⑤]

上述研究从不同角度研究了数据基础设施的应用和作用，均表明数据基础设施是推动数据要素应用、驱动新质生产力的关键环节。

5.1 基石保障：软性数据基础设施

软性的数据基础设施是我国数据基础设施建设的"灯塔"，以绘制蓝图、组建数据局、标准化准则和培育人才等方式，为数据基础设施在数据要素、新质生产力实践中发挥数据底座作用保驾护航。

[①] 朱晓武，魏文石，王靖雯. 数据要素、新型基础设施与产业结构调整路径[J]. 南方经济，2024（1）：107-123.

[②] 王畅畅，苏航，段琳娜，李灏. InterMat：一种基于区块链的材料数据共享基础设施[C]// 第十四届中国钢铁年会论文集—10. 先进钢铁材料与应用. 中国金属学会，2023：36-43.

[③] 陈洁梅，林曾. 数字基础设施建设赋能农业产业链供应链现代化：理论机制与经验证据[J]. 云南财经大学学报，2024，40（4）：52-68.

[④] 边志强. 数字基础设施建设对城市土地绿色利用效率的影响——基于"宽带中国"示范城市建设的准自然实验[J]. 西部论坛，2024，34（2）：22-39.

[⑤] 杨志安，孟司雨. 数字基础设施建设对高技术产业创新绩效影响的实证检验[J]. 统计与决策，2024，40（5）：73-78.

5.1.1 优化数据基础设施蓝图

现阶段我国大部分数据实践走在理论前面,已遇到如数据权属、授权运营、统计核算、价值评估、跨境流动等难题,需加强数据基础设施顶层设计,适度超前布局,以指导数据要素实践,促进我国从"数据大国"走向"数据强国"。

在中央"数据二十条"指引下,各地陆续颁布了本省、市数据基础制度政策。地方版"数据二十条"的行文结构基本相同,开篇总述整体要求和目标,后分点详细说明,主要内容包括培育数据要素市场、深化公共数据授权运营、数据重点应用领域、构建新型数据基础设施、强化数据权益保护等。但目前数据基础设施仅作为数据要素政策的一个章节,缺少数据基础设施的专项政策,故中央和各地均应加快颁布专项文件,优化数据基础设施蓝图。

5.1.2 加快构筑地方数据局

在国家数据局的指引下,各地联动、横向协同的数据工作体系基本形成。目前我国31个省(区、市)以及新疆生产建设兵团均已构筑数据局,根据职责和目标,可将地方数据局分成三大类:统筹管理型数据局(以贵州省为代表)、数字政府改革建设型数据局(以广东省为代表)和数字经济发展导向型数据局(以北京市为代表)。未来,我国省级数据局承担着制定本省数据政策、统筹本省数据资源等职责,地方数据管理正迈向新阶段。

尽管各地积极构建省级数据局,与国家数据局有机联动,使得"全国数据一盘棋、一张网"的布局日益清晰,但还需增加市级、区(县)级数据局的建设,形成"中央—省—市—区(县)"数据层级联动,以拆除各地数据系统的"数据烟囱",将"数据孤岛"连接成"数据大陆"。目前,我国数据治理存在着多头管理、职责不清等"九龙治水"式的管理问题,在此背景下，部分市、区（县）率先探索设立大数据局以整合多部门职责，由大数据局对接多个上级部门，以整合分散在各地方部门的政策、资金和资源，形成数据管理合力。

5.1.3 标准化数据基础设施准则

制定有关准则有助于规范数据基础设施的建设和运营，提升数据、能源、组织、产品和服务等方面的合规性、安全性和稳定性。现存标准中，对数据基础设施建设具有指引作用的国家标准包括《数据中心基础设施运行维护标准》（GB/T 51314—2018）、《信息技术自动化基础设施管理（AIM）系统要求、数据交换及应用》（GB/T 41904—2022）和《智慧城市基础设施数据交换与共享指南》（GB/T 43245—2023）等，这些标准对数据基础设施的建设、功能、智能化和自动化管理进行了指引和规范。

但目前尚未出台专门针对新质生产力要求下、数据要素实践中数据基础设施的详尽标准，数据的存储计量、交换、共享、应用和安全等问题亟待解决。因此，有待丰富数据基础设施国家标准、地方标准、团体标准和行业标准，进一步标准化数据基础设施有关指引。

5.1.4 孵化数据基础设施人才

厚植数据人才新优势，是顺应数据基础设施建设的必然选择。我国数字基础设施人才队伍建设初见成效，但还面临着如数量和质量与需求错配、人才培养体系滞后于产业发展和"选育用流"政策衔接不畅等问题。

对此，一是要因地制宜制定区域性人才政策，明确本地数字经济发展所需的人才类型，充分考虑人才储备、人才结构和人才任用。二是探索产学研融合和产教融合新模式，构建院校与用人单位相协调的数字人才培养体系。三是破除人才流动障碍，制定高端数字人才引进计划，加快城际、省际乃至国际数字人才流动。四是建立并完善数字人才扶持政策，依托数字平台建立按知识、技术等创新要素价值分配的收益机制、探索多层次社会保障体系等，打造数字人才长效发展模式。

5.1.5 完善数据要素制度体系

数据要素制度体系是对数据基础设施各环节进行有效管理的制度化规范，主要包括数据合规与创新体系，数据开放、共享与交易体系及数据治理体系三个方面。

1. 数据合规与创新体系

数据合规与创新体系强调在数据生产、处理、消费过程中各方主体均需遵循法律法规，共同构建数据合规共同体，以实现数据价值共创和合规不处罚不起诉。

数据合规是数据要素在创新探索面临的不确定因素中最确定的因素，它可以规避风险、释放价值、不断调整数据生产关系、解放和发展数据生产力的历史发展过程。当前我国对数据合规的重视程度随着数据合规立法和监管的不断完善而增加，然而数据合规判断尺度不一致，存在过严或过宽的做法，不利于数据要素化，阻碍数据有效地"供"出来。政府、企业、个人都是数据的生产者、处理者与消费者，因此均需要采取相应的措施。政府要依法行政，以合规行政、合规不处罚为发展战略，组建政府首席数据官及相关团队，完善政府数据监管职能；企业要在现有的监管环境下，以合规经营、合规不起诉为发展战略，组建企业首席数据官及相关团队，完善 DCMM 合规管理体系制度建设；个人要遵守《中华人民共和国个人信息保护法》等法律法规，以合规生活为发展战略，通过数据经纪人保护自身数据权益和个人隐私。三类主体不仅需要快速学习、深度理解和完全遵循当下的新规，还需要跨越传统"旧规"对数据价值创新的桎梏，实现"违反旧规"和"创新价值"之间的平衡，协同构建政府、企业、个人多方参与的"数据合规共同体"，做到价值共创、责任共担、利益均衡、合规不处罚不起诉，推动数据合规赋能新质生产力发展。

2. 数据开放、共享与交易体系

数据开放、共享与交易体系致力于公共数据开放共享机制，推动数据流通交易，实现数据的价值化利用。

根据《要素市场化配置综合改革试点总体方案》，完善公共数据开放共享体系是探索数据要素市场化配置的关键环节。[①] 目前，我国数据开放共享的主要模式是公共数据开放、政企间数据共享。近年来通过多项政策发布、法规立法的完善以及标准体系的规范化，我国政府采取全方位、多维度的策略以促进数据开放共享，并且成立国家数据局促进公共数据开放共享。公共数据开放共享不仅可促进科技创新和经济发展，还能推动政府服务创新和治理能力提升。然而，数据安全、政策法规、隐私保护、技术标准等诸多问题有效解决才能实现公共数据开放共享。政府应通过规范数据格式、制定统一的数据标准、建立数据共享平台等方式健全公共数据开放共享机制。此外，还应加强对数据使用者的监管，确保数据安全性和保密性。推动数据开放与共享，旨在促进数据流通，并通过交易实现数据的价值化利用。因此不能止步于构建数据开放与共享体系，还需将其与数据流通交易体系紧密相联，数据流通交易体系是持续释放数据要素价值的动力源。[②] 流通交易体系的引入，旨在让更多数据"活"起来，优化数据流通的效率和效果，确保数据在流通和交易中顺畅进行。

3. 数据治理体系

数据治理体系着重于通过整体性、数字化和源头性治理，提高数据管理和利用的效能。

---

① 国务院办公厅关于印发要素市场化配置综合改革试点总体方案的通知 [J]. 中华人民共和国国务院公报，2022（2）：15-20.
② 澎湃新闻·澎湃号·政务. 国家数据局局长刘烈宏：让数据放心"供"出来，让更多数据"活"起来，让数据安全"动"起来 [EB/OL]. (2023-11-16) [2024-03-27]. https://www.thepaper.cn/newsDetail_forward_25327523.

数据治理体系是确保数据有效管理和利用的关键，旨在让更多数据"用"起来。科学的数据治理体系能有效提高治理能力，进而充分发挥治理体系的效能，其中技术为数据治理体系和能力建设提供支撑，增强数据可控、可信、可用、可追溯水平。首先，要以"整体性治理"优化顶层设计，强化国家数据局与省级数据管理局统筹协调工作机制，强调从全局出发进行系统规划和设计，确保各级管理部门之间的有效协同和资源共享。在优化省级数据管理架构的进程中，强化省级数据管理局的集中归口管理职能尤为重要，以"数字化治理"为核心理念，深度重构政府与市场之间的权力架构、功能分配及界限界定，并紧密依托5G通信技术、大数据分析、人工智能算法、区块链技术、物联网平台等前沿数字技术的深度融合与应用，实现促进多元治理主体间跨越传统界限的广泛互动、协作以及价值共创的协同效应。此外，为实现数据治理效能的根本性提升，应秉持"源头性治理"的原则，明确并压实政府部门及市场参与主体在数据治理领域的主体责任，特别是加强对数据产生源头的有效治理与监管，以确保数据质量、安全性及合规性的全面提升，从而构建更为高效、透明、可信赖的数据治理生态体系。[1]

这三大体系环环相扣，相互支撑，共同构筑推动数据要素创新发展、价值释放的制度架构。

5.2 关键支撑：硬性数据基础设施

数据要素嵌入在支撑经济运行的各种数字化基础设施中，[2] 为支撑数据要素的流通和交易，必须大力发展数据基础设施。数据基础设施旨在支持数字化发展，侧重于挖掘数据的价值和确保数据安全，促成数据要素全生

---

[1] 光明网. 深化数据要素改革 构建全国统一大市场［EB/OL］. (2022-01-05)［2024-06-08］. https://tech.gmw.cn/2022-01/05/content_35427475.htm.
[2] 王建冬，童楠楠. 数字经济背景下数据与其他生产要素的协同联动机制研究［J］. 电子政务，2020（3）：22-31.

命周期为主要内容的制度体系和系统设施。① 只有立足我国疆土广阔的现实，加快建设集约高效、安全可信的数据基础设施，推动基础设施建设与市场化进程同步发展，② 才能畅通数据资源大循环，充分释放数据要素价值。③

硬性数据基础设施是数据处理、存储、传输、安全管理等环节的物理和技术组件，包括服务器、存储设备、网络、硬件和软件系统等部分。按不同功能和技术基础，可将硬性数据基础设施分为数据空间设施、网络设施、算力设施、流通设施、融合设施和安全设施，以有机整体的形式确保数据的可用、可信和可控。

5.2.1 数据空间设施

数据空间指围绕数据与用户的联系和数据与流程的映射，梳理业务流和数据流的关系并确定关联用户，建立数据主权和边界以明确数据流向的区域。④ 其以分布式存储技术为基础，对数据要素全生命周期内的关联数据进行标准化定义和梳理，并利用动态标签技术构建三维数纹和细粒度访问控制等技术，满足数据要素提供者、参与者、服务者和监管者等的业务需求。数据空间在欧洲的数据战略中被定义为一个安全的环境，其中个人和组织可以共享数据，以创造新的价值。这包括确保数据的互操作性、可访问性和可重用性，同时保护数据的完整性和隐私。而在工业4.0背景下，数据空间是指一个集成的环境，其中制造数据、操作数据和商业数据可以被集成和分析，以优化生产流程、提高效率和创新产品。2024年11月21日，

---

① 丁波涛. 数据基础设施语境下的情报基础设施建设：概念、价值和任务 [J/OL]. 图书情报知识，1-6（2024-03-15）[2024-06-08]. http://kns.cnki.net/kcms/detail/42.1085.G2.20240313.1738.003.html.
② 杨兴全，刘颖，李枫. 政府引导基金与公司现金股利：融资造血抑或创投驱动 [J]. 经济管理，2023，45（12）：120-137.
③ 欧阳日辉. 数据基础设施保障数据安全及高效流通 [J]. 人民论坛，2024（7）：70-75.
④ 孙伟，陈振浩，陈联译，等. 安全数据空间构建方法研究及其应用 [J]. 信息安全研究，2016，2（12）：1098-1104.

国家数据局正式对外发布了《可信数据空间发展行动计划（2024—2028年）》[1]，它是我国在国家层面上推动数字经济发展的重要规划，具有重大且深远的意义。可信数据空间是一种全新的数据流通利用基础设施，同时也是一个生态系统概念，旨在实现数据资源的规模化流通和共享利用，是支撑构建全国一体化数据市场的重要载体。该行动计划拟计划到2028年建成100个以上可信数据空间，形成广泛互联、资源集聚、生态繁荣、价值共创、治理有序的可信数据空间网络。这一目标的实现将为构建全国一体化数据市场提供有力支撑，推动数据资源的高效配置和利用，促进数字经济的快速发展。[2] 可信数据空间对于个人、企业、行业及国家等影响深远，对于普通大众而言，可信数据空间可能尚显陌生，但多方面影响个人，既包括对个人隐私和数据权益的保护，也涉及数据的合理利用和安全流动，以及对城市治理和服务水平的融合提升；对于企业而言，它既是挑战也是机遇，要求企业在数据合规、安全保护、技术创新等方面作出努力，同时也为企业提供了新的增长点和发展机遇；对于国家而言，对于保障国家信息安全、促进经济社会发展具有至关重要的作用。可信数据空间建设不仅关系到国家数据资源的合理配置和高效利用，而且是维护国家安全、推动科技创新、实现高质量发展的重要基础，也是我们每个企业及个人未来发展的重要支撑点。[3]

5.2.2 网络基础设施

数据要素的网络基础设施包括高速互联网连接、接入和输出设备、数据中心、云计算与分析平台等，通过保障稳定、高效和安全的超高速网络

---

[1] 国家数据局关于印发《可信数据空间发展行动计划（2024—2028年）》的通知［EB/OL］.（2024-11-21）［2025-02-05］. https：//www.gov.cn/zhengce/zhengceku/202411/content_6996363.htm.

[2] 建设100个以上可信数据空间，这份文件可信安全促要素流通［EB/Ol］.（2024-11-23）［2024-12-13］. https：//www.gov.cn/zhengce/202411/content_6989064.htm.

[3] 奉国和. 可信数据空间：一个全新的生态系统［N］. 广州日报：理论周刊，2025-02-17（A12）.

连接和数据处理，使数据要素实现跨时空、跨领域、跨系统的传输与共享。

为向数据要素提供高速泛在的网络连接，网络基础设施应在超高速 IPv6 接口和 3X400G 超高速多光路聚合等关键技术的支持下，借助 1.2T 超高速下一代互联网主干通道，瞬间计算和传输海量数据。具体而言，应进一步加强 5G 网络的建设力度、适时对 6G 潜在技术进行研究、增强通信枢纽功能和全力促进千兆级光纤网络的大规模部署及应用。[①]

此外，还应不断升级主干网络，推进建设专用国际互联网通道和构建天地一体化网络。通过加快卫星通信建设和部分城区光缆网络，促进北斗系统的广泛应用以统筹高效建设无人机遥感信息获取系统和地面监测设施[②]，最终实现 IPv6 性能的提高及新型 IP 城域网、OTN 网络和云专网等服务水平的优化。各城市要创新云网技术，推动城市 IP 城域网与中心云和边缘云的融合，集成云、网、边的算力资源以推动工业互联网、IPv6、云计算、AIGC 等技术的融合创新发展，最终实现 IPv6 在教育、交通、金融、政务、能源等重点领域开展技术创新和规模应用。

5.2.3　算力基础设施

算力是集信息计算力、网络运载力、数据存储力于一体的新质生产力，通过算力基础设施向社会提供数据服务。[③] 算力基础设施主要由通用算力、智能算力、超级算力、算力安全一体化、算力电力一体化等基础设施构成，为数据提供敏捷高效的处理能力。未来，算力将与人力、物力和财力共同成为衡量我国数字经济竞争力的重要指标。

随着生成式 AI 大模型在多个领域的深入应用，算力需求激增。在《算

---

① 上海市发展和改革委员会．上海市人民政府关于印发《上海市进一步推进新型基础设施建设行动方案（2023—2026 年）》的通知［EB/OL］．（2023-10-19）［2024-03-26］．https：//fgw.sh.gov.cn/fgw_gjscy/20231019/90bae4cbe3e342db9f26fd8081a6f968.html.
② 浙江省经济和信息化厅．浙江省数字基础设施发展"十四五"规划［EB/OL］．（2021-06-01）［2024-03-28］．https：//jxt.zj.gov.cn/art/2021/6/1/art_1562871_58926650.html.
③ 工业和信息化部等六部门．算力基础设施高质量发展行动计划［EB/OL］．（2023-10-08）［2024-04-09］．https：//www.gov.cn/zhengce/zhengceku/202310/P020231009520949915888.pdf.

力基础设施高质量发展行动计划》中规划了2025年前我国算力发展目标：计算力方面，算力规模超300EFLOPS，智能算力占比35%，东西部算力平衡协调发展；运载力方面，国家枢纽节点数据中心集群间的直连网络传输速度要基本实现不高于理论时延1.5倍，重点应用场所光传送网（OTN）覆盖率达80%，骨干网、城域网全面支持IPv6；存储力方面，存储总量超1800EB，先进存储容量占比30%以上，重点行业核心数据、重要数据灾备覆盖率达100%。① 部分省市也陆续出台了具有地方特色的算力政策，如《天津市关于做好算力网络建设发展工作的指导意见》《绿色零碳算力网络建设行动计划》《宁夏回族自治区数据中心建设指南》等。为此应统筹推进通用、智能、超级算力的一体化布局、东西部算力的一体化协同、算力与算法的一体化应用、算力与绿色电力的一体化融合、算力发展与安全保障的一体化推进等。②

具体而言，首先，要继续落实"东数西算"。经过国家两年来持续推进的"东数西算"工程，我国算力布局正处于连点成线、编织成网的阶段。统筹提高"东数西算"整体效能，完善数据中心建设布局和供给结构，加快形成全国一体化算力体系，提高西部地区算力利用水平。③ 其次，在设点布局上应部署算力重点建设区域，以京津冀、长三角、大湾区、川渝贵等为节点，以我国一体化算力枢纽节点为核心，面向各大重要区域建设算力设施。部署算力重点建设行业，应以工业、农业、能源、医疗、汽车等为重点，实现"算力+"赋能四大产业。构建通用计算、智能计算、超级计算的融合算力中心，并科学布局各类计算资源，进一步推进各类新增算力向国家枢纽节点聚拢，最终实现优化数据采集机制和算力服务平台。

与此同时，在技术融合上，应持续推动绿色数据中心建设，优化数据

---

① 工业和信息化部等六部门. 算力基础设施高质量发展行动计划［EB/OL］．（2023-10-08）［2024-04-09］. https://www.gov.cn/zhengce/zhengceku/202310/P020231009520949915888.pdf.
② 关于深入实施"东数西算"工程加快构建全国一体化算力网的实施意见［EB/OL］．（2023-12-25）［2024-03-30］. https://www.gov.cn/zhengce/zhengceku/202401/content_6924596.htm.
③ 关于2023年国民经济和社会发展计划执行情况与2024年国民经济和社会发展计划草案的报告［EB/OL］．（2024-03-13）［2024-03-29］. https://www.gov.cn/yaowen/liebiao/202403/content_6939276.htm.

中心电力系统的整体运作效能，创新电力算力协同机制。在跨域协同上应探索统一度量、计费、交易和结算的标准体系以及算网协同运营机制，建立跨地区算力调度、网络传输、电算融合、运营服务、交易结算和收益分配等协同机制，塑造全国一体化算力大市场的稳健之基。在实际应用上应推动算力、算法和数据融合发展。为解决政务、金融、科学、交通、工业、自然资源等对算力需求巨大的实际问题，应积极提供高品质、低成本、易使用的行业算力供给服务、推动各类各级的数据流通交易平台建设，并利用国际关键节点的算力资源进行数据流通应用服务。

5.2.4 流通基础设施

流通基础设施是以数据空间、高速数据网、区块链、数据脱敏和数据沙箱等技术构建，以技术支撑、业务可行和制度保障为核心的数据流通架构，并实现数据在流通过程中"可控可计量""可用不可见""可溯源存证"的设施。[①] 由于技术问题、流动性问题和信任问题，"数据孤岛"和"信任鸿沟"成为数据"流不动""卡脖子"的主要障碍。

《"十四五"现代流通体系建设规划》[②] 指出，商品和资源要素间的自由流动仍存在隐性壁垒，为深化流通对商品和资源要素配置的作用，应加快数据流通设施智能化建设和升级改造，促进流通业态模式创新发展。为打通数据要素流通痛点堵点，需进一步完善公共数据、企业数据和个人数据的可信交换平台建设。一是打造枢纽网络。构建全国骨干要素流通设施网络，畅通干线通道，加强枢纽联结，旨在通过深度整合与高效协同，构建起以"枢纽为核心，网络为支撑"的现代化运行体系，促进"枢纽、干支线、仓储配送"三位一体的综合集成发展。二是完善区域流通服务网络。

---

① 中国采购与采购联合会.国家数据局局长刘烈宏首论数据基础设施［EB/OL］.（2023-11-25）［2024-03-25］.http://www.chinawuliu.com.cn/zixun/202311/25/621206.shtml.
② 国家发展改革委.《"十四五"现代流通体系建设规划》［EB/OL］.（2022-01-13）［2024-04-10］.https://www.gov.cn/zhengce/zhengceku/2022-01/24/5670259/files/fc791db5595f4b3494ff1c24250649f3.pdf.

以各地区的数据产业集聚区和消费聚集区为中心，打造配套的数字园区、流通中心、配送中心等硬件数据基础设施，对接流通枢纽，提高协同化、规模化、一体化、集约化数据流通服务能力。三是提高流通体系的韧性。依托数据流通枢纽设施，布局应急枢纽，提高设施修复和流通通道的监护、保护、抢修和复通能力。

5.2.5 融合基础设施

融合基础设施将资源、算力、网络、存储、治理、管理等统一整合到预配置的包中，作为独立的系统进行数据运维和管理。有机融合能最大程度解决兼容性问题，为实现数据价值提效增速，适用于如智能制造、智能交通、智慧能源和智慧市政等多个领域。

融合基础设施的建设应以传统基础设施为基础，以工业互联网、车联网和智慧城市为重点建设内容。建设工业互联网基础设施需要推动IT与OT网络融合、完善标识体系构建并增强标识解析、促进各主体内网从"单环节改造"转向"体系化互联"。[①] 车联网基础设施可利用C-V2X（蜂窝车联网），以"条块结合"的方式推进车联网先导区建设。打造智慧城市，可利用CIM（城市信息模型）、以万物标识为基础的"一标三实"（标准地址、实有人口、实有房屋和实有单位）信息采集工作等实现全域感知、"一网统管"。

5.2.6 安全基础设施

安全基础设施是预防和应对各类数据安全问题，保障数据完整性、可用性和机密性的一系列硬软件设施，包括安全设备、加密技术、身份认证

[①] 国家发展改革委.《"十四五"现代流通体系建设规划》[EB/OL].（2022-01-13）[2024-04-10]. https://www.gov.cn/zhengce/zhengceku/2022-01/24/5670259/files/fc791db5595f4b3494ff1c24250649f3.pdf.

和访问控制等部分。目前数据泄露、篡改、滥用等问题屡见不鲜，必须着手升级安全基础设施。

为有效化解数据安全风险，破解数据流通与数据安全的"零和困境"，借鉴陆志鹏在数据安全与数据要素治理研讨会上提出的思路①，即结合数据元件和数据金库两个产品，提出以物理隔离、数据托管和模型转换实现存用分离的破局思路。首先，通过数据金库与外网进行物理隔离，确保关键敏感数据的安全。其次，采用数据托管机制，将政府认定的核心数据、数据元件、重要数据、加密数据、保密数据、个人隐私数据等放置于数据金库中进行统一托管，实现关键数据入库和双向风险隔离。最后，运用模型转换技术对数据金库中的数据进行模型建模处理，生成数据元件，并通过单向网闸安全传输至外网，构建数据元件流通网络，实现数据要素的安全流通。

针对数据基础设施的内生安全体系，可利用委托计算、数据编织、多源异构数据管理、联邦学习等技术；针对数据基础设施的外生安全保障，要建设危险监测、态势感知、险情通报、应急处理、灾难恢复的安全平台和体系，开展各类数据安全攻防演练，提高各单位应对数据安全攻击的能力和熟练度，树立数据安全观以筑牢数据基础设施安全防线。

5.3 实施路径：关注核心、以点带面、破壁协同

"数据要素×"行动旨在利用庞大数据资源及多样化应用场景等优势，推动数据要素与传统要素的交融协同。在此基础上开展"数据基础设施×"实践，以数据流引领技术、资金、人才等要素的流动，以重点领域先行、多区域试点和凝聚合力的手段，开创数据驱动的新产品和服务，催生新产业和新商业模式，为新质生产力提供强劲新动能，实现数字经济规模、效

---

① 清华大学数据安全与数据要素治理研讨会举行［EB/OL］．（2022-08-17）［2024-03-26］．https：//www.tsinghua.edu.cn/info/1180/97313.htm．

率、效益的跨越式增长。

5.3.1 重点领域先行

鉴于不同领域在数字化转型过程、数据资源基础及场景需求方面的显著差异，数据基础设施建设方式亦呈现多样化。《"数据要素×"三年行动计划》遵照"基础扎实、场景丰富、需求明确"的原则，选定12个关键行业和领域，故数据基础设施建设应围绕此开展，见表5-1。

表5-1　　　　　　"数据基础设施×"12个重点领域

重点领域	重点举措	目标实现
工业制造	云边协同工程、标识体系、"哑设备"数采、数算、数用能力改造[1]等	以"云、网、边、端"相协同的工业云助力新型工业化
现代农业	"5G+"农业农村工程、"1+N"数据共享模式、农业AI芯片、类脑计算等	提高农业一体化数据获取能力和覆盖度，加速农业数智化生产
商贸流通	消费者画像、即时零售、数字货币、电子商务示范基地等	创新各商圈应用场景，打造数字消费新方式和商业新模式
交通运输	多式联运、"四纵四横两网"智慧航道、智慧路网平台[2]、智能网联汽车[3]等	提升交通基础设施全要素、全周期数字化水平，打造交通新基建样板
金融服务	分布式记账（DLT）、客户画像与信用评分、多维数据归集与处理等	促进数字金融发展，增强金融体系韧性、稳定性和安全性
科技创新	细粒度知识抽取、无人系统多体协同设施、脑模拟设施等	以数据驱动创新知识和技术，加速科研范式变革
文化旅游	文旅驿站、三级引导标识、AR导览、XR网媒融合、应急救援基地等	发掘文化数据价值，提高文旅服务水平和治理能力，丰富精神文明

---

[1]　工业和信息化部等十二部门. 工业互联网标识解析体系"贯通"行动计划［EB/OL］.（2024-01-21）［2024-04-10］. http：//www.hunan.gov.cn/zqt/zcsd/202402/32640495/files/520d8038facf4ecbb3efedf3e10c2953.pdf.

[2]　奉国和."数据要素×"助"智能网联"驶向未来［N］. 广州日报：理论周刊，2024-04-08（9）.

[3]　奉国和. 智能网联汽车产业发展的机遇与挑战［N］. 南方日报：理论周刊，2024-12-25（6）.

续表

重点领域	重点举措	目标实现
医疗健康	跨域医疗信息共享、数据即服务（DAAS）、临床数据中心（CDR）等	改善就医体验，为医疗服务和公共卫生管理提质增效
应急管理	窄带物联网（NB-IOT）、特种机器人、GIS三维系统等	优化应急响应速度和救援效能，倍增应急管理治理成效
气象服务	"天地空"观测网、中国气象卫星广播系统（CMACast）、CMA-GFS模式等	融合气象数据和其他领域数据，防范和减轻不利气象条件对社会的影响
城市治理	分布式能源站、城市信息模型（CIM）、海绵城市工程等	完善城市基础设施布局，提高城市基础设施管理效率，增进民生福祉
绿色低碳	新能源电站、煤电机组快启及调峰、氢电耦合示范应用、先进生物基建材等	推动生活和生产节能减排降碳，加速实现"双碳"目标

5.3.2 开展多领域试点

通过多试点探索数据基础设施建设，针对各区域数据要素发展特点和需求，探索并验证可复制、可推广的数据基础设施设计思路、建设方案、管理经验和风险防范举措等。

目前，已有若干城市率先进行数据基础设施建设相关探索。例如，北京市从软性数据基础设施的角度，以《北京数据基础制度先行区创建方案》指引有关机制和"5+2+N"的架构建设；上海市"双管齐下"，在《上海市进一步推进新型基础设施建设行动方案》中兼顾软性和硬性数据基础设施，涉及网络、算力、数据、设施和终端五大重点，以求数据基础设施水平和服务能力迈上新台阶，最终实现"4个建成"的城市发展目标；广东省《"数字湾区"建设三年行动方案》中提出要建设"湾区数字化'基座通'"，以此促进粤港澳数据"要素通、商事通、产业通、治理通、生活通"；贵州省在《贵州省新型基础设施建设三年行动方案》中侧重硬性基础设施，重视"东数西算"算力网、大数据科创城、传统民生基础设施升级改造和"智慧黔城"建设等，紧扣"四区一高地"的城市定位，引领西南部数据要素发展。

未来，中央应加快出台数据基础设施试点城市名单，以东北、华北、华南等大范围地理区划为基础，设置各区域中心试点城市，以点带面，形成辐射引领。

5.3.3 凝聚数据合力

数据要素具有价值性、多元性和融合性等特点，[①] 在复用中不断产生数据红利。不同领域和主体基于不同目的和采用异质方式，在交流合作中碰撞出数据价值的"新火花"。

在凝聚数据合力的过程中，数据基础设施并不只是面向单一领域提供数据服务，而是充当着"数据媒介"的作用，搭建各行业交融的桥梁。一是数据基础设施充分吸收整合各方面数据，形成复合资源，促进各领域跨界协同。例如，智慧城市建设领域利用整合地理数据、交通数据、气象数据、人口数据等资源的数据基础设施，可精准掌握城市特点，并有针对性地与有关领域的部门、企业展开协作，全方位提高城市治理水平。二是数据基础设施为政府、企业、高校和研究机构等主体提供了建联契机。首先，数据基础设施通过设置统一的数据标准与接口，便利多元主体的数据交换共享。其次，数据基础设施建设能加速数据驱动的创新合作。通常政府发布有关文件释放创新数据基础设施的信号，各方主体积极响应并依托现有数据基础设施进行联合研发、项目合作等。此外，数据基础设施依赖高质量数字人才，财政支持的产教研模式能满足其人才需求缺口。具体表现为：政府提供资金支持以引导激励多方参与；企业提供实践平台和业务需求，促进理论与实践相结合；高校开设有关技术课程与管理课程，源源不断地为数据基础设施输送人才。

在集结多领域多主体力量以及建设数据基础设施的过程中，需要警惕利益冲突、权责不明和沟通渠道不畅等方面的问题。通过协调机制规范化、

---

① 奉国和，肖雅婧. 数据要素价值释放研究进展［J］. 图书馆论坛，2024（8）：123-132.

数据标准统一化、权责划分透明化和沟通协作密切化等，在维护好各领域各主体数据"奶酪"的情况下共同做大数据"蛋糕"。

5.4 本章小结

在我国数字产业化和产业数字化的浪潮中，数据基础设施作为数字经济实践的创新结晶，其如何与增强数据要素红利、塑造新质生产力的增长引擎实现有机结合，是当前发展阶段亟待解决的关键议题。

首先，本章聚焦于解锁数据要素潜力、驱动新质生产力的核心目标，从三个维度即新质劳动者、新质劳动工具及新质劳动对象，深入剖析数据基础设施对数据要素及新质生产力的赋能效应。

其次，构建了一个以软性与硬性数据基础设施为"双翼"的框架：软性基础设施囊括了数据基础设施的战略规划、地方性数据治理机构、标准化与规范化建设以及人才梯队构建等多个层面；而硬性基础设施则聚焦于数据存储空间、计算能力、网络架构等硬件资源与环境。

最后，提出了三大战略路径：一是聚焦重点领域，先行先试，通过设立"数据基础设施试验区"积累可复制、可推广的成功经验；二是实施多领域、多主体的协同作战，强化跨界融合，构建数据资源共享、互联互通的生态体系；三是汇聚数据合力，推动数据要素的高效配置与利用。

研究表明，数据基础设施作为支撑数据要素价值释放与新质生产力发展的"数据基石"，其在促进数据经济繁荣、驱动社会生产力变革中扮演着不可或缺的角色。

第6章 供给侧、场内外交易与需求侧

为了进一步完善数据要素市场,并有效应对供需失衡、交易不规范等挑战,本章将从供给侧、场内外交易以及需求侧三大维度进行深入剖析与策略制定。通过优化供给侧结构、规范场内外交易流程以及激发需求侧潜力,我们将携手并进,共同推动数据要素市场实现良性、可持续的发展。

6.1 供 给 侧

数据供给侧的各类主体,包括政府、企业以及个人,均展现出显著的差异性。这些不同主体在数据资源的供给过程中,各自面临着独特的现实问题与挑战。为了推动高质量的数据供给,我们有必要针对不同主体所遭遇的困境,采取有针对性的解决方案。以下是对政府、企业及个人在数据供给方面的特点、现存问题及相应解决措施的详细剖析。

6.1.1 政府数据

1. 政府数据的含义及其构成

政府数据,简言之,是指行政机关在依法履行职责过程中生成、收集、存储及传播的一系列数据资源。① 此定义凸显了数据的双重属性，即其来源与用途，并明确了政府数据在行政管理架构中的核心地位。在我国数据资源的宏观分布中，政府部门掌握着大约80%的数据资源，② 这一数字不仅彰显了政府数据在国家信息化战略中的关键地位，也预示了其巨大的潜在价值。

政府数据的构成复杂而多元，主要可划分为政务数据、公共数据以及社会数据三大类别。③ 这种分类方式全面覆盖了政府从内部行政管理到外部社会互动的各个领域，充分展现了政府数据的广泛性与深度。进一步细分，政府数据又可归结为政府汇聚数据与政府创造数据两大板块。④ 这种基于数据来源与生成方式的分类方法，有助于我们更清晰地认识并管理不同类型的政府数据。

政府汇聚数据，是指政府在履行社会监管与服务职能过程中，从外部多领域广泛收集而来的数据，是政府对社会运行全面掌握和有效治理的重要信息基础。这些数据又可细分为四部分：一是行政监管生成数据，即政府部门在履行行政事务与监管职责时生成的数据。⑤ 行政许可审批数据是审批流程与结果的记录；行政执法监督数据则体现对市场行为的监管，如市场监管部门对企业违规行为的处罚记录、环保部门的环境监管执法数据等，它们是保障市场秩序和公共利益的关键依据。二是公共服务积累数据，如教育领域的学校招生数据、学生学籍信息、教育资源配置数据等；社会保障领域的养老保险参保数据、失业保险申领数据、社会救助对象信息等。这些数据有助于政府精准评估公共服务的覆盖面和质量，进而优化资源配置，提升服务水平。⑥

---

① 黄晓星,丁少芬.基层治理结构与政府数据治理：以z市T区网格化管理及其专项行动为例[J].公共行政评论,2022,15(3):21-39,196.
② 冯锋.大数据时代我国数字政府建设的路径探析[J].山东社会科学,2022(51):139-146.
③ 孟庆国.创新管理机制,推动数据资源体系开放共享[EB/OL].(2022-08-26)[2025-01-15].http//www.gov.cn/xinwen/2022-08/26/contenL5706943.htm.
④ 吴亮.政府数据授权运营治理的法律完善[EB/OL].(2023-01-16)[2025-01-06].https://mp.weixin.qq.com/s/IKhAB32p4sxt0UvYVQDa7w.
⑤ 鞠孜涵,王延飞.从"治理"到"智理"："2+1+1"融合驱动的政府数据治理模型研究[J].图书与情报,2024(5):85-94.
⑥ 刘阳阳.公共数据授权运营：生成逻辑、实践图景与规范路径[J].电子政务,2022(10):33-46.

三是经济运行监测数据，如宏观经济统计数据、金融监管数据和产业发展数据。宏观经济统计数据包括地区生产总值数据、通货膨胀率数据、失业率数据等，是衡量经济整体状况的重要指标；金融监管数据涵盖银行信贷规模数据、证券市场交易数据、保险行业经营数据等，反映金融市场的稳定与活跃程度；产业发展数据则有各产业的产值数据、企业经营状况数据、产业结构调整数据等，助力政府制定针对性的产业政策，引导经济健康发展。四是社会治理收集数据，包括公共安全数据和社会舆情监测数据。公共安全数据如公安机关的犯罪案件数据、社会治安状况数据，以及交通管理部门的道路交通事故数据等，为预防和打击犯罪、保障公共安全提供支持；社会舆情监测数据通过网络平台、社交媒体等渠道收集民众意见和诉求，使政府能够及时了解社会热点和民众关切，回应社会关切，化解社会矛盾。

政府创造数据，是指政府内部运作及政策全生命周期中自然生成的数据，涵盖了政府自身管理与决策优化的重要信息，是提升政府治理能力与服务水平的内在动力源泉。这些数据又可细分为三部分：一是政府工作产生数据，即政府在履行基本职能过程中会产生的数据，涵盖金融监管数据、人口普查数据、地理规划数据等。[1] 金融监管数据详尽记录金融市场动态、金融机构合规情况等，对维护金融稳定至关重要；人口普查数据系统反映人口数量、结构、分布等关键信息，是制定社会政策的重要依据；地理规划数据绘制国土空间布局、地形地貌特征等内容，为国土开发、资源利用等提供基础支撑。二是内部管理产生数据，如人力资源管理数据、物资采购数据和办公系统运行数据。人力资源管理数据涵盖公务员招录数据、培训数据、考核数据等，关系到政府队伍建设与人才发展；物资采购数据记录政府办公用品、设备采购的详细信息，包括采购流程、供应商信息、价格数据等，对规范政府采购行为、节约财政资金具有重要意义；办公系统运行数据如公文流转数据、会议安排数据、部门协作数据等，反映政府内部的行政效率和管理效能。三是政策研究与评估数据。政府部门在进行政

---

[1] 李刚. 政府数据市场化配置的边界：政府数据的"生产要素"和"治理要素"二重性 [J]. 图书与情报，2020（3）：20-21.

策制定和效果评估时，会产生和收集大量数据①政策制定前期，有社会调研数据、专家论证意见数据等，为政策的科学性与合理性提供依据；政策实施过程中，收集政策执行情况数据、受益群体反馈数据等，用于监测政策执行效果；政策评估阶段，生成政策绩效评估数据、成本效益分析数据等，以便对政策进行总结和改进，提高政策的有效性和可持续性。

2. 政府数据的价值

政府数据展现了多面向的宝贵价值，这主要得益于其在广泛行业中的深入应用。这些多元价值在政治、经济和社会三大关键领域尤为凸显，均对现代治理体系产生了深远的影响。②

首先，政府数据蕴含着深厚的政治价值。政府通过多元化的渠道，如官方网站、大众媒体及社交平台，公开透明地发布相关数据与信息，使公众能够迅速且全面地掌握政策走向与实施状况。此举不仅显著提升了政府的公信力，也为公众监督构筑了坚实的基础。同时，公众也能通过这些渠道向政府表达意见与诉求，实现双向互动，助力政府及时捕捉民意脉搏，灵活调整政策方向，从而确保决策过程更加科学与民主。尤为重要的是，这种基于数据的政治互动正引领着网络民主与数字民主的新潮流，为现代治理体系注入了勃勃生机。以"智慧城市"为例，许多城市已构建起相关平台，依托城市运行数据的收集与分析，实现了公共服务的高效供给与城市管理的精准施策。③ 市民通过移动应用便捷反馈城市问题，政府则能迅速响应，有效提升了城市管理效率与公众参与度。

其次，政府数据在经济领域同样展现出不可忽视的价值，其影响力跨越微观与宏观两个层面。在微观层面，政府开放的各类数据为企业提供了丰富的决策参考，助力企业优化经营策略、提升业务效率并降低运营成本。

---

① 黄如花，温芳芳，黄雯. 我国政府数据开放共享政策体系构建［J］. 图书情报工作，2018，62（9）：5-13.
② 梁宇，郑易平. 我国政府数据协同治理的困境及应对研究［EB/OL］. （2022-02-21）［2025-01-17］. https://mp.weixin.qq.com/s/GPxfDB_0nye1kbwetx7NBA.
③ 张明柳. 释放数据要素价值赋能数字政府建设［N］. 中国政府采购报，2024-09-03（005）.

企业可依据政府发布的经济指标、行业统计及人口普查等数据，精准定位市场、开发产品，更好地满足消费者需求。同时，政府的招投标信息、土地出让数据等也为企业开辟了新的商业机遇，推动企业制定更具针对性的发展战略。在宏观层面，政府数据已成为驱动经济发展的关键要素之一。自2020年3月起，中央政府将数据正式确立为与土地、劳动力、资本及技术并列的五大生产要素之一，彰显了数据在经济发展中的重要地位。政府通过开放统计数据、地理信息数据及气象数据等，为各行业的创新与发展提供了坚实的基础，促进了数据要素市场的蓬勃发展。

最后，政府数据在创造社会价值方面同样功不可没。政府将大数据技术广泛应用于交通、医疗、公共安全及环保等领域，充分发挥其在社会治理中的独特优势。在交通管理方面，大数据分析助力优化交通信号控制、缓解交通拥堵并提升道路使用效率。在医疗卫生领域，大数据分析则有助于预测疾病传播趋势、优化医疗资源分配并提高公共卫生事件的应对能力。特别是在面对重大公共卫生事件时，大数据在智能城市监控、接触者追踪及疫苗研发等方面发挥了至关重要的作用。以新冠疫情为例，多个国家和地区利用大数据技术进行疫情监测与预警，及时识别潜在传播风险，为政府制定防控策略提供了有力支持。此外，在环境保护领域，大数据分析同样助力政府精准识别污染源、制定有效环保政策并提高环境治理成效，为可持续发展战略的实施提供了坚实的数据支撑。

3. 政府数据供给的途径

鉴于政府数据所蕴含的丰富多元价值，构建以数据开放和数据授权为核心的价值释放机制，已成为推动政府数据供给侧增长的关键路径。

政府数据的开放具有深远意义，具体体现在以下三个方面。

首先，它极大地提升了政务服务效能与治理现代化水平。通过数据开放，不仅深化了"互联网+政务服务"的实践，促使个人和企业逐步转向线上服务，还普及了"最多跑一次"等便民措施。这一过程不仅优化了公共服务流程，还构建了数字政府的数据供应链，打破了部门间的信息壁垒，实现了跨部门的数据共享与融通。在此基础上，积累的数据为政务数据中台的建设提供了坚实基础，既优化了服务流程，又为精细化治理提供了强有力的数据支持。通过多层次的数据可视化技术，政府能够作出更为精准、科学的决策与管理。

其次，政府数据的开放显著增强了政府决策的科学性和前瞻性。跨区域、跨部门的数据整合，使政府掌握了具有全局性、综合性和交叉性特征的数据资源，为预见性的综合决策提供了可能。例如，在城市新区建设中，通过整合多维度数据，构建综合模型和指数，为地方政府的公共设施规划与建设提供了科学指导，从而显著提升了政府决策的科学性和前瞻性。

最后，政府数据的开放促进了市场创新与产业发展。开放的数据为市场主体的商业模式创新提供了丰富素材，企业可以利用这些数据优化产品或服务体验，同时培育新型服务与产品。例如，城市路网实时交通数据的开放提升了导航软件的功能，而法院裁判文书的全面开放则推动了智能司法技术的发展，为司法系统效率与公正性的提升提供了技术支撑。此外，政府数据的开放还对人工智能等前沿技术的发展具有重要推动作用，如美国发布的"美国人工智能倡议"便明确提出了向本国人工智能研究人员开放联邦政府数据、算法及计算资源的政策。[1]

政府数据授权作为政府数据供给的关键环节，涉及公共资源的有效配置、经济价值的创造及公私利益的平衡。其基本原则可概括为"使用者付费"，类似于公共基础设施的使用机制，旨在确保数据资源的可持续利用。具体而言，当数据用于商业目的时，使用者需分担数据维护、更新及安全保障的成本；同时，对于公益性使用则予以减免，以体现公共资源使用的公平性与效率性。

政府数据具有非竞争性和可重复使用的特点，被视为一种永不消耗的资本商品。这些特性决定了政府数据授权需采取独特的管理方式。其目标多元：既需实现公私利益的共同增值，保障公共利益的同时允许私营部门

---

[1] 宋丽丽. 美国政府"人工智能倡议"及对我国的挑战[J]. 中国科技信息, 2020 (23): 98-101.

创造经济价值；又需促进数据资源的合理配置，确保数据被最有效率和创新能力的主体使用；还需保障数据服务的可持续性，通过合理收费与管理机制确保数据资源的长期可用性与价值。

在授权方式上，主要包括特许经营与国有资产使用协议两种模式。特许经营模式适用于基础设施与公共事业领域，允许私营主体在特定条件下经营政府数据资源；而国有资产使用协议则更适用于教育、医疗、电信等领域，为这些领域的数据使用提供了法律与操作框架。

政府数据授权机制的作用广泛而深远。它有助于充分发挥政府数据的经济与社会价值，将静态的数据资源转化为动态的经济增长动力；同时，延伸了开放政府的理念，促进了政府透明度与公众参与；为新商业模式与经济价值的创造提供了空间，激发了创新与企业家精神；增进了政府数据开放与民间应用之间的联系，促进了公私合作；最后，通过公私数据的结合，有望提高公共服务的质量与效率。在国际层面，欧盟的 POPSIS 报告提出的多种定价机制为政府数据开放及治理深化提供了宝贵参考[①]，对中国等正在探索数据治理新模式的国家具有重要启示意义。

4. 政府数据供给面临的挑战

尽管政府数据开放与授权在激发数据价值潜力、促进社会发展上扮演着至关重要的角色，但在实际推行过程中，仍遭遇了一系列复杂而严峻的挑战。

就政府数据开放而言，首要障碍在于缺乏全国性的统一战略与政策框架。首先，我国尚未构建起覆盖全国的政府数据开放蓝图与政策环境，导致各地、各部门在数据开放实践上各自为政，难以形成合力，协同效应大打折扣。其次，数据开放平台的建设尚不完善，作为数据开放的重要窗口，其功能的单一性、更新的滞后性以及用户体验的欠佳，均难以满足数据使用者的多元化需求。再次，跨部门间的数据共享与协作机制不畅，形成了"数据孤岛"现象，不仅限制了数据开放的广度和深度，也增加了数据获取

---

① 吴亮. 政府数据授权运营治理的法律完善[EB/OL]. (2023-01-16) [2025-01-18]. https://mp.weixin.qq.com/s/IKhAB32p4sxt0UvYVQDa7w.

的难度与成本。此外，部分政府部门对数据开放的认识不足，缺乏数据共享的文化氛围，这种观念上的滞后严重阻碍了数据开放的深入发展。最后，如何在数据开放与个人隐私保护之间找到平衡点，也是当前亟待解决的重要问题，相关法律法规与技术手段尚需进一步完善。

而政府数据授权运营同样面临诸多挑战，这些挑战跨越法律、社会、经济等多个维度，凸显了数据治理的复杂性与紧迫性。[①] 首先，法律定性的模糊性导致授权运营责任链条难以完整构建，增加了运营风险，使各方参与者面临诸多不确定性。其次，关键议题如数据确权与溯源、定价估值、质量评估与安全保障等尚未达成社会共识，为授权运营带来了巨大挑战。再次，商业利用与公共服务之间的平衡问题亟待解决，以避免政府数据过度商业化可能引发的社会公益风险。此外，公民权益保障机制的缺失也是一大隐忧，相关纠纷难以通过行政诉讼获得有效救济，可能引发社会争议。最后，授权制度的不健全也是一大难题，收费机制不明确、地方实践差异大等问题亟待解决。[②]

值得注意的是，这些挑战并非孤立存在，而是相互交织、相互影响。因此，在应对这些挑战时，需要采取综合性的措施，从法律、技术、管理等多个层面入手，推动政府数据开放与授权的健康发展。

5. 政府数据供给的发展建议

为了推动我国政府数据的有效供给，并应对政府数据开放与授权过程中所面临的挑战，提出以下六点建议。

（1）完善法律法规体系。首先，需制定统一的国家数据战略，为政府数据的开放与授权构建坚实的政策框架与指导方针。其次，应强化数据保护法律，对现有法律条例进行完善，确保国家信息、企业机密及个人隐私

[①] 李颖杰. 公共数据授权运营之困境剖析及纾困策略 [J]. 中国信息界，2024（5）：160-163.
[②] 中国宏观经济论坛 CMF. 深度分析数据要素市场建设现状、问题和建议，CMF 专题报告发布 [EB/OL]. （2024-04-15）[2025-01-18]. https：//mp.weixin.qq.com/s/Iy2x1wKjuCXMDKORUAWarQ.

得到充分保护。同时,制定详尽的实施细则,确保法律法规能够更贴合实际应用场景。

(2)优化组织架构与管理机制。建立跨部门的政府数据开放与授权管理机构,以统筹规划与协调各项相关工作。此外,还需构建有效的跨部门协作机制,打破"数据孤岛",提升数据开放的全面性与质量。

(3)完善技术基础设施。加大投入力度,提升政府数据开放平台的功能性、易用性与及时性,以更好地满足用户需求。同时,积极开发与应用先进的数据安全与隐私保护技术,以在数据开放与信息保护之间找到平衡。

(4)建立科学的授权运营机制。一方面,应研究制定科学、透明的政府数据授权收费机制,明确收费项目、标准及审批流程;另一方面,鼓励各地区探索符合本地特色的授权运营模式,并总结经验以推广最佳实践。

(5)建立公民权益救济渠道。将政府数据开放与授权相关纠纷纳入行政诉讼范畴,确保公民权益能够得到有效的司法救济。同时,设立独立的第三方监管机构,对政府数据开放与授权过程进行监督,以防止数据滥用与过度商业化。

(6)建立持续的评估机制。定期对政府数据开放与授权的效果进行评估,及时发现问题并进行调整优化,以确保政府数据开放与授权工作的持续改进与提升。

6.1.2 企业数据

1. 企业数据含义

企业数据,作为各类市场主体在生产经营活动中所生成、采集或加工的数据资源,其主要源头无疑是企业内部的生产经营活动。这些数据资源广泛涵盖,包括但不限于用户提交的网页信息、在严格遵循隐私保护法规基础上由平台收集的个人数据、非个人数据(诸如生产流程数据、供应链信息等关键信息）以及企业内部运营过程中产生的各类数据。① 企业数据往往蕴含着丰富的商业洞察与巨大价值，随着数字经济的蓬勃发展，数据已成为众多企业的核心资产和核心竞争力的重要源泉。②

以大型数字平台企业为例，如阿里、腾讯、美团、京东等，它们凭借强大的数据处理与分析能力，成功将数据转化为自身独特的竞争优势。与此同时，众多大型国有企业及行业内的领军企业，作为数据密集型企业，也拥有显著的数据资源优势，为其在市场竞争中占据有利地位提供了有力支撑。

2. 企业数据的分类及特点

企业数据的分类呈现多样化的特征。学术界对此持有多种观点，诸如基础数据与增值数据、原生数据与衍生数据、底层数据、匿名化数据等分类方式层出不穷。然而，本书倾向于采用当前较为广泛接受的分类方法，即将企业数据划分为原生数据和衍生数据两大类别。

（1）原生数据。作为数据的原始形态，原生数据直接反映了信息最本源的状态，未经任何形式的处理或加工。③ 这类数据往往蕴含着强烈的个人色彩，并具备高度的可识别性。例如，在电商平台上，用户的注册信息、购物评价、浏览记录等都属于原生数据的范畴。值得注意的是，尽管原生数据与个人数据紧密相联，但二者并不等同。个人数据侧重于单一个体的特征描述，而原生数据则更侧重于通过汇聚大量个体数据来揭示群体特征。以社交媒体为例，用户发布的每一条动态、每一次点赞或评论，都是原生数据的重要组成部分。这些数据在单独审视时可能价值有限，但一旦汇聚成海量数据，便能通过深度分析揭示用户群体的偏好、行为模式及社交趋势。这正是原生数据价值之所在，其规模效应显著，能够实现由量变到质变的飞跃。

---

① 数据资产讲堂. 企业数据如何认定？企业从公开渠道采集的数据是否属于企业数据？[EB/OL]. （2024-07-18）[2025-01-19]. https://mp.weixin.qq.com/s/ATqPSpFT71uT4M7I2PLIyQ.
② 杨娟. 企业数据要素价值创造的路径研究[J]. 科技智囊, 2024（1）: 70-75.
③ 张丽静. 企业数据权属界定研究[D]. 济南: 山东大学, 2023.

（2）衍生数据。与原生数据相比，衍生数据是经过算法加工、整合及匿名化处理后的数据产物。这类数据在失去个人身份属性的同时，其使用价值和财产资源属性却得到了显著提升。[①] 例如，电商平台利用复杂的算法分析用户的浏览和购买记录，生成的用户画像便是典型的衍生数据。这种数据不再针对特定个人，而是对某一类用户群体的特征和偏好进行描述。衍生数据的应用领域极为广泛，从金融领域的信用评估和风险预测，到零售业的库存管理和营销策略制定，再到智慧城市建设的交通流量优化，都充分展示了其在预测和塑造未来方面的巨大潜力。

原生数据与衍生数据在企业数据资产中各自扮演着不可替代的角色。原生数据主要承担记录过去和现在的任务，而衍生数据则更侧重于预测和塑造未来。以某大型电商平台为例，用户的每一次搜索、点击和购买行为都被忠实记录为原生数据。平台通过对这些原生数据的深度挖掘和分析，生成了包括用户画像、商品关联性、销售趋势等在内的丰富衍生数据。这些衍生数据不仅助力平台实现了精准推荐和个性化营销，还为商家提供了宝贵的市场洞察，推动了整个电商生态系统的繁荣发展。然而，尽管衍生数据经过了匿名化处理，但其仍可能面临潜在的隐私风险。历史上，如2006年AOL公司发布的匿名化搜索数据集引发的隐私争议便是一个深刻的教训。[②] 这一事件提醒我们，在处理和使用衍生数据时仍需保持谨慎态度。

3. 企业数据供给的途径

数据供给是数据价值实现的重要枢纽，广泛适用于原生数据与衍生数据的流通。随着数据价值日益受到重视，企业作为数据供给的核心力量，正积极探索多样化的路径，以促进其原生数据与衍生数据的有效供给。企业数据供给模式主要可归纳为两大类。

（1）数据交易。此模式依赖于专业的数据交易平台作为桥梁，这些平

---

① 李扬，李晓宇. 大数据时代企业数据边界的界定与澄清——兼谈不同类型数据之间的分野与勾连 [J]. 福建论坛（人文社会科学版），2019（11）：36-37.
② 大数据时代下的隐私保护 [EB/OL]. (2017-09-08) [2024-09-29]. https://www.163.com/dy/article/CTQR28FT05119F6V.html.

台构建了一个规范、标准的交易环境。贵阳大数据交易所、上海数据交易所等业界领先平台，为企业提供了涵盖数据挂牌、定价、交易、结算在内的全方位服务。企业可将自有数据资产，无论是原始数据还是加工后的数据产品，置于平台上进行交易，此举不仅确保了交易过程的透明度，还促进了市场价格的公正形成。此外，平台提供的法律与技术保障，进一步降低了企业的交易风险。然而，数据定价的复杂性和交易成本的高昂，仍是该模式面临的挑战。

（2）合作共享。企业在实施数据供给时，常通过合作共享的方式，依据合作对象的不同，可细分为企业间合作及政企合作。企业间合作多依托战略联盟、行业协会等平台，实现资源互补，有效降低了单个企业的数据获取成本，推动了行业的整体发展与创新。以金融领域为例，多家银行共享客户信用数据，显著提升了整体风险管理水平。而政企合作则侧重于解决公共领域问题，促进公共数据与企业数据的深度融合，创造更大的社会价值。在智慧城市建设中，交通企业与政府共享交通流量数据，携手研发交通管理解决方案，便是此类合作的典范。

4. 企业数据供给面临的挑战

尽管数据交易与合作共享的供给途径为企业数据开启了价值释放的新机遇，企业在数据供给过程中仍面临着多重挑战。首要挑战在于数据权属的模糊性，这是制约企业数据供给的核心问题。[①] 在当前法律框架下，数据所有权的界定尚未明确，特别是在个人数据与企业数据的边界划分上争议不断。这种法律上的不确定性促使企业在数据共享与交易时保持高度谨慎，以免触及法律底线。例如，《中华人民共和国网络安全法》明确规定了贩卖个人信息达到一定数量即构成犯罪，这进一步加剧了企业在数据流通中面临的法律风险。同时，数据流通后的责任认定难题也削弱了企业的数据供给意愿，促使许多企业选择将数据封闭自用，形成了数据孤岛现象。

---

① 奉国和，肖雅婧. 数据要素价值释放研究进展 [J]. 图书馆论坛，2024（8）：123-132.

其次，企业数据定价的困难性也是一个亟待解决的问题。与传统商品不同，数据的价值难以直接量化，其价值大小往往取决于具体的使用场景和分析方法。这种特性使得企业在为数据资产定价时面临巨大挑战，难以确定一个合理且被市场接受的价格。此外，数据的非排他性和易复制性也增加了定价的复杂性，企业担心数据一旦流出就可能被无限制地复制和传播，从而失去其原有的商业价值。

再次，数据流通的合规成本高昂也是阻碍企业数据供给的重要因素。为了确保数据交易的合法性和安全性，企业需要进行烦琐的合规性评估工作，这不仅需要投入大量的人力、物力和时间资源，还需要支付高额的法律咨询费用。[①] 对于中小企业而言，这种高昂的合规成本可能成为其参与数据要素市场的巨大障碍。

此外，企业参与数据要素市场供给的意愿不强也是一个值得关注的问题。许多企业尤其是那些依赖数据建立核心竞争力的企业，出于保护竞争优势的考虑，往往不愿意开放共享其数据资产。这种保守态度虽然在短期内可能有助于保护企业利益，但从长远来看却可能阻碍整个行业的创新和发展。

同时，部分企业在数据转化能力方面的不足也限制了其数据供给能力。这些企业可能缺乏必要的技术和人才来支持数据的采集、加工和分析工作，从而无法将数据转化为有价值的数据产品并参与到数据要素市场中来。这种能力不足的问题在中小企业中尤为突出，进一步加剧了数据供给的结构性失衡。

最后，企业规模和行业特性也在一定程度上影响了其数据供给能力。小规模企业或处于特定行业的企业可能面临原始数据存量有限、数据生产渠道狭窄以及数据价值较低等问题，从而陷入数据"贫困陷阱"。这不仅限制了这些企业自身的发展潜力，也减少了整个数据要素市场的供给量。

[①] 中国宏观经济论坛 CMF. 深度分析数据要素市场建设现状、问题和建议，CMF 专题报告发布［EB/OL］.（2024-04-15）［2025-01-18］. https：//mp.weixin.qq.com/s/Iy2x1wKjuCXMDKORUAWarQ.

综上所述，企业数据供给面临着一系列挑战和问题，这些问题不仅影响了企业自身的数据价值实现和创新能力提升，也制约了整个数据生态系统的健康发展和繁荣。因此，我们需要积极寻求解决方案和策略来应对这些挑战和问题，以推动数据要素市场的健康发展和繁荣。

5. 企业数据供给的发展建议

针对企业数据供给问题，提出以下系统性的发展建议。

（1）完善数据权属法律框架，是奠定企业数据供给坚实基础的关键所在。鉴于当前数据所有权界定模糊，严重制约了企业数据供给的积极性，因此，加速数据所有权立法进程，确立清晰的数据权属界定标准，显得尤为迫切。同时，通过构建数据分级分类管理制度，精准区分个人数据、企业数据与公共数据，进一步明晰数据权属边界。[①] 此外，建立健全数据流通责任追溯机制，明确各方权责，可显著降低企业在数据供给中的法律风险。这一系列举措需要法律专家、行业精英及政府部门的协同努力，通过立法研讨、试点项目与争议调解机制的共同推进，逐步完善数据权属的法律框架，从而增强企业数据共享与交易的信心，推动数据要素市场的规范化发展。

（2）建立科学的数据定价机制，是推动数据供给的核心驱动力。鉴于数据价值难以量化，给企业在定价过程中带来巨大挑战，因此，构建综合考虑数据质量、稀缺性及应用场景等因素的数据价值评估模型显得尤为重要。同时，建立数据交易参考价格体系，为市场提供明确的价格指导。此外，引入第三方专业数据评估机构，提供科学、公正的定价服务，将进一步提升定价的公信力与合理性。这些措施的实施，需要数据科学家与经济学家的紧密合作，共同开发先进的数据价值评估算法，并在数据交易平台上线相关估值工具，以降低数据定价难度，提升定价合理性，进而增强数据交易双方的信心，促进数据市场的流动性。

（3）降低数据流通合规成本，是提升企业数据供给意愿的重要途径。

---

① 国家数据局. 关于促进企业数据资源开发利用的意见（征求意见稿）[EB/OL].（2024-09-30）[2025-01-19]. https://news.cctv.com/2024/09/27/ARTIEH9YzFtCD9YVItNrv9ox240927.shtml.

当前，高昂的合规成本已成为制约企业参与数据供给的关键因素之一。为此，需制定标准化的数据合规评估流程，编制行业数据合规指南，为企业提供具有操作性的实践指导，以有效降低合规成本。同时，推动合规评估服务的规模化与标准化发展，也将进一步降低评估成本。这些措施的实施需要行业协会的积极参与推动，制定统一的数据合规评估标准。此外，开发自动化合规评估工具，将显著降低人工成本。鼓励法律服务机构为中小企业提供优惠的合规服务，也将有助于扩大数据供给主体的范围。通过这些举措的实施，不仅能有效降低企业数据交易的合规成本，还能提高中小企业参与数据供给的积极性与可能性，促进数据交易的规范化与高效化。

（4）培育企业数据供给意识，是推动数据要素市场发展的内在动力源泉。当前，许多企业因担忧竞争优势可能丧失而不愿开放共享其数据资产。为改变这一保守思维，需加强数据共享长期价值的宣传，建立数据共享激励机制，激发企业积极参与的热情。组织行业数据联盟，促进协同创新与合作交流，也是一种有效的推动方式。这些措施的实施可通过举办数据价值宣讲会、分享成功案例等方式进行。同时，设立数据开放创新基金，对积极参与数据供给的企业给予经济奖励，提供直接的经济激励。推动行业龙头企业带头组建数据联盟，发挥示范引领作用，将进一步提升企业参与数据供给的积极性与主动性。通过这些努力的实施，不仅能提高企业参与数据供给的积极性与主动性，还能促进行业数据生态的形成与发展，推动数据驱动的创新与变革。

（5）提升企业数据处理能力，是解决数据供给结构性失衡问题的关键所在。当前，许多企业尤其是中小企业缺乏将原始数据转化为有价值数据产品的能力。因此，加强数据科学人才培养、提高企业数据处理能力显得尤为重要。同时，鼓励发展数据服务外包市场、为中小企业提供有力支持也是一个可行的解决方案。推广先进的数据处理技术与工具、降低技术门槛将帮助更多企业参与到数据供给中来。这些措施的实施需与高校紧密合作开设数据科学实践课程、扶持数据服务企业的发展并提供政策与资金支持。组织数据处理技术培训与工具推广活动也将有助于提升整体的数据处理能力。通过这些举措的实施，不仅能提高企业数据价值挖掘能力，还能扩大数据供给主体范围促进数据产业链的完善与发展。

（6）支持中小企业和特定行业数据供给是平衡数据要素市场的必要举措。针对一些小规模企业或特定行业企业面临的数据"贫困陷阱"问题如原始数据存量少、数据生产渠道窄、数据价值低等需采取有效措施加以解决。建立数据互助共享平台促进中小企业数据积累是一种有效的方法。实施行业数据补贴政策支持特定行业数据生产也能起到积极作用。鼓励大数据企业与中小企业合作实现优势互补则能促进整个数据生态系统的均衡发展。这些措施的实施需搭建行业数据共享平台实现数据资源的有效整合与利用。设立特定行业数据生产补贴基金为数据生产提供直接支持。组织大数据企业与中小企业对接会促进合作与交流实现资源的优化配置与共享。通过这些努力的实施，不仅能帮助中小企业和特定行业摆脱数据"贫困陷阱"，提高整体数据供给量和质量，还能促进数据要素市场的均衡发展，实现数据资源的优化配置与高效利用。

6.1.3 个人数据

随着互联网的普及和大数据技术的迅猛发展，我们每个人的日常生活数据——消费记录、收入状况、投资信息以及个人基本信息，均已转化为一种极具价值的资源。这些数据不仅深刻反映了我们的消费习惯、兴趣爱好与社交圈子等多元信息，还为企业提供了精准的市场洞察与个性化的服务方案。[1] 因此，个人的数据已逐渐凸显出其商业价值，演变成为一种不容忽视的数字资产。

1. 个人数据的含义

在深入剖析个人数据的含义时，我们需细致理解其与相关概念间的微

---

[1] 数字经济时代，个人数据成为新型资产，同时也要关注个人数据安全［EB/OL］.（2024-07-19）［2025-01-19］. https：//mp. weixin. qq. com/s/_5BJM7WvoNCBlrXO4nRfRg.

妙差异及在法律与技术语境下的独特内涵。本书旨在通过对比个人数据与个人信息、个人隐私，来详尽阐述个人数据的概念。

首先，聚焦于个人数据与个人信息的关系。从广义上讲，个人数据可视为个人信息范畴内的一个精细子集，这一界定凸显了个人数据概念的独特性与精确性。在传播形态上，个人数据作为个人信息的数字化载体，以其独特的数字形态存在并流通于各个角落。值得注意的是，个人数据在本质上与个人信息存在显著差异：它承载了显著的财产价值，且其存在与利用均深深植根于现代科技的土壤之中。[①]

其次，将视线转向个人数据与个人隐私的比较。就本质属性而言，个人隐私侧重于保护个体的私密性，而个人数据则更侧重于其可识别性。这一根本差异决定了两者在保护重点上截然不同。从范畴维度审视，个人数据的内涵更为广泛，它不仅涵盖了隐私信息，还触及了众多日常却具有身份识别功能的数据点。在法律地位上，个人隐私已作为具体人格权被明确界定，而个人数据的法律地位则仍处于探索之中，这凸显了加快构建个人数据保护法律体系的紧迫性。

综上所述，我们可尝试对个人数据作出以下定义：个人数据是指那些能够通过计算机技术进行分析处理，从而直接或间接识别出特定自然人的数据。这一定义精准捕捉了个人数据的两大核心特征：可识别性与对数据处理技术的依赖。值得注意的是，个人数据概念的界定不仅具有深远的理论意义，更在实践中发挥着举足轻重的作用。随着大数据、人工智能等技术的迅猛发展，个人数据的价值与潜在风险均呈现出爆炸性增长。因此，明确界定个人数据概念对于平衡个人信息保护与数据产业发展之间的关系、指导相关法律法规的制定与实施具有不可估量的价值。此外，个人数据概念的演变历程也深刻反映了社会、技术与法律之间的动态互动。随着数据处理技术的不断进步，那些原本看似无关紧要的数据碎片也可能被重新组合，用以揭示个人身份，这就要求我们不断更新和拓展对个人数据的认知

[①] 吕俊. 个人数据权属问题研究 [D]. 重庆：重庆工商大学，2023.

边界。同时，法律对个人数据的定位与保护策略也在持续演进，这一趋势又进一步丰富和深化了个人数据概念的内涵与外延。

2. 个人数据的特点

在数字时代，个人数据作为一种关键资源，其独特性质不仅映射了技术发展的脉络，更在法律构建与社会变迁中扮演了举足轻重的角色。本书旨在深刻剖析个人数据的四大核心特质：可识别性、多样性、双重属性（人身与财产属性的并存）以及非独占性，从而全方位地洞悉其本质精髓。

（1）可识别性。个人数据的灵魂标识。可识别性，作为个人数据最为本质的特征，是将其从浩瀚数据类型中剥离而出的关键钥匙。这一特性展现为两种维度：直接识别与间接识别。直接识别犹如钥匙开锁，仅凭单一数据项便能精准定位个体，如身份证号或手机号码的魔力所在；而间接识别则如同拼图游戏，需通过多数据项的交织分析方能勾勒出个体轮廓，这在数据洪流泛滥的当下更显其重要性与普遍性。随着数据分析技术的飞跃，即便是零散的数据碎片也可能成为识别个体的线索，这无疑拓宽了个人数据的边界，同时也为隐私保护筑起了新的屏障。

（2）多样性。个人数据的丰富织锦。多样性，个人数据的另一璀璨亮点，体现在其生成途径与种类的纷繁多样上。无论是移动设备的轻触、电脑的敲击，还是物联网设备的默默记录，都是个人数据的摇篮。而数据类型更是包罗万象，从身份信息到行为轨迹，从偏好选择到情感波动，构成了个人画像与精准服务的丰饶土壤。然而，这种多样性也如同双刃剑，既为数据整合与利用提供了无限可能，也加剧了数据管理与保护的复杂挑战。如何在数据的海洋中遨游而不迷失方向，确保数据的安全与隐私，成为亟待解决的时代课题。

（3）双重属性。个人数据的法律与伦理迷宫。个人数据的双重属性——人身与财产属性的交织并存，是其独特魅力的体现，也是法律与伦理争议的焦点。一方面，个人数据承载着个体的隐私与人格尊严，是法律必须守护的净土；另一方面，个人数据又蕴含着巨大的经济价值，是商业创新的源泉。如何在保护个体权益与激发数据潜力之间找到微妙的平衡,成为立法者与实务工作者面临的艰巨任务。这种双重属性的存在,也预示着个人数据的法律保护需要跨越人格权与财产权的界限,构建一个全新的、综合性的法律框架。

(4)非独占性。个人数据的流通密码。非独占性,是个人数据区别于传统资源的显著标志。它赋予了个人数据以自由流动的生命力,使其能够跨越时间与空间的限制自由传播。这种非独占性不仅体现在传播介质的多样性上,更在于数据的可复制性、非实体性以及分离性等特点上。这些特性极大地提高了个人数据的利用效率但同时也为其带来了泄露与滥用的风险。如何在享受数据流通带来的便利的同时有效控制数据风险成为我们共同面临的难题。

值得注意的是个人数据的这些特性并非孤立存在而是相互交织、相互影响的。它们共同构成了一个复杂而微妙的生态系统。在这个生态系统中,我们既要充分发挥个人数据的价值,又要切实保障其安全与隐私。这需要我们以系统性的思维来审视与应对个人数据的保护与利用问题。

3. 个人数据的供给途径

鉴于个人数据在数据供给中的核心地位,深入探究其供给方式对于激发供给侧活力至关重要。个人数据的供给模式可划分为非交易型供给与交易型供给两大类。

首先,是非交易型供给。此模式指的是个人在缺乏直接经济利益交换的情况下自愿提供个人数据的行为,其背后动因往往涉及社会责任、公共利益或个人意愿。具体而言,非交易型供给涵盖健康信息、个人义务及社交媒体信息等多个方面。在健康信息领域,个人自愿分享的健康状况、行程信息等,特别是在公共卫生事件中如COVID-19,对于人口健康研究具有不可估量的价值。同时,个人参与临床试验、健康调查以及通过可穿戴设备收集并匿名化处理的健康数据,均为社会福祉作出了重要贡献,尽管这些行为并不涉及直接的经济利益,但也伴随着数据安全与隐私保护的严峻挑战。

其次,个人义务的非交易型供给同样重要,它体现在基于法律或社会规范的个人数据供给上。例如,定期的人口普查要求公民提供详尽的个人和家庭信息,而国家对适龄公民进行的兵役登记也需要相关个人信息的支持。在社交媒体领域,自愿信息公开已成为一种普遍现象,人们通过分享专业技能、工作成就等内容来塑造个人品牌,同时在社交平台上发表观点、参与讨论时也伴随着个人数据的输出。此外,"创作者经济的兴起"也促进了个人数据的输出,部分用户通过分享原创内容(如视频、文章、艺术作品)实现了个人影响力的经济转化。

另一类重要的个人数据供给方式是交易性供给。这种模式涉及个人通过交换(如获取服务、金钱补偿等)来提供个人数据的行为,常见于消费者合同、服务合同以及数据货币化等场景。① 在消费者合同中,消费者可能同意分享浏览历史、购物偏好等信息以换取个性化推荐和优惠②;智能家居、可穿戴设备等产品则通过持续收集用户数据来提供智能化服务。服务合同中的数据供给则更为广泛,包括金融服务中的信用评估、风险定价,教育领域中的个性化学习方案,以及人力资源领域的求职匹配服务等。这些数据交易往往涉及敏感信息,因此需要更加严格的数据保护措施和透明地使用政策。

最后,数据货币化作为一种新兴的交易型供给模式,正逐渐受到关注。③ 在数据交易平台上,个人可以直接出售自己的消费习惯、位置信息等数据;同时,参与市场调研、问卷调查等活动也为个人带来了金钱报酬。这种模式为个人数据赋予了明确的经济价值,但同时也引发了关于数据定价、隐私商品化等伦理和法律层面的讨论。

4. 个人数据的供给面临的挑战

个人数据的非交易型与交易型供给过程中面临一系列挑战。

---

①② 王明泽. 个人数据的产权化与流通 [J]. 电子知识产权,2023 (3):50-64.
③ 林洹民. 个人数据交易的双重法律构造 [EB/OL]. (2022-10-04) [2025-01-20]. https://mp.weixin.qq.com/s/w513-hdD5X-6sTpt8aQkIA.

在非交易型个人数据供给领域，首要难题是数据主体的隐私意识薄弱及数据价值认知不足。众多用户在社交媒体等平台无意识地过度披露个人信息，未能充分意识到这些信息可能被第三方轻易获取并利用。同时，用户普遍低估了自身日常活动所产生的数据的潜在价值，进而在无意识状态下过度分享个人数据。此外，同意机制的缺失与失效亦是一个突出问题。众多物联网设备及公共场所的数据收集行为常采用默认同意模式，导致用户难以有效掌控自身数据流向。一旦数据被收集，用户往往难以撤回同意或请求删除数据，尤其是那些已公开或广泛传播的信息。再者，公共利益与个人权益的平衡亦是一大挑战。公共场所的非官方视频监控等安全措施虽有助于维护社会治安，却也潜藏着侵犯个人隐私的风险。

而在交易型个人数据供给方面，隐私与安全风险首当其冲。首先，个人数据的价值与其敏感程度紧密相关，高价值数据往往伴随着更高的隐私风险。如 Facebook 数据泄露事件所示[1]，数据泄露不仅侵害了用户隐私，还可能引发身份盗窃等严重后果。其次，定价机制的不完善也是制约个人数据有效供给的重要因素。当前，个人数据定价缺乏统一标准，多依赖于学者通过定价模型进行估值，难以广泛应用于实践。同时，个人数据的价值受多种因素影响，如数据类型、质量、时效性及应用场景等，增加了定价难度。再次，个人在数据供给过程中面临高昂的信息成本。信息不对称导致数据处理者与数据主体之间信息流通不畅，数据主体难以全面了解其数据的使用情况。而繁重的合同阅读负担更使得大多数用户选择忽视隐私条款。此外，个人数据权益的保护还面临执行难题。追责成本高、数据流转不透明以及法律救济困难等问题均阻碍了个人数据权益的有效保护。最后，供给激励不足也是交易型个人数据供给面临的一大挑战。个人在数据共享中难以获得直接经济收益，导致数据流转与开发利用的内生动力不足。同时，数据处理者在数据泄露时往往不承担全部风险，也削弱了其采取有效保护措施的积极性。

---

[1] Facebook 的隐私之战：用户数据保护的挑战与未来 [EB/OL]. (2024-09-30) [2025-01-20]. https：//www.sohu.com/a/796306388_121672587.

5. 个人数据供给发展建议

为推动个人数据的有效供给，特提出以下发展建议。

（1）构建个人数据价值评估与定价体系。一方面，应着手开发一套综合性的个人数据价值评估框架，该框架需全面考量数据的敏感性、使用频次、数据生成难度及其潜在经济价值等因素。另一方面，需确保评估标准与现行数据保护法规相衔接，以保障数据主体的合法权益，并符合法律法规的最新要求。此外，应促进学术界与产业界的紧密合作，共同研发更为科学与实用的个人数据定价模型。

（2）创新供给激励机制。应探索建立数据收益共享机制，确保数据主体能够直接从其数据的使用中获益。同时，激励企业设计并实施数据共享激励计划，如提供增值服务或个性化体验，以激发数据供给的积极性。

（3）规范数据匿名化处理流程。应制定统一的个人数据匿名化标准，清晰界定哪些信息需进行匿名处理，并明确匿名处理的具体技术要求。同时，应积极推广最佳实践和技术工具，如差分隐私技术，以助力企业和研究机构在保障个人隐私的前提下，有效利用数据资源。

（4）加强公众数据素养教育。应广泛开展公众教育活动，提升公众对个人数据价值及隐私风险的认知。此外，建议将数据素养教育纳入学校课程体系，从青少年阶段起就培养其数据保护意识，为构建健康的数据生态环境奠定坚实基础。

6.2 场内外交易

6.2.1 内涵与特征

数据交易市场包括两类模式：一种是场内交易，通过专门的数据交易中心或数据交易所进行；另一种是场外交易，由企业或个人之间自主发起和完成的数据交易。场内交易以高敏感高价值数据为主，是场外交易的有效补充；场外交易则能积极发挥各参与主体的积极性，实现数据交易更灵活、更有效率。[1]

场外交易作为一种灵活的交易方式，能够满足多样化和复杂的数据流通需求。这种模式尤其适合高度个性化的定制数据产品，为数据供需双方提供了更大的自由度和创新空间。然而，场外交易也面临着交易风险较高、监管难度大等挑战。

相比之下，场内交易则提供了更为安全、高效的交易环境。通过统一的交易规则和标准化流程，场内交易有效降低了交易风险，逐渐成为数据交易的主流合规方式。[2] 场内交易不仅增强了市场的透明度和公信力，还为数据的定价、流通和监管提供了更好的平台。为了更好地推动数据要素市场的发展，一个三层结构的数据交易中心体系正在形成。这个体系包括国家级数据交易场所、区域级数据交易中心和行业级数据交易平台[3]，各自承担不同的功能和责任。

（1）国家级数据交易场所处于体系的顶层，其主要职能包括制定统一的交易规则和标准，提供全国性的数据流通交易服务，以及培育和监管国家级数据商。这一层级的交易场所对于构建全国统一的大数据交易市场、促进跨区域数据流通具有重要意义。例如，北京国际大数据交易所的设立就是朝着这一方向迈出的重要一步。

（2）区域级数据交易中心则聚焦于地方特色数据的开发和利用。这一层级的交易中心不仅推进本地公共数据的运营，还致力于促进区域数字经济的发展。通过整合本地数据资源，区域级数据交易中心能够为地方经济

---

[1] 清华大学金融科技研究院. 数据要素化100问：可控可计量与流通交易［M］. 北京：人民日报出版社，2023：147.
[2] 盈科深圳律师事务所. 数据资产场内交易的法律合规要求：企业如何将数据产品打造为可上架交易所的合规数据商？［EB/OL］.（2024-07-18）［2025-01-20］. https：//mp.weixin.qq.com/s/03KM3RNpM5wC_WtPb01jMg.
[3] 窦悦，郭明军，张琳颖，等. 全国一体化数据交易场所体系的总体布局及推进路径研究［J］. 电子政务，2024（2）：2-11.

转型升级提供有力支撑。上海数据交易所的成立就是一个典型例子,它不仅服务于长三角地区的数据需求,还在探索数据定价、交易规则等方面发挥了先锋作用。

(3)行业级数据交易平台则着眼于服务特定行业的数字化转型需求。这类平台致力于推动数据要素与实体经济的深度融合,促进行业内部和跨行业的数据流通。例如,在金融、医疗、交通等领域,专业化的数据交易平台正在发挥越来越重要的作用,不仅提高了行业数据的利用效率,还推动了产业链的协同创新。

值得注意的是,这三层数据交易中心并非彼此孤立,而是形成了一个有机的生态系统。国家级交易场所为整个体系提供了统一的规则和标准,区域级交易中心则结合本地特色推动数据资源的开发和利用,行业级平台则深入到具体领域,推动数据在实体经济中的应用。这种多层次的结构不仅能够满足不同层面的数据交易需求,还能够促进数据资源的优化配置和价值最大化。

国家级、区域级和行业级三种数据交易中心形成了一个多层次、互补性的数据交易体系。国家级交易场所确保了全国数据交易的规范性和一致性,区域级交易中心激活了地方数据资源并推动了区域特色发展,而行业级交易平台则深化了特定领域的数据应用。

6.2.2 存在的问题

场内交易和场外交易都在数据交易市场中扮演着重要的角色,但在目前的发展中仍面临诸多挑战,主要体现在以下几个方面。

(1)交易规模的失衡问题尤为突出。统计数据显示,场内交易规模仅占总体市场的4%,而场外交易占比高达95%左右。[1] 这种严重的失衡现象

---

[1] 中国宏观经济论坛CMF. 深度分析数据要素市场建设现状、问题和建议,CMF专题报告发布[EB/OL].(2024-04-15)[2025-01-20]. https://mp.weixin.qq.com/s/Iy2x1wKjuCXMDKORUAWarQ.

反映出当前数据交易市场的合规交易方式和通道尚未完善。场内交易作为更为规范、透明的交易方式，其占比如此之低，不仅限制了数据要素的有序流通，还可能导致交易风险增加、监管难度加大。此现象的根源可能在于：合规交易机制不健全、场内交易平台功能有限、市场参与者对场内交易认知不足等。

（2）数据交易机构的布局问题也值得关注。尽管数据交易机构数量众多，但其分布呈现分散化趋势，导致协同效应不足。这种"布局散、标准乱、定位模糊"的状况严重制约了数据交易市场的整体效能。例如，在一些经济发达地区，数据交易机构密集设立，而在欠发达地区则相对稀少。这种不均衡的分布不仅无法有效促进全国范围内的数据高效流通，还可能加剧区域间数字经济发展的差距。此外，各交易机构之间标准不一、功能重叠、定位不清等问题，也阻碍了数据要素市场的规范化发展。①

（3）非法数据交易对数据安全和个人隐私构成了严重威胁。据估计，2021年我国非法数据交易的黑市规模已超过1500亿元，这一惊人数字凸显了问题的严重性。非法数据交易主要表现为数据泄露和攻击行为，其中包括但不限于：内部人员违规操作、黑客入侵、数据爬虫滥用等。这些行为不仅直接危及个人隐私和企业商业秘密，还严重扰乱了正常的数据交易秩序，损害了数据交易市场的公信力。更为严重的是，非法获取的数据可能被用于进一步的犯罪活动，如诈骗、勒索等，对社会稳定和经济发展造成深远影响。

（4）数据确权难题亟待解决。数据的所有权和使用权界定不清是制约场内交易发展的关键因素之一。各大数据交易所正在通过多种形式，如数据登记和技术赋能数据权益使用等，探索解决数据确权难题，以为合法合规的数据交易提供保障。然而，这一问题的复杂性使得进展相对缓慢。

（5）场内交易机制有待完善。相较于场外交易，场内交易虽然展现出了更为优越的交易环境，并在很大程度上降低了交易风险，但其机制仍需

---

① 国家信息中心. 全国一体化数据交易场所体系的总体布局及推进路径研究 [EB/OL]. (2024-02-20) [2025-01-20]. https：//mp.weixin.qq.com/s/-J7a_ewEoXEfHz6ony7peA.

进一步完善。目前，场内交易在交易撮合、清算结算等方面已经建立了基本框架，但在数据定价、质量评估、隐私保护等方面仍存在不足，这些问题制约了场内交易的快速发展。

（6）数据安全和隐私保护面临挑战。随着数据交易规模的扩大，数据安全和隐私保护问题日益凸显。特别是在场外交易中，由于缺乏有效的监管和技术保障，数据泄露和滥用的风险较高。即使在场内交易中，也需要进一步加强数据脱敏、隐私计算等技术的应用，以确保数据在流通过程中的安全性。

（7）法律法规体系尚不健全。尽管多地已通过立法明确要求公共数据必须进场交易，但整体而言，我国数据交易市场的法律法规体系仍不够完善。特别是在数据权属、交易规则、跨境数据流通等方面，缺乏统一、明确的法律指引，这在一定程度上阻碍了数据交易市场的规范化发展。

（8）数据交易生态体系不完善。虽然数据交易上下游产业链正在逐步形成，但完整的商业生态群尚未建立。数据采集、清洗、加工、分析等环节的专业化程度不足，数据交易平台的公共价值有待进一步发挥。同时，数据交易对产业发展的反哺作用还未充分显现。

6.2.3 发展方向

鉴于数据交易市场发展中面临的诸多挑战，在数据交易市场建设的过程中需要遵循以下发展方向。

1. 推动数据经纪人制度的建设和发展

数据经纪人是在政府监管框架下，具备开展数据经纪活动资质的中介服务机构。[1] 作为数据交易市场的重要参与者，数据经纪人在促进数据流通、控制交易风险和挖掘数据价值方面发挥着不可或缺的作用。根据其功

---

[1] 广东首创！全国首批"数据经纪人"在海珠诞生［EB/OL］.（2023-11-13）［2025-01-20］. https://szzf.gd.gov.cn/2022szzfjjfh/mtfw2022/ztzl/content/mpost_4283609.html.

能和业务模式，数据经纪人可分为三种类型。①

（1）技术赋能型。此类数据经纪人主要提供技术支持，致力于促进数据供需双方的高效对接。他们通过开发先进的数据处理、分析和交换平台，为数据交易各方提供便捷、安全的技术环境，从而提高交易效率和数据利用率。

（2）数据赋能型。此类数据经纪人通过融合自身与供方数据，满足需求方的多样化需求。他们不仅仅是数据的中间商，更是数据的增值服务提供者。通过对原始数据进行清洗、整合和分析，数据赋能型经纪人能够为客户提供更具价值的数据产品和服务。

（3）受托行权型。此类数据经纪人代表数据权益人行使权利、争取权益，在数据交易中发挥重要的中介作用。他们充当数据所有者的代理人，确保数据在交易过程中的合法使用和权益保护，同时也为数据使用方提供合规咨询和风险管理服务。

数据经纪人的主要职责可概括为三个方面。

（1）受托行权。作为数据所有者的受托人，数据经纪人代表数据拥有者行使相关权利。这包括但不限于数据的定价、交易条件谈判、使用范围界定等。通过专业的代理服务，数据经纪人能够有效保护数据所有者的权益，同时也为数据使用方提供合法、合规的数据获取渠道。

（2）风险管理。在数据交易过程中，数据经纪人扮演着中介担保的角色。他们通过建立健全的风险评估和控制机制，有效降低交易风险。这不仅包括对数据质量、合法性的审核，还涉及交易双方信用评估、交易流程监督等多个环节，从而为数据交易市场构建一个安全、可信的交易环境。

（3）价值发现。数据经纪人致力于挖掘数据要素的潜在价值，充当数据资产评估师、交易撮合者等多重角色。通过专业的数据分析和市场洞察，数据经纪人能够准确评估数据的市场价值，并为数据供需双方提供定价建

---

① 数据交易的新角色：数据经纪人与数据服务商［EB/OL］.（2024-04-03）［2025-01-20］. https://mp.weixin.qq.com/s/APO84oVg8UwpISz4mtyNyg.

议。同时，他们也积极探索数据的创新应用，为数据资产的增值提供新的思路和方法。

在数据交易市场中，数据经纪人的作用主要体现在三个方面。

（1）提供专业化服务。数据经纪人参与整个交易过程，从数据资产评估、定价咨询到交易撮合，为市场参与者提供全方位的专业服务。他们不仅熟悉数据交易的法律法规和市场规则，还具备深厚的行业知识和技术能力，能够为客户提供个性化、高质量的服务方案。

（2）加强风险管控。作为合规审核员、公平保障者和权益维护者，数据经纪人在数据交易市场中发挥着重要的风险管控作用。通过严格的数据质量审核、交易流程监督和隐私保护措施，数据经纪人有效降低了交易风险，提高了市场的安全性和可信度。

（3）推动市场发展。通过建立完善的中介服务体系，数据经纪人促进了数据交易产业链的形成。他们不仅连接了数据供给方和需求方，还吸引了技术服务商、法律咨询机构等相关方参与到数据交易生态中，从而推动整个市场的繁荣发展。[1]

当前，广州市海珠区数据经纪人实践特色鲜明，与其他地方相比，海珠区的数据经纪人在理论创新应用、制度创新与规范引领、规模与质量等方面具有明显优势。同时，在角色定位、功能拓展及模式等方面更具创新性，海珠区明确数据经纪人的三重角色，即受托行权、风险控制、价值挖掘，使其不仅能够进行数据交易的撮合，还能够深入参与到数据的授权、风险管理和价值创造等环节，为数据要素市场提供更为全面和专业的服务。[2]

为促进数据经纪人制度的健康发展，本书提出以下政策建议。

（1）实施包容审慎的监管，推行注册制，扩大试点范围。政府应当采取包容审慎的监管态度，在保障数据安全和个人隐私的前提下，为数据经纪人的发展创造宽松的政策环境。推行注册制可以降低市场准入门槛，吸

---

[1] 基于数据价值链角度分析建立数据经纪人制度[EB/OL].（2023-11-29）[2025-01-20]. https://mp.weixin.qq.com/s/Gl_1XKQKPoUhYuh5mDnXwg.

[2] 奉国和，彭凯林，邓伟伟.海珠模式：中国特色数据经纪人的实践探索[J].深圳社会科学，2025（录用待发表）.

引更多优秀企业进入数据经纪行业。同时，应当逐步扩大试点范围，在实践中不断完善相关制度。

（2）建立分类监管机制，针对不同业务制定相应措施。鉴于数据经纪人的业务类型和规模存在差异，应当建立分类监管机制。对于技术赋能型、数据赋能型和受托行权型等不同类型的数据经纪人，制定差异化的监管措施，以提高监管的精准性和有效性。

（3）制定数据源获取与追溯制度，设立安全标准。建立规范的数据源获取与追溯制度，确保数据来源的合法性和可追溯性。同时，制定严格的数据安全标准，要求数据经纪人采取必要的技术和管理措施，保障数据在采集、存储、传输和使用等各个环节的安全。

（4）逐步开放公共数据接口，完善相关制度规范。政府应当带头开放公共数据资源，为数据经纪人的业务发展提供更广阔的空间。同时，制定完善的数据开放标准和使用规范，确保公共数据的有序流通和安全使用。

（5）提升行业竞争力，支持数据领域的创业和中小企业。通过政策支持和行业引导，提升数据经纪人行业的整体竞争力。特别是为数据领域的创业企业和中小企业提供资金、技术、人才等方面的支持，促进行业的多元化发展。

2. 建设统一数据要素大市场

统一数据要素大市场是一个多维度、多层次的综合性概念，其内涵远超传统意义上的单一交易场所。这一概念不仅涵盖了数据要素的流通、交易、收益分配等经济活动，还包含了数据安全保护等规范性内容，通过统一数据大市场实现"数据—场景—价值"转化闭环。作为一个系统工程，统一数据要素大市场具有以下显著特征。

（1）全面性。覆盖数据生命周期的各个环节，包括数据的生产、加工、流通、交易和使用等全过程。

（2）融合性。与其他要素市场有机结合，如资本市场、劳动力市场等，发挥协同效应和乘数效应。

(3) 开放性。打破地域、行业和部门壁垒，实现数据要素的跨区域、跨行业、跨部门流通。

(4) 规范性。建立健全的法律法规和标准体系，确保数据交易的合法性、安全性和公平性。

(5) 创新性。不断探索数据价值挖掘和应用的新模式，推动数据驱动的技术和商业创新。

统一数据要素大市场的架构主要包括市场主体、基础设施和制度体系三个核心要素。

一是市场主体。在统一数据要素大市场中，政府、企业和个人作为平等的市场参与者，各自扮演着不同但同等重要的角色。[①]

(1) 政府。作为市场的监管者和公共数据的重要提供者，政府负责制定相关政策法规，维护市场秩序，并推动公共数据的开放共享。

(2) 企业。作为数据的主要生产者和使用者，企业在数据交易、数据服务和数据应用等方面发挥核心作用。

(3) 个人。作为数据的源头贡献者和终端受益者，个人在保护自身数据权益的同时，也参与到数据价值创造的过程中。

二是基础设施。基础设施建设是统一数据要素大市场高效运转的关键。主要包括两种路径。

(1) 重建全国统一的数据要素交易平台。构建覆盖全国的数据交易基础设施，实现数据资源的集中管理和高效流通。这种方式能够快速实现全国范围内的数据统一交易，但需要大量的资金投入和技术支持。

(2) 利用现有区域市场构建全国统一市场。在现有区域性数据交易市场的基础上，通过标准统一、互联互通等方式，逐步构建全国性的数据要素大市场。这种方式可以充分利用现有资源，降低建设成本，但需要克服地区间的差异和壁垒。

三是制度体系。健全的制度体系是统一数据要素大市场有序运行的保

---

① 王蒙燕. 我国数据要素统一大市场构建的问题与对策[J]. 西南金融, 2022 (7): 80-90.

障,主要包括以下三个方面。

(1) 完善法律法规及政策体系。制定和完善数据交易、数据安全、隐私保护等相关法律法规,为市场运行提供法律依据和政策支持。

(2) 完善数据要素权属制度。明确数据的所有权、使用权和收益权,建立数据产权交易规则,保护各方合法权益。

(3) 完善执法监管体系。建立健全数据交易监管机制,加强对数据交易行为的监督和管理,维护市场秩序和公平竞争环境。

建立统一数据要素大市场对于推动数字经济发展具有重要的现实意义。

一是提高生产率。统一数据要素大市场能够显著提高经济社会的整体生产率,具体体现在以下几个方面。

(1) 缩短劳动时间。通过数据共享和智能化应用,减少重复性工作,提高工作效率。

(2) 突破时空限制。实现远程办公、远程协作,打破传统生产方式的地域限制。

(3) 降低成本。优化资源配置,降低信息不对称带来的交易成本。

二是赋能流通过程。在商品和服务流通环节,统一数据要素大市场发挥着重要作用,具体体现在以下几个方面。

(1) 缩短配送时间。通过数据分析优化物流路径,提高配送效率。

(2) 减少费用。利用大数据精准匹配供需,降低库存和营销成本。

三是促进要素市场整合。统一数据要素大市场的建立有利于推动跨区域、跨行业、跨部门的高效流通,具体体现在以下几个方面。

(1) 打破数据孤岛。促进不同部门、行业间的数据共享和互通。

(2) 优化资源配置。通过数据整合和分析,实现资金、人才等要素的精准匹配和高效配置。

(3) 创新商业模式。基于数据融合,催生新的商业模式和产业形态。

为加快统一数据要素大市场的建设和发展,提出以下建议。

(1) 加强顶层设计。中央政府应加强统筹协调,明确中央与地方在数据要素市场建设中的职责分工,制定国家级数据战略,明确发展目标和路径，建立跨部门协调机制，统筹推进相关工作，明确中央与地方政府在数据开放、交易监管等方面的责任。

（2）构建多层次市场体系。建立国家级、区域性和行业性的多层次数据交易平台体系。国家级平台负责跨区域、跨行业的重要数据交易；区域性平台服务地方经济发展，促进区域数据流通；行业性平台针对特定行业的专业化数据交易。

（3）完善标准化体系。统一数据交易平台和标准，促进数据要素的高效流通。制定数据分类分级标准，明确不同类型数据的交易规则。建立数据质量评估体系，保障交易数据的可靠性。统一数据交换格式和接口标准，提高数据互通性。

（4）培育市场主体。鼓励多方参与，培育专业化的数据服务机构。支持数据交易中介、数据分析服务商等专业机构发展。鼓励传统企业数字化转型，提高数据应用能力。加强数据人才培养，为市场发展提供人才支撑。

3. 加强场外交易管理，引导向场内交易转化

制定针对场外数据交易的管理政策，明确规定交易主体、对象和方式等。充分发挥数据经纪人的作用，对场外交易进行规范和整治。加大对违法违规行为的查处力度，确保场外数据交易的安全性和合规性。通过政策引导和优惠措施，鼓励场外交易参与方逐步转向场内交易，实现数据要素在全国范围内的自由灵活配置。

4. 提升数据安全和隐私保护水平

一方面加大对数据脱敏、隐私计算等技术的研发和应用支持；另一方面建立健全数据安全评估机制，确保交易数据的安全性。同时，完善个人信息保护制度，加强对数据交易过程中个人隐私的保护。

5. 培育完善的数据交易生态体系

一是鼓励发展数据采集、清洗、加工、分析等专业化服务企业，提高

数据处理的专业化程度。二是支持数据交易平台发挥公共价值，为中小企业提供更多数据资源和服务。三是促进数据交易与实体经济的深度融合，发挥数据交易对产业发展的反哺作用。

6. 加强数据交易人才培养

一是支持高校设立数据交易相关专业，培养专业化的数据交易人才。二是鼓励企业与高校合作，开展数据交易实践教学。三是建立数据交易从业人员资格认证制度，提高从业人员的专业水平。

6.3 需 求 侧

6.3.1 主体数据需求

中国式现代化把实现人民对美好生活的向往作为一切工作的出发点和落脚点。[1] 在数字化社会中，为了让人们获得满足感、幸福感、安全感，需要对数据资源进行充分开发利用，以满足不同主体差异性的需求。

数据需求包括政府需求、企业需求和个人需求，这三类主体因其特性和目标的差异，呈现出不同的需求特点。同时，每个主体又存在现实需求和潜在需求，[2] 进一步增加了需求满足的复杂性。在探讨数据交易需求侧的发展时，不仅要关注满足多主体的现实需求，还要重视更加全面的潜在需求。

1. 政府需求

政府作为公共管理和服务的主体，掌握着海量的政务数据、公共数据

---

[1] 刘志刚. 中西方现代化的不同逻辑起点、模式选择与价值追求［J］. 马克思主义研究，2023（1）：76-84.

[2] 肖玉贤，王友奎，张腾. 政府数据治理的逻辑起点、治理过程及核心价值［J］. 科技管理研究，2024，44（4）：144-152.

和社会数据。其数据现实需求主要体现在以下几个方面。

一是提升公共服务水平。拥有高质量的公共数据并通过有效管理和利用数据，政府可以优化公共服务流程，提高服务效率和质量。

二是增强决策能力。在准确的、高质量的社会数据的基础上，政府可以更准确地把握社会发展趋势，制定更加科学合理的政策。

三是促进部门协同。通过数据共享和交换，打破政府部门之间的信息壁垒，提高行政效率。

政府的潜在数据需求主要体现在：提高公共服务技术成熟度、实现治理体系和治理能力现代化、预测和应对社会问题。

2. 企业需求

企业作为市场主体，拥有用户流量、核心技术及海量数据。其数据现实需求主要包括以下几个方面。

一是充分挖掘数据价值。通过高质量的数据供给和有效的数据分析，企业可以更好地了解市场趋势和客户需求，优化经营决策。

二是开发数据产品。将数据资源转化为可交易的数据产品或服务，创造新的收入来源。

三是提升客户满意度。利用数据分析结果，为客户提供个性化、精准化的产品和服务。

四是优化运营效率。通过数据驱动的决策和流程优化，提高企业的运营效率和竞争力。

五是实现经济社会效益。在创造经济价值的同时，通过数据应用为社会创造价值，履行企业社会责任。

企业的潜在数据需求主要体现在：拓展业务范围和服务能力，提供高品质、可信赖的数据产品或服务，创新商业模式（数据服务）等。

3. 个人需求

个人在数字化社会中是数据的重要提供主体，而对于数据的现实需求主要包括以下几个方面。

一是获得便捷服务。通过数据驱动的智能服务，享受更加便捷、高效的生活体验。

二是实现个性化体验。基于个人数据分析，获得量身定制的产品和服务推荐。

三是保护隐私权益。在享受数据带来便利的同时，确保个人隐私和数据安全得到充分保护。

四是参与数据价值分配。通过合法合规的数据交易，获得个人数据价值的合理回报。

五是构建美好生活圈。利用公共服务和数据产品，打造满足个人需求的生活环境和社交网络。

个人的潜在数据需求主要体现在：实现数据世界的价值交换、构建个人价值生态、追求数字化生活品质等。

政府、企业和个人拥有着差异化的数据需求，而需求侧对促进数据流通，推动数据市场建设的动能作用体现在：需求引导实现市场的有效配置，统筹管理公共数据、企业数据和个人数据，打通数据要素价值释放的"最后一公里"。采取"需求拉动、产业链适应"的策略[1]推动数据市场建设。

6.3.2 存在的问题

目前，数据需求侧存在的主要问题在于数据利用能力的不足[2]，无法将有效的数据供给的价值释放，导致有效需求动能不足，无法满足政府、企业、个人的现实需求和潜在需求。数据需求侧面临的挑战主要体现在以下几个方面。

---

[1] 周毅. 基于数据价值链的数据要素市场建设理路探索[J]. 图书与情报, 2023（2）：1-11.
[2] 中国宏观经济论坛 CMF. 深度分析数据要素市场建设现状、问题和建议, CMF 专题报告发布［EB/OL］.（2024-04-15）［2025-01-21］. https：//mp.weixin.qq.com/s/Iy2x1wKjuCXMDKORUAWarQ.

1. 企业数字化转型进程缓慢

企业作为数据要素市场的核心参与者，其数字化转型程度直接影响市场的活跃度和发展潜力。然而，当前我国企业数字化转型进程普遍缓慢，主要表现在以下几个方面。

（1）认知障碍。许多企业管理者对数字化转型的重要性认识不足，往往将其简单等同于信息化建设或自动化升级。这种认知偏差导致企业在转型过程中缺乏战略性思考和系统性规划，难以实现真正的转型升级。管理层对数字化转型的误解不仅影响企业内部的数字化进程，还制约了企业参与数据要素市场的积极性。

（2）转型阻力。传统经营模式对企业数字化转型构成了巨大阻力，长期形成的组织惯性和利益格局使得许多企业难以打破既有的业务流程和管理方式。此外，员工对新技术的抵触情绪和学习成本也成为阻碍转型的重要因素。这种转型阻力不仅影响企业内部的数字化进程，还限制了企业在数据要素市场中的参与度和竞争力。

（3）需求不明。企业对数据需求和应用场景的认识模糊，导致难以明确数字化转型的方向和目标。尽管许多企业意识到数据的重要性，但对如何将数据应用于实际业务中缺乏清晰认知。这种需求不明的状况使得企业在数据获取、分析和应用方面缺乏针对性，难以实现数据驱动的精准决策和业务创新。

相较于大型企业，中小企业在数字化转型过程中面临更多挑战，主要表现为"不能转、不愿转、不敢转"的"三不"问题。资金、技术和人才的匮乏使得许多中小企业难以承担数字化转型的成本；对转型效果的不确定性和对传统模式的依赖导致部分企业不愿意主动转型；而对数据安全和市场竞争的担忧则使得一些企业不敢贸然进行数字化转型。这些问题的存在严重制约了中小企业在数据要素市场中的参与度和竞争力。

2. 数据分析技术和能力不足

数据分析能力是企业挖掘数据价值的关键。然而，目前大多数企业在这方面存在明显短板。

（1）技术能力欠缺。许多企业缺乏先进的数据分析工具和技术，导致无法有效处理和分析大规模、复杂的数据集。这种技术能力的欠缺不仅限制了企业对数据价值的挖掘，还降低了企业参与数据要素市场的能力和意愿。

（2）人才短缺。具备数字化思维和专业分析能力的人才稀缺是制约企业数据分析能力提升的重要因素。这种人才短缺不仅体现在技术层面，更体现在具备数据思维和业务洞察力的复合型人才的匮乏。人才缺口导致企业难以将数据分析结果有效转化为业务决策和创新动力。

（3）资金投入不足。许多企业未能形成有效的数字化平台，主要原因在于资金投入不足。数字化转型和数据分析能力的提升需要大量资金支持，包括硬件设施、软件系统和人才培养等方面的投入。资金投入不足导致企业难以建立完善的数据分析体系，进而影响数据价值的实现。

3. 公共数字化应用场景开放不足

公共数据的开放和共享是推动数据要素市场发展的重要基础，但仍存在诸多障碍。

（1）政府数据开放程度低。尽管近年来政府数据开放取得一定进展，但总体开放程度仍然较低。数据开放的范围、深度和质量都有待提高，这直接影响了企业对公共数据的获取和利用。

（2）国有企事业单位数据开放不足。作为重要的数据源，国有企事业单位掌握着大量有价值的数据资源。然而，由于体制机制等原因，这些单位的数据开放程度普遍不高，限制了数据要素市场的供给。

（3）跨部门、跨行业数据共享机制不完善。数据的价值往往在跨领域、跨行业的融合中得以充分体现。然而，当前跨部门、跨行业的数据共享机制仍不健全，数据壁垒普遍存在，阻碍了数据的有效流通和价值创造。

4. 数据产品和服务缺乏个性化定制

数据产品和服务的个性化程度直接影响其市场价值和应用效果。目前，主要存在以下问题。

（1）供需匹配困难。由于缺乏针对性的数据产品和服务，市场上经常出现数据供需失衡的现象。这种供需错配不仅降低了数据的利用效率，还影响了市场的活跃度。

（2）数据价值难以实现。通用型数据产品往往无法满足企业的特定需求，缺乏个性化定制的数据服务使得企业难以从数据中获取真正有价值的洞察，进而影响数据价值的实现。

（3）创新受限。缺乏个性化数据支持限制了企业的创新能力，特别是在新兴领域和跨界创新方面，个性化的数据需求更为突出，而这方面的供给不足直接制约了企业的创新发展。

5. 企业数据资产管理水平有限

企业数据资产管理是实现数据价值的关键环节，但目前大多数企业仍存在明显不足。

（1）数据质量参差不齐，缺乏统一标准。企业内部数据质量不一，缺乏统一的管理标准和规范。这不仅影响了数据的可用性和可信度，还增加了数据整合和分析的难度。

（2）部门间数据难以整合，形成数据孤岛。企业内部各部门之间的数据往往难以有效整合，形成了一个个"数据孤岛"。这种情况不仅降低了数据的利用效率，还阻碍了企业全局视角的形成。

（3）数据潜在价值难以充分挖掘。由于缺乏系统性的数据资产管理，许多企业难以充分挖掘数据的潜在价值。特别是在数据融合分析和二次开发方面，企业普遍存在能力不足的问题。

（4）外部数据整合困难。企业在整合外部数据方面面临诸多挑战，包括数据格式不统一、数据质量难以保证以及数据权属不清晰等问题。这些困难限制了企业对外部数据的有效利用，影响了数据价值的最大化。

6.3.3 发展方向

针对数据需求侧存在的问题，提出以下建议。

1. 提升数据分析技术和能力

提升数据分析技术和能力主要从以下四方面展开。

一是培育数据服务新业态，依托数据平台，培育数字化转型服务商，为企业提供专业的数据分析服务。

二是财税政策支持，从财税政策上给予数字化转型服务商一定的优惠，促进数据分析服务行业的发展。

三是建立产学研合作机制，鼓励高校、研究机构与企业合作，提升企业的数据分析能力。

四是加大技术投入，引导企业增加对数据分析技术的投资，提升数据处理和分析能力。

2. 加快企业数字化转型

加快企业数字化转型主要从国家层面上提出以下建议。

一是国家战略推动，从国家战略层面推动企业数字化转型，提高企业管理者对数字化转型重要性的认识。

二是人才培养，培养数字化转型方面的专业人才，为企业提供必要的人力支持。

三是资金支持，给予企业资金支持，用于建设数字化交互平台，解决转型过程中的资金瓶颈。

四是政策激励，制定相关政策，激励企业进行数字化转型，如提供税收优惠等。

3. 扩大公共数字化应用场景开放

一方面提高政府数据开放程度，制定更加开放的政府数据共享政策，提高地方政府数据开放平台的覆盖率和数据开放量。另一方面推动国有企事业单位数据开放，鼓励和引导国有企事业单位开放更多高价值场景数据，如公共交通、气象等数据。同时，建立跨部门、跨行业的数据共享机制，促进数据的充分流通和利用。最后，创新数据应用场景，举办数据创新应用项目竞赛、示范应用场景评比等活动，激发市场主体参与数据要素的消费。

4. 推动数据产品和服务个性化定制

面对数据供需失衡的问题，建议尝试搭建企业与数据供应商之间的需求对接平台，促进供需精准匹配。同时，鼓励定制化服务，引导数据服务商开发定制化数据产品和服务，满足企业的特定需求。并且，建立数据价值评估体系，帮助企业更好地了解和选择适合自身需求的数据产品。

5. 提升企业数据资产管理水平

一是要推动行业和政府制定统一的数据治理标准，为企业提供指导。

二是加强对企业数据管理人才的培养和引进，提高企业的数据资产管理能力。

三是总结和推广优秀企业的数据管理经验，帮助其他企业提升管理水平。

四是建立数据质量评估体系，构建数据质量评估体系，帮助企业持续改进数据质量。

通过上述措施，可以有效解决数据需求侧存在的问题，激发市场主体对数据的需求，促进数据要素的充分流通和价值释放。在实施方案过程中，需要政府、企业和个人共同努力，构建良好的数据生态系统。政府应当发挥引导和规范作用，企业需要积极参与数字化转型，个人则应当提高数据素养，合理利用自身数据权益。只有多方协同，才能真正释放数据要素的潜力，推动数据经济的健康发展。

6.4 供需匹配

对数据的需求侧和供给侧进行了综合性的分析后，以下就数据要素市场中的供需匹配问题作进一步的分析。供需匹配是数据交易市场中的核心问题，它关系到数据要素能否得到有效配置和充分利用。

6.4.1 供需匹配存在的主要问题

通过对数据要素市场中的供给侧、需求侧进行综合分析，发现在供需匹配方面存在以下主要问题。

1. 数据供需的结构性失衡首先表现为数据流通的严重受限[*]

一方面，大量数据因涉及敏感信息、隐私保护以及标准化程度较低等问题，难以进入市场流通。例如，在医疗健康领域，医院和医疗机构每天产生海量数据，这些数据因包含患者隐私和数据安全风险，往往受到严格限制，难以在市场上自由交易。不同医疗机构的数据格式和质量参差不齐，进一步阻碍了数据的整合与共享，导致数据供应商虽握有大量数据，却难以寻得适配的买家和交易渠道。[①] 另一方面，市场需求得不到有效满足，数据供应商多提供未经深度加工的原始数据，缺乏对需求方个性化需求的精准把握和定制服务，数据呈现规模小、分散零碎的特点，难以全面覆盖市场需求。尤其是在工业领域，制造企业难以获取符合其特定生产流程优化需求的数据服务，数据价值无法充分释放，严重制约了企业利用数据提升生产效率的能力。

---

[*] 夏义堃. 企业开放数据再利用的困境与对策分析[J]. 电子政务, 2018（8）: 69-80.
① 中国宏观经济论坛 CMF. 深度分析数据要素市场建设现状、问题和建议, CMF 专题报告发布 [EB/OL].（2024-04-15）[2025-01-20]. https://mp.weixin.qq.com/s/Iy2x1wKjuCXMDKORUAWarQ.

2. 数据供需双方的能力限制显著影响了供需匹配效果

数据供给侧部分供应商在数据治理方面存在明显短板，诸如数据的有效整合、清洗、标注等预处理能力不足，直接导致数据质量参差不齐，难以契合需求侧的严格要求。与此同时，数据需求侧部分企业缺乏深度数据分析和应用能力，即便获取了所需数据，也无法最大程度地挖掘和实现数据的潜在价值，进而影响了其对数据的采购意愿和后续使用效率。这种能力差距不仅加大了数据供需之间的匹配难度，也削弱了数据要素市场整体的效能发挥，使得数据在驱动经济发展、提升决策科学性等方面的作用难以得到充分发挥。

3. 数据交易过程中的信息不对称问题进一步加剧了供需匹配的难度

数据市场的复杂性使得交易双方在信息掌握上存在天然差距，卖家对数据质量、数据来源以及数据潜在风险等方面了如指掌，而买家则对数据的实际价值、适用场景和合规性要求知之甚少。这种信息不对称导致双方在交易谈判中难以达成共识，买家因担忧数据质量不佳、价值不符预期或存在合规风险而持谨慎态度，卖家则可能因信息优势而高估数据价值，双方估值差异较大，交易达成难度显著增加。[①] 此外，信息不对称还可能引发数据市场的逆向选择和道德风险，劣质数据可能驱逐优质数据，诚信交易可能受到不正当竞争的冲击，整个市场的交易效率和公平性受到严重损害。

4. 数据要素价格形成机制的不完善同样制约着供需匹配的精准性

公共数据定价机制尚未成熟，尽管政策倡导推动公共数据按政府指导定价有偿使用，但全国范围内仍未建立起统一、科学的定价模式。[②] 企业数

---

① 蔡思航，翁翕．一个数据要素的经济学新理论框架［J］．财经问题研究，2024（5）：33-48．
② 王建冬．全国统一数据大市场下创新数据价格形成机制的政策思考［J］．价格理论与实践，2023（3）：15-19．

据价格形成机制也存在缺陷，当前以用户间的场外交易为主，买卖双方自行定价，缺乏公正、合理的定价依据和市场调控机制，致使企业数据定价随意性较大，难以真实反映数据的内在价值，进而影响交易的公平性和市场的健康发展。

5. 数据要素市场的法律法规和监管体系尚不完善，给数据供需匹配带来了诸多挑战

法律法规层面，数据权属界定、隐私保护、安全合规等关键问题的规定不够明确和细致，数据交易的法律风险始终存在。数据供应商担心数据泄露和侵权，需求方则忧虑数据使用的合法性和合规性，这种法律上的不确定性使得双方在数据交易中极为谨慎，甚至阻碍了部分潜在交易的发生。[1] 监管体系方面，数据交易监管尚未形成统一标准和规范，市场上不规范的数据交易行为时有发生，如数据造假、数据垄断、不正当竞争等，这些行为严重扰乱了市场秩序，破坏了数据供需的正常匹配，影响了数据要素市场的整体健康发展。

综上所述，数据供需匹配存在的问题严重制约了数据要素市场的健康发展，要解决这些问题，需要从制度建设和市场机制完善等多个角度入手，以促进数据要素市场的高效运行。

6.4.2 供需平衡发展措施

针对数据要素市场中存在的供需匹配问题，提出以下解决方案，旨在促进数据要素市场的健康发展和供需平衡。[2]

---

[1] 李刚，张钦坤，朱开鑫. 数据要素确权交易的现代产权理论思路 [J]. 山东大学学报（哲学社会科学版），2021（1）：87-97.
[2] 中国宏观经济论坛 CMF. 深度分析数据要素市场建设现状、问题和建议，CMF 专题报告发布 [EB/OL]. （2024-04-15）[2025-01-20]. https://mp.weixin.qq.com/s/Iy2x1wKjuCXMDKORUAWarQ.

1. 构建多层次数据交易体系

为解决数据供需失衡的问题,建议构建多层次的数据交易体系。分别从以下几个方面进行。

(1)建立分类分级的数据交易平台。根据数据的敏感程度、应用领域和使用场景,建立分类分级的数据交易平台。例如,对于医疗健康数据,可以设立专门的医疗数据交易平台,并根据数据的敏感程度设置不同的访问权限和交易规则。这样可以在保护隐私的同时,促进高价值数据的流通和利用。

(2)推动数据标准化和互操作性。制定并推广数据标准化规范,提高不同来源数据的互操作性。例如,在医疗领域,可以推动电子病历数据标准化,促进不同医疗机构间的数据共享和整合。这将有助于解决数据格式不统一、质量参差不齐的问题,降低数据整合成本。

(3)发展数据加工和增值服务。鼓励数据服务提供商开发个性化的数据处理和分析服务,满足不同行业和企业的特定需求。例如,针对制造业企业的需求,开发专门的生产流程优化数据服务包,提供从数据采集、清洗到分析的全流程解决方案。

2. 完善数据要素价格发现机制

为解决价格发现机制不完善的问题,提出以下措施。

(1)建立公共数据定价指导框架。由政府主导,制定公共数据定价指导框架,明确定价原则、方法和程序。可以考虑采用成本加成法、市场比较法和价值评估法等多种方法相结合的定价模式,以确保公共数据的合理定价。

(2)培育第三方数据评估机构。鼓励发展第三方数据评估机构,为数据交易提供专业的价值评估服务。这些机构可以从数据质量、完整性、稀缺性和潜在应用价值等多个维度对数据进行评估,为交易双方提供客观的价格参考。

（3）建立数据交易价格指数。构建覆盖不同行业和数据类型的数据交易价格指数，为市场提供价格趋势和参考基准。这可以帮助交易双方更好地了解市场行情，促进价格发现机制的形成。

3. 减少信息不对称

为解决高度信息不对称的问题，可采取以下措施。

（1）完善数据目录和元数据管理。建立统一的数据目录和元数据管理标准，要求数据提供方提供详细的数据描述、结构说明和质量报告。这将有助于买家更快速、准确地找到所需的数据，降低搜索成本。

（2）引入数据质量认证机制。建立第三方数据质量认证机制，对数据的真实性、准确性、完整性等进行独立评估和认证。这可以为买家提供客观的质量参考，减少信息不对称带来的风险。

（3）开发智能合约和区块链技术应用。利用智能合约和区块链技术，实现数据交易的自动化执行和全程可追溯。这不仅可以提高交易效率，还能增强交易的透明度和安全性，有效降低信息不对称带来的风险。

（4）建立数据交易信用评价体系。构建涵盖数据提供方和使用方的信用评价体系，记录交易双方的履约情况、数据质量反馈等信息。这将有助于形成良性的市场信用机制，减少欺诈和滥用行为。

通过上述多维度、系统性的解决方案，可以有效缓解数据要素市场中的供需匹配问题，促进数据交易市场的健康发展，充分发挥数据作为新型生产要素的价值。

6.5 本章小结

本章主要聚焦数据要素市场供给侧、场内外交易和需求侧三个主要驱动因素，旨在探讨完善数据要素市场、有效应对供需不平衡和交易不规范等问题的策略。

在供给侧方面，研究分别探讨了政府数据、企业数据和个人数据的供给机制及面临的挑战。政府数据供给主要通过开放和授权两种途径实现价值，但仍面临缺乏统一国家战略、平台建设不完善、跨部门协作困难等问题。企业数据供给面临数据权属模糊、定价困难、合规成本高等挑战。个人数据供给则存在隐私意识不足、同意机制缺失、定价机制不完善等问题。针对这些挑战，研究提出了完善法律框架、优化定价机制、降低合规成本、提升数据处理能力等建议。

在场内外交易方面，研究指出当前数据交易市场存在场内交易规模偏小、场外交易占比过高、交易机构布局分散等问题。为应对这些挑战，研究提出两个主要发展方向：推动数据经纪人制度的建设和发展，以及推动统一数据要素大市场的建设和发展。前者强调建立分类监管机制、规范数据源获取与追溯制度；后者则着重于构建多层次市场体系、完善标准化体系。

在需求侧方面，研究从政府、企业和个人三个主体角度分析了数据需求的特点和趋势。政府数据需求主要体现在提升公共服务水平和增强决策能力；企业的数据需求聚焦于挖掘数据价值和优化运营效率；个人的数据需求包括获得便捷服务和实现个性化体验。然而，当前需求侧面临企业数字化转型进程缓慢、数据分析能力不足、公共数字化应用场景开放不足等挑战。研究建议通过提升数据分析技术、加速企业数字化转型、扩大公共数字化应用场景开放等方式刺激市场主体对数据的需求。

在供需匹配方面，总结出三个主要问题：数据供给与市场需求不匹配、价格发现机制不完善以及信息不对称。针对这些问题，研究提出构建多层次数据交易市场体系、完善数据要素价格形成机制、减少信息不对称、加强数据质量管理等建议。

总体而言，本书通过系统分析数据要素市场的供给侧、场内外交易和需求侧，揭示了当前市场发展面临的主要挑战，并提出了相应的优化策略。研究强调，推动数据要素市场良性发展需要多维度同时发力，包括完善法律法规体系、优化市场机制、提升技术能力、培育市场主体等。此外，研究也指出了在推动数据要素市场发展过程中需要平衡的关键问题，如数据开放与隐私保护、公共利益与商业利用之间的关系。

未来研究可进一步探讨数据要素市场发展的国际比较、新兴技术对市场格局的影响，以及数据要素市场与其他要素市场的协同发展等议题，为数据要素市场的持续优化提供更全面的理论支撑和实践指导。

第7章 提升数据质量、加强安全监管、保护数据权益与促进流通交易

为确保数据要素价值的充分释放，需构建一个全面的保障体系，该体系应涵盖以下四大核心方面：提升数据质量、强化安全监管力度、保护数据权益以及促进数据流通与交易。此体系旨在为数据要素的有效利用及其价值最大化提供坚实支撑。

7.1 提升数据质量

数据质量是确保数据要素价值全面释放的基石。唯有品质卓越的数据，方能作为决策与创新不可或缺的坚实后盾，驱动组织竞争力与业务效率的双重飞跃，为数字化转型之路奠定稳固基石。当数据质量的标准精准对接监管机构的期望时，其卓越性更将显著降低合规挑战，为组织的稳健前行保驾护航。

7.1.1 数据质量内涵

数据质量作为衡量在特定环境下数据特性符合既定使用标准程度的指标，其评估流程涵盖了一系列关键环节，[1] 具体如图7-1所示。首先是组织

---

[1] 全国标准信息公共服务平台. 信息技术数据质量评价指标［EB/OL］.（2018-06-07）［2025-07-06］. https：//std.samr.gov.cn/gb/search/gbDetailed? id=71F772D82DFCD3A7E05397BE0A0AB82A.

构建，即成立专门的质量管理团队；其次是规范确立，旨在明确数据应当遵循的标准与格式；再次评价指标的设定成为关键，用于量化数据质量的各个方面；复次进入实施评价阶段，依据既定标准对数据进行全面审查；又次根据评价结果实施质量改进策略，以提升数据质量；最后完成优化的数据被交付至使用环节，确保其在业务应用中的效能与可靠性。其中"数据质量提升"这一步骤结束后，需要再次对数据实施评价，以查找并解决数据质量问题，直至数据能够满足交付要求。

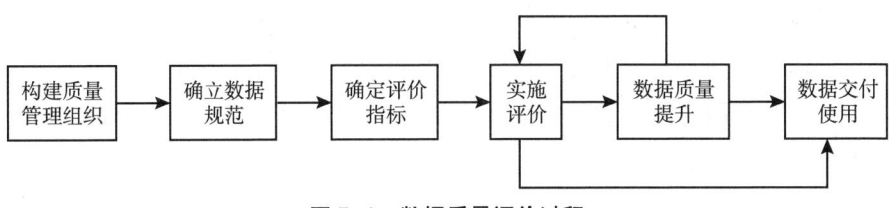

图 7-1　数据质量评价过程

7.1.2　数据质量评估标准

数据质量可以采用多个维度的指标来衡量。2018 年 6 月，国家标准《信息技术　数据质量评价指标》（GB/T 36344—2018）发布，适用于数据生命周期各阶段的数据质量评价。[①] 其中规定，数据质量评价指标框架由规范性、完整性、准确性、一致性、时效性、可访问性六大类评价指标构建而成。规范性指数据符合数据标准、数据模型、业务规则、元数据或权威参考数据的程度；完整性关注数据元素是否依据既定规则全面赋值；准确性指数据精准反映其所表征真实世界对象实际状态的能力[②]；一致性强调数据之间在特定上下文中的无冲突状态；时效性评估数据随时间变化保持准确性的能力；可访问性指数据被有效访问和利用的便捷程度。这六类指标

[①] 全国标准信息公共服务平台. 信息技术　数据质量评价指标［EB/OL］.（2018-06-07）［2024-07-04］. https：//std.samr.gov.cn/gb/search/gbDetailed?id=71F772D82DFCD3A7E05397BE0A0AB82A.

[②] 李爱君. 数据要素市场培育法律制度构建［J］. 法学杂志，2021，42（9）：17-28.

是实施数据质量评价的最小集。数据来源、数据采集方式、数据处理过程、技术架构以及人员素质等都是影响数据质量的关键因素。

学者从用户感知价值视角出发，运用大数据分析样本，将大数据资源质量细化为内涵价值、服务价值、声望价值、期望价值和潜在价值五个维度。[①] 内涵价值包括大数据资源的真实准确性、数量及覆盖面、来源可靠性三个二级指标；服务价值包括文献可查阅和下载的比重、检索工具准确性、查重工具准确性、配套信息分类和管理分析系统四个二级指标；声望价值包括大数据资源运营商的国内外知名度、所获荣誉和认证、对资源和平台的管理能力三个二级指标；期望价值包括大数据平台或应用正常注册登录和提交信息、用户信息安全、信息传输响应时间、人工咨询服务四个二级指标；潜在价值包括大数据资源的发展方向和规划、信息年增速量、管理制度、使用现代新兴技术四个二级指标。

7.1.3 数据质量涉及问题

数据质量问题的原因可从内部和外部两方面进行分析。从内部看，元数据规范管理和数据标准化的缺失是低质量数据产生的原因；从外部看，数据生产流通环境的模糊化和信息系统的复杂化催生了信息不对称、数据要素市场垄断、数据安全等问题，进一步影响了数据供给质量及数据在后续各环节的应用。[②] 当前，数据要素的治理和规制更面临着大数据环境中的海量数据质量管控、多源异构集成数据质量管理、数据质量管理工具技术升级等挑战。

为将海量数据转化为可利用的关键资源，适应数字经济建设的规律，"数据要素高质量供给"这一概念被提出，该概念包含大规模、高质量、畅流通、强协同四层内涵，即数据的开放量具备一定的规模、满足使用要求、

---

① 左文进，贺小刚，闻传震，等. 大数据资源质量评价指标体系构建研究——基于用户感知视角对图书馆大数据的分析[J]. 价格理论与实践，2022（8）：55-58.

② 杨艳，林凌. 数据要素高质量供给：内涵解析、困境挑战与规制设计[J]. 电子政务，2024（11）：15-26.

在不同主体之间高效安全有序流通，且数据供给环节之间相互协同和支撑。① 高质量数据供给以采集、存储、加工、处理、分析全过程的数据质量为基本保障，最终目的是提取数据资源中有用的信息，并产生商业价值和社会价值。

然而，我国数据要素高质量供给面临着三重困境挑战。②

其一，数据要素市场动能不足。各行业数据市场之间存在数据流通壁垒，各参与主体之间信任的缺失，导致数据共享流通不畅；我国数字基础设施和算力供给水平对海量数据的采集、存储、分析等环节的支撑不足；数据供给和需求不具体、不透明，且供需难以有效匹配。

其二，政府规制不力。数据权属界定不清，缺乏清晰明确的数据产权制度；缺乏有效统一的数据质量管理机制，组织间数据的整合互通和互操作存在阻碍；数据供给和隐私保护不平衡，发展与安全之间存在二元悖论。

其三，社群参与不够。公共领导缺失，治理实现条件难以满足；互信机制与沟通渠道不完善，协同效应难以发挥。

7.1.4 数据质量提升方法及管理机制

数据质量提升可从可用、可信、可流通、可追溯的维度进行。③

增强数据要素的可用性，要从典型场景出发，综合考虑数据来源的合法性、数据标注规则的合理性、用户数据保护、防止数据歧视等问题。以生成式人工智能（AIGC）为例，其本质是数据要素化大幅度提升和创造生产力，通过数据学习，生成原创、全新的内容或产品，因此数据供给质量至关重要。《生成式人工智能服务管理暂行办法》指出，服务提供方需要实施一系列有效策略，增强训练数据的真实性、精确性、公正性以及丰富性。④ 此举

---

①② 杨艳，林凌. 数据要素高质量供给：内涵解析、困境挑战与规制设计［J］. 电子政务，2024（11）：15-26.
③ 付少雄，孙建军. 数据流通与安全：标准与保障体系［J］. 图书与情报，2023（4）：20-28.
④ 生成式人工智能服务管理暂行办法［EB/OL］.（2023-07-10）［2024-07-18］. https://www.gov.cn/zhengce/zhengceku/202307/content_6891752.htm.

旨在通过提升数据质量的多重维度，促进生成式人工智能技术的健康发展与应用效能。

增强数据要素的可信度，需要提升数据要素透明度，具体细则包括确保原始数据访问的持续性、提升样本数据的透明供给、为数据附加说明文档以阐明其含义，并引入第三方机构进行独立的数据质量评估，这一系列措施旨在构建一个更加透明、可信的数据环境。

增强数据要素的可流通性，需要以可复用性为基础，即令数据要素成为市场各方能够复用的"产品"。在满足数据来源合法、数据合规以及市场规范的条件下，建设数据要素标准体系是提升可复用性的关键。

增强数据要素的可追溯性，则以设立可追溯义务为基础。《建立欧洲数字经济》白皮书指出，可追溯性义务包括数据价值链参与者能够在任何时候证明所拥有的数据来源的义务，以及对数据执行处理的义务。这一义务反映数据所有权的有效证据，其日志文件可帮助确认数据的合法使用、展现数据流动的方向并规范其他相关法律义务。[1]

数据质量的提升还须从事前、事中、事后三个阶段做好大数据的建设和管理工作，[2] 事前制定质量管理机制、数据质量标准、质量监测模型与规则、源头数据自查自纠方面做好预防工作；事中从原始数据质量、数据中心质量、反馈数据质量问题及考核数据质量绩效方面做好监控工作；事后从修复数据质量问题、收集数据质量需求、质量管理制度与标准、质量监测模型等方面做好完善工作。

7.2 加强安全监管

加强安全监管是保障数据要素价值释放的基石，安全监管是确保数据

---

[1] Asbroeck B V. White Paper-Data ownership in the context of the European data economy: proposal for a new right [EB/OL]. [2024-07-18]. https://www.twobirds.com/en/insights/2017/global/data-ownership-in-the-context-of-the-european-data-economy.

[2] 数据治理：数据质量管理策略！[EB/OL]. (2023-01-03)[2025-07-06]. https://mp.weixin.qq.com/s/KjSqTh1MSPemBVNWxapPow.

不受未经授权的访问、篡改或泄露。《中华人民共和国数据安全法》对数据安全作出了明确界定，即确保数据在有效防护与合法运用的保障下达到稳固且可持续的安全状态，该状态的实现需要采取一系列必要措施。① 数据安全一方面强调数据开发利用与安全保护统筹与平衡发展，在数据安全的保障中数字经济才能持续健康发展；另一方面，促进数据价值释放必然要进行数据的开发利用，为推动数据的流动与共享开放，应当避免数据安全的过度保护。②

7.2.1 数据安全涉及问题

数据安全问题有多种划分标准，一般可分为数据滥用、数据泄露、数据污染三个方面③，此外还可根据数据所有者、在数据要素生命周期当中所处阶段对数据安全风险的类别进行总结。

1. 数据所有者数据安全风险涉及问题

以数据所有者为划分标准，数据流通安全问题包括政府、企业、个人三个层面。④

在政府层面，公共数据在流通后可能会面临二次关联分析，当大量政府数据被开放并集中汇聚时，可能触发聚集效应，这不仅可能侵蚀国家数据主权的完整性，还可能对国家安全构成不容忽视的威胁。

此外，公民数据的公开还可能导致"数据失控"现象，侵犯公民的隐私权。在政府数字化转型的时代，数据安全风险依旧是影响数字政府建设和运行的重大问题。数字政府应当培养数字安全韧性，即预测、响应、抵

---

① 中华人民共和国数据安全法［EB/OL］．（2021-06-10）［2024-07-20］．http：//www.npc.gov.cn/npc/c2/c30834/202106/t20210610_311888.html．
② 中关村网络安全与信息化产业联盟．数据安全治理白皮书5.0［EB/OL］．［2024-07-21］．https：//13115299.s21i.faiusr.com/61/1/ABUIABA9GAAggqejowYo5bPKkAY.pdf．
③ 蔡莉妍．数字经济时代数据安全风险防范体系之构建与优化［J］．大连理工大学学报（社会科学版），2024，45（3）：107-114．
④ 付少雄，孙建军．数据流通与安全：标准与保障体系［J］．图书与情报，2023（4）：20-28．

御数字安全风险并随之恢复、学习和变革的能力，充分调动数字资源，合理协调各方面的安全建设，从而灵活适应外界环境的变化。①

企业在数据披露的实践中，往往因疏忽而无意中泄露了商业秘密，这构成了企业信息安全的一大隐患。同样地，在政府信息公开的框架内也存在着不慎披露企业敏感信息（如经营数据、核心技术细节等）的风险，这些信息的泄露可能对企业的竞争地位和商业利益造成不利影响。2023年《网站平台受理处置涉企网络侵权信息举报工作规范》提出，重点处置仿冒信息、误导信息、谣言信息、侮辱信息、泄密信息等涉企侵权信息举报，维护了企业和企业家的网络合法权益。②

在个人层面，常见于政府信息披露工作中的个人信息泄露事件、批量数据跨境流动涉及的个人数据流通问题都对个人数据安全提出了挑战。在生成式人工智能的运行过程中，个人信息也面临着收集范围与限度不明确、算法违规加工处理、生成错误结论面临形式制裁的问题。③

2. 数据要素生命周期不同阶段数据安全涉及问题

在数据要素生命周期视角下，数据安全可能在数据生成、数据收集、数据分析、数据交换和数据反馈五个层面存在风险。④

数据生成层风险包括数据权属界定、数据分类分级、数据携带偏见。数据要素可无限复制和增长的特性导致其权属难以界定，且大型平台企业的垄断会造成数据要素市场的分配差异，阻碍数据要素的流通。数据要素的形式多样，属性界定过程复杂，导致识别与等级划分的边界模糊，扩大了数据安全的保护范围。数据生成的逻辑、方法及结果受到设计者或技术

---

① 王秉，赵飞燕，史志勇. 数字政府的数字安全韧性：数字政府的数字安全能力的新视角[J]. 情报理论与实践，2024，47（11）：56-62.

② 中央网络安全和信息化委员会办公室. 中央网信办印发《网站平台受理处置涉企网络侵权信息举报工作规范》[EB/OL].（2023-08-10）[2024-07-20]. https://www.cac.gov.cn/2023-08/10/c_1693319212099907.htm.

③ 陈禹衡. 生成式人工智能中个人信息保护的全流程合规体系构建[J]. 华东政法大学学报，2024，27（2）：37-51.

④ 王向明，王炳涵."数据要素×"助力新质生产力形成的作用机理与风险防范[J]. 河南社会科学，2024，32（7）：10-21.

开发者的影响，导致数据本身可能携带设计者的认知偏见甚至是潜在的意识形态风险。

数据收集层风险包括数据非法收集、数据监测漏洞。数据的非法收集侵犯了信息用户的隐私，使得平台企业的数据垄断加剧，网络数据生态遭到破坏。不完善的数据安全监测机制为存在安全隐患的数据制造了漏洞，危险数据、无效信息和重复信息破坏数据的运算和输出，从而威胁数据要素再生产的效益。

数据分析层风险包括破坏数据结构、储存管理风险、数据污染风险。为防止数据在分析、存储和流通等环节遭到泄露或破坏，应当从物理、人员、程序和技术四个维度采取措施保障数据的机密性、完整性和可用性，降低技术应用和场景行为的风险。数据存储过程中的技术和管理问题可能造成数据被泄露、窃取、篡改或攻击，爬虫技术的发展更降低了公众获取数据与某些平台企业攻击公共数据存储系统的难度。在人工智能技术更新迭代的过程中，数据污染会导致生成式人工智能产生的内容真假难辨，而这些内容继续用于分析和流通，加重了数据污染的程度。

数据交换层风险包括数字伦理失范、评估预警不足。数字伦理失范如算法歧视弱势群体、数据信息垄断、自动决策、数据透明等现象，导致数据要素参与分配不公平，阻碍了数据要素的流通和交换，影响数字交换的良性运转。数据安全监测预警系统与事故预警机制的不完善，会降低应对突发数据安全事件的能力，形成潜在的数据要素风险。

数据反馈层风险包括反馈数据造假、效益评估指标不统一、数据过滤标准不明确。数据使用和流通效果的虚假反馈会影响分析与决策，进而侵犯消费者的权益，阻碍科技创新的发展。效益评估主体划分与数据过滤标准不明确，可能导致重要数据被移除或销毁，影响数据的复用。

7.2.2 数据安全法律法规

我国数据安全法律体系以上位法《中华人民共和国网络安全法》《中华

人民共和国数据安全法》《中华人民共和国个人信息保护法》为核心支柱，辅以行政法规作为细化补充，并涵盖了部门规章、地方性法规及标准指南等多层次规范。

其中，《中华人民共和国网络安全法》作为国家的基本法律，深刻体现了对公众在网络环境中权益的法律保障，有力捍卫了国家网络疆域的主权与安全性。《中华人民共和国数据安全法》则奠定了相关领域的基础性规范，成为数据治理不可或缺的法律基石。同时，《中华人民共和国个人信息保护法》专项聚焦于个人信息保护，以法律形式筑起个人信息安全的坚固防线，与《中华人民共和国数据安全法》一道，在法律维度上强化了数据安全与个人隐私的双重保障。《中华人民共和国网络安全法》《中华人民共和国数据安全法》《中华人民共和国个人信息保护法》三者相辅相成，为数据安全与个人权益提供了全面而坚实的法律支撑。

当前，我国数据安全评估制度在加紧建设当中，呈现出国家顶层设计与行业探索同步推进的现状。在国家标准层面，2022年4月国家标准《信息安全技术 数据安全风险评估方法》（GB/T 20984—2022）发布，并从同年11月开始实施。① 2023年5月《网络安全标准实践指南——网络数据安全风险评估实施指引》发布。② 在行业探索方面，2022年12月印发的《工业和信息化领域数据安全管理办法（试行）》，明确工业和信息化部指导符合资质的机构，依照标准推进工业及信息化领域的数据安全检测与认证工作，同时确立了行业数据安全评估的管理体系、强化对评估机构的监管、制定评估规范以指导评估机构执行数据安全风险评估、跨境数据安全评估等任务。③④ 中

---

① 全国标准信息公共服务平台. 信息安全技术 数据安全风险评估方法［EB/OL］.（2022-04-15）[2024-07-20]. https：//std. samr. gov. cn/gb/search/gbDetailed？id=DD3D95E5C09371EBE05397BE0A0AF33F.
② 全国信息安全标准化技术委员会. 关于发布《网络安全标准实践指南——网络数据安全风险评估实施指引》的通知［EB/OL］.（2023-05-26）[2024-07-20]. https：//www. tc260. org. cn/front/postDetail. html？id=20230529155314.
③ 工信部印发《工业和信息化领域数据安全管理办法（试行）》［EB/OL］.（2022-12-14）[2024-07-20]. https：//www. gov. cn/xinwen/2022-12/14/content_5731915. htm.
④ 韩佳琳，李亚鹏. 数据安全风险评估体系及推进路径研究［J］. 保密科学技术，2023（8）：39-43.

国通信标准化协会也正在加快组织研究制定工业、电信领域数据安全风险评估规范等行业标准。全国金融标准化技术委员会陆续发布了《金融数据安全 数据生命周期安全规范》（JR/T 0223—2021）等标准。[①]

7.2.3 数据安全监督机制

目前，我国数据安全监管措施仍显滞后，数据泄露、非法利用、破坏及篡改等潜在风险愈发显著，对数据安全的威胁日益加剧。与此同时，数据安全议题亦被部分西方国家用作借口与手段，企图以此打压并遏制我国以数据为核心驱动力的数字经济新兴业态、创新模式与技术进步的蓬勃发展。[②] 为保障数据要素价值释放，应构建系统化的数据分类与分级保护框架，实施严格的访问控制和身份验证手段。在此基础上，强化数据加密技术的应用及数据的匿名化处理，以保障数据在流通中的安全性。同时，应制定详尽的数据泄露与侵害应急预案，配合持续的数据安全风险评估与监测机制，形成一套全面的风险预防与响应体系，从而有效抵御数据安全威胁，释放潜在数据要素价值。以公共数据的安全保障为例，可以通过制定统一的数据安全标准、应用基于区块链的数据安全交易生态系统（SDTE）等创新技术手段、建立应急响应机制等提高公共数据的可信度，在公共数据确权的前提下开展公共数据估值、建立明确制度要求、治理主体和保护责任的公共数据安全治理体系，并形成公共数据交易的生态系统。[③]

[①] 行业标准信息服务平台. 金融数据安全 数据生命周期安全规范［EB/OL］.（2021-04-08）［2024-07-20］. https：//hbba.sacinfo.org.cn/stdDetail/1f9eb70777d824631167a79569f3ba72f8850dfaee4070f4397fe6a9a81f2f1e.

[②] 孙建军，巴志超，夏义堃. 数据要素市场体系建构与价值实现路径探索［J］. 情报学报，2024，43（1）：1-9.

[③] 王英，马海群. 数据要素视角下公共数据安全保障的若干问题研究［J］. 现代情报，2024，44（8）：4-12.

7.3 保护数据权益

数据权益保护是保障数据要素价值释放的前提条件。"数据二十条"提出推动建设公共、企业和个人数据的分类分级确权授权制度以及数据要素各参与方合法权益保护制度,为激活数据要素潜能提供基础性的制度保障。[①]

7.3.1 数据权益内涵

数据权益是数据来源者和数据处理者所拥有的权益,是信息之上产生的多项集合的"权利束"[②],区别于传统狭义的人对数据的利益,是人与人之间的所有数据利益关系,融入了多元价值和整体性利益,数据参与者之间形成了一种动态的利他的社会利益关系[③]。

根据我国《中华人民共和国民法典》第一百二十七条"法律对数据、网络虚拟财产的保护有规定的,依照其规定",该条规定了数据的保护规则,表明了数据权益的重要性,但没有明确数据的权利属性[④]。数据虽然被规定在财产权之后,但在性质上并没有被明确界定为财产权。数据本身具有无形性,因此不能用针对物质世界有形财产、建立在物债二分基础上的研究范式来解释数据权益,而是要采用适合虚拟世界的新研究范式。另外,数据具有非竞争性,即在同一时间内不同主体可以在不同空间使用同一数据,数据的价值不会随着他人的利用而减少。此外,数据还具有非稀缺性、大规模汇聚性、应用场景丰富等特点,因此无法被当作整体的权利的标的

[①] 中共中央国务院关于构建数据基础制度更好发挥数据要素作用的意见 [EB/OL]. (2022-12-19) [2024-07-15]. https://www.gov.cn/zhengce/2022-12/19/content_5732695.htm.
[②④] 王利明. 论数据权益:以"权利束"为视角 [J]. 政治与法律, 2022 (7): 99-113.
[③] 杨东, 白银. 数据"利益束":数据权益制度新论 [J]. 武汉大学学报(哲学社会科学版), 2024, 77 (1): 65-77.

物,而是要在分类的情况下分别讨论各种数据权益的性质、内容等问题。①

7.3.2 数据权益保护方法

目前,数据权益保护主要依靠传统公私法权利和创立专门的数据权利体系两种路径来实现。但这两种路径无法完美解决所有数据权益保护问题,各自有其合理性与不足之处。② 传统公私法权利很难与数据及数据权益的复杂性和特殊性相适应,例如数据侵权案件很难与传统物权侵权案件一一对应。就现实情况而言难以创立能满足数据权益复杂化、多元化、动态化需求的数据权利体系,需进行长期探索解决。因此未来保护数据权益需坚持以下三种原则。

一是重视对数据内容进行分类分级保护,实施灵活多样的确权策略以体现差异化原则。针对公共数据,应当明确赋予政府及社会机构管理权限,代表广大公众利益执行管理职能;针对企业数据,应当依据"投入—贡献—受益"的原则,确保企业在遵循保护与监管框架的前提下,充分享有其数据的所有权与使用权;而在个人数据层面,核心在于保障个体对其数据的充分知情权与自主控制权,体现数据主体的核心地位。

二是坚持数据权益保护与数据产权制度相适应。对参与数据价值创造、交换、实现的各主体都纳入数据权益保护当中,同时将数据本身所蕴含的多重权益属性纳入考量,与数据确权制度相适应,保护不同属性的数据权益。学者提出,可遵循分类原则、公平与效率原则、有限原则、防范过度原则、新型权利原则界定数据产权,维护数据赋权主体在数据使用和流通方面的有效性,同时保护个人隐私,维护国家和社会安全。③ 由于数据不可感知、控制或控制等无形性,可以选取网络平台作为数据赋权的直接客体,

---

① 程啸. 论数据权益[J]. 国家检察官学院学报, 2023, 31(5): 77-94.
② 牟冰清, 傅建平. 数据说 | 数据权益到底怎么保护?原则、路径及争议处理机制[EB/OL]. (2023-06-16)[2025-07-06]. https://mp.weixin.qq.com/s/z9HmOZT2WbNLwFTD2W57aQ.
③ 王伟玲. 中国数据产权制度构建研究[J]. 经济纵横, 2024(1): 78-85.

由网络企业享有对网络平台的专有权，弥补将数据直接作为权利客体的主张的缺陷。①

三是强化数据权利与传统物权保护的有机耦合，如数据要素与知识产权制度的耦合就符合理论、历史和现实三方面的逻辑。理论上，知识产权制度有助于充分发挥数据市场属性、构建数据市场行为规范、实现数据市场共享共用目标；历史上，随着数据成为生产要素，知识产权保护边界也不断拓展；现实上，知识产权已在数据要素规范中承担着制度托底作用、在数据要素流通中发挥着创新探索的先锋作用。②但数据内容具有复杂性，需注重与传统信息保护法律制度之间的有机衔接，对于超出传统物权保护范围的数据权益，应当根据这些权益的独特性质在传统物权法律框架内进行适应数据领域的改造，创立专门的数据权利保护机制。③

7.4　促进流通交易

流通交易是数据在不同主体间传递与交换的动态流程，它构成了数据资源向数据资产转变并充分释放其价值的必由之路。④唯有数据流通起来，方能彰显其价值所在。数据流通交易作为数据要素化的核心环节，其顺畅程度直接关联着数据要素化的深化，进而决定了数据要素价值潜能的充分释放。数据要素的流通，是由不同数据集在规模、质量、结构上的差异所驱动的，这些差异不仅塑造了数据的独特信息价值，还决定了数据在不同存储单元间的动态布局。科斯定理强调，在交易费用为零的情况下，

---

① 吴伟光.通过网络平台专有权实现对企业数据权益的保护[J].政治与法律，2023（11）：39-53.

② 中国信通院.知识产权视角下的数据要素制度构建研究报告（2023年）[EB/OL].[2024-07-20].http：//www.caict.ac.cn/kxyj/qwfb/ztbg/202301/t20230119_414776.htm.

③ 牟冰清，傅建平.数据说｜数据权益到底怎么保护？原则、路径及争议处理机制[EB/OL].（2023-06-16）[2025-07-06].https：//mp.weixin.qq.com/s/z9HmOZT2WbNLwFTD2W57aQ.

④ 人民日报海外版."数据二十条"对外发布，构建数据基础制度体系——做强做优做大数字经济[EB/OL].（2022-12-21）[2024-03-23].https：//www.gov.cn/zhengce/2022-12/21/content_5732906.htm.

无论权利如何进行初始配置，当事人之间的谈判都会导致资源配置的帕累托最优。①②③ 这一理论同样适用于数据要素市场，即无论数据的初始产权配置如何，只要产权明晰且交易成本较低，市场机制就能保证数据要素的最优配置。在数据要素流通交易中，依据科斯定理基本原理，需要确保：第一，数据确权是数据要素流通交易的基础。由于数据具有易复制性、无形性等特殊性质，其权属难以界定，导致溯源和确权成本高昂。因此，需要建立数据确权制度，明确数据的所有权、使用权和经营权等权利归属，为数据交易提供法律基础。通过数据确权，可以保护数据主体的合法权益，降低数据交易的风险，增强市场参与主体的信心，促进数据要素的流通和交易活动。第二，科斯定理强调产权的重要性，认为产权是资源配置的动力。在数据要素市场中，产权的明晰程度直接影响数据交易的效率和规模。因此，需要建立数据产权制度，对数据进行分类管理，确保数据的合理开放和保护。同时，还需要建立数据交易平台，为数据确权、授权和交易提供服务支撑，促进数据的合理流通。第三，科斯定理还指出交易费用对资源配置的影响。在数据要素市场中，交易费用的高低直接影响数据交易的效率和成本。因此，需要降低数据交易的费用，提高数据交易的透明度和效率。这可以通过建立信息透明机制、加强数据保护和行业自律、完善合同和法律保障等措施来实现。科斯定理为数据要素流通交易提供了重要的理论指导。以下根据科斯定理，就如何实施数据产权界定、促进数据高效流通、降低数据交易费用等措施，促进数字经济高质量发展，进行具体阐述与分析。

7.4.1 数据流通体系范畴

数据流通，在广义上，涵盖了数据提供方通过数据共享、开放、运营

---

① Coase R H. The Nature of the Firm [J]. *Economica*, 1937, 4 (16), 386-405.
② Bertrand E. The Three Roles of the "Coase Theorem" in Coase's Works [J]. *European Journal of History of Economic Thought*, 2010, 17 (4)：975-1000.
③ 汪磊. 法经济学视角下城市空间利益的正当分配 [J]. 西部学刊, 2019 (21)：100-102.

及交易等多种方式，在场内与场外实现数据的顺畅流动，并最终传递给数据需求方的完整过程；而在狭义上，它特指数据交易环节，包括数据的登记、评估、交付及结算等关键步骤。①

数据流通体系由三大维度构建：横向流通方式、纵向流通主体及侧向流通场景。② 横向上，数据交易形式丰富多样，包括数据共享、开放、运营及直接交易，直接交易又细分为登记、评估、交付、结算等细致环节。纵向上，流通主体涵盖公共数据主体（如政府、公共事业机构及公共数据企业）、企业数据主体（如平台企业、技术型数商、服务型数商及应用型数商）及个人数据主体（即拥有自身数据的自然人）。侧向上，流通场景则覆盖了行业、区域及全国一体化等多个层面，其中行业场景广泛涉及工业制造、现代农业、商贸流通等多个领域；区域场景则包括上海、北京等具体城市；而全国一体化场景则实现了跨行业、跨区域的全面联通。

数据要素流通环节清晰有序：数据所有者负责采集与治理，数据权益者进行确权，数据中介承担资产发布、交易与安全交付任务，数据使用者则负责使用及销毁数据。③ 同时，数据监测者全程参与，确保流通存证与仲裁的公正性。

数据要素流通的研究范畴广泛，涵盖安全可信交易、数据可控利用、数据按需保护、隐私按需保护及流通利用监管等多个方面。④ 其中，安全可信交易聚焦于交易磋商安全、交付保障、权益有效转移及交易灵活回退等关键技术；数据可控利用则涉及可仲裁的容毁确权、权属登记验证、数据增值利用策略及精细化使用控制等；数据按需保护则包括身份认证、传输加密、完整性校验等多种技术手段；隐私按需保护则依赖于数据出域安全计算技术；而流通利用监管则侧重于低开销、抗泄露、防篡改的数据存证系统及数据溯源追踪技术的研发与应用。

---

①② 交大评论. 国家数据要素化总体框架——环节六：数据流通交易与跨境流动（之一）[EB/OL].（2024-05-05）[2024-07-20]. https://mp.weixin.qq.com/s/uUBkcAEr65mC04Hv bcU-peg.

③④ 李凤华，李晖，牛犇，等. 数据要素流通与安全的研究范畴与未来发展趋势 [J]. 通信学报，2024，45（5）：1-11.

全流程的安全技术体系为数据要素的有序合规流动提供了坚实保障，是推动我国数字经济健康发展的重要基石。

7.4.2 数据流通涉及问题

数据流通发生在数据交易的前、中、后阶段以及数据出入境等环节，目前已形成初步的产业链生态。尽管产业链生态初步形成，但数据流通过程中仍存在信任和安全瓶颈问题，亟待解决。

数据流通所面临的挑战包括流通数据、流通活动以及流通设施三个层面的挑战。[1] 在流通数据层面，数据资产梳理和分类分级存在难以从非结构数据中识别信息内容和重要程度等技术难点，数据的类别和级别需要结合业务场景进行动态的调整，各地区各部门对数据分级分类管理的出发点和规则的理解也存在差异。在流通活动层面，数据高度集中于供给侧引发数据滥用现象，数据流通链路的增长加大了数据流向和使用追踪的难度，参与主体的增加导致安全责任难以界定划分，以人工智能为代表的新技术应用面临着数据可用性和可信性的风险。在流通设施层面，算力泛在化演进和协同调度会导致数据暴露面增加，数据在流转过程中可能被窃取或篡改，数据高度汇聚集中极易引发大规模的数据泄露，平台接口应用的多样化、复杂化导致安全风险的敞口增大。

为促进数据流通交易，可构建可信的流通环境可试验数据沙箱、多方安全计算、隐私计算、区块链等技术模式，实现数据的安全和隐私保护，确保数据流通的高效与便捷。以 2020 年中国人民银行济南分行与济南市大数据局共同打造的"泉城链"地方征信平台为例，该平台创新性地运用了区块链技术，对传统的政银数据对接机制进行了优化升级，实现"还数于民""还数于企"，让政务数据更加贴近民众与企业的实际需求，并借助链上授权机制赋予个人与企业对数据的自主管理权，显著增强了数据使用的

---

[1] 中国信通院. 数据要素流通视角下数据安全保障研究报告（2022 年）[EB/OL].（2023-01-01）[2024-07-20]. http://www.caict.ac.cn/kxyj/qwfb/ztbg/202301/t20230104_413655.htm.

灵活性与安全性。①

近年来，我国已经初步建立以数据资源安全保护为核心的管理体系，围绕战略规划、法律制度、管理机制与技术产业方面综合发力，对数据要素的流通安全进行了积极的实践探索。②

其一，以数据分类分级保护为基础，设置差异化数据流通管理要求。在《中华人民共和国数据安全法》正式出台前，金融、工信等行业率先开展数据流通安全保护探索。如金融行业制定了《金融数据安全 数据安全分级指南》，依据数据遭受侵害后可能波及的对象范围及其产生的后果严重程度，将数据安全划分为五个不同等级；并针对各等级数据的特性，指导组织机构围绕业务需求与安全保护平衡设置不同的侧重点。③ 工信部发布了《工业数据分类分级指南（试行）》，鼓励企业在做好数据管理的前提下适当共享一、二级数据，三级数据原则上不共享，进一步划定了流通数据的安全红线。④《中华人民共和国数据安全法》正式确立了数据分类分级保护制度，并对重要数据、核心数据规定了"增强型"的保护义务。各行业各领域积极对照《中华人民共和国数据安全法》要求加快制修订相关政策标准，推动数据分类分级保护要求落地实施，例如工信部印发《工业和信息化领域数据安全管理办法（试行）》，将工信领域数据分为一般数据、重要数据和核心数据三级，并对重要数据和核心数据使用加工、提供、跨主体处理等行为，提出了加强访问控制、开展安全风险评估等要求。⑤

其二，以数据流通关键环节和主体为中心，明确数据流通安全规则。

---

① 张玉波，彭勇，王世贵．一体化征信数据要素流通和交易体系建设的思考与实践——以区块链地方征信平台建设为例［J］．征信，2023，41（11）：41-48，56.
② 中国信通院．数据要素流通视角下数据安全保障研究报告（2022年）［EB/OL］．（2023-01-01）［2024-07-20］．http：//www.caict.ac.cn/kxyj/qwfb/ztbg/202301/t20230104_413655.htm.
③ 全国标准信息公共服务平台．金融数据安全 数据安全分级指南［EB/OL］．（2020-09-23）［2024-07-21］．https：//std.samr.gov.cn/hb/search/stdHBDetailed？id=B081D125A6762DB8E05397BE0A0A5EA7.
④ 工业和信息化部办公厅关于印发《工业数据分类分级指南（试行）》的通知［EB/OL］．（2020-02-27）［2024-07-21］．https：//www.gov.cn/zhengce/zhengceku/2020-03/07/content_5488251.htm.
⑤ 工业和信息化部关于印发《工业和信息化领域数据安全管理办法（试行）》的通知［EB/OL］．（2022-12-08）［2024-07-21］．https：//www.gov.cn/zhengce/zhengceku/2022-12/14/content_5731918.htm.

第 7 章｜提升数据质量、加强安全监管、保护数据权益与促进流通交易

《中华人民共和国数据安全法》聚焦数据交易活动核心主体，明确规定数据交易中介服务机构需承担的若干关键安全职责，包括但不限于审核交易双方的身份信息、要求数据提供方阐述数据来源、妥善保留相关的审核与交易记录，并对数据处理服务设定了市场准入许可。广东印发《广东省企业首席数据官建设指南》，首创数据经纪人制度，提出数据经纪人在数据流通交易过程中起到中介担保作用，加强数据安全交易风险控制。① 贵州发布了《数据商准入及运行管理指南》，界定了数据服务商的核心业务范围、明确了资质获取的具体要求、构建了全面的准入与退出管理机制，明确违反交易平台管理规定和协议并造成严重影响的情形需被强制退出，旨在对数据服务商的市场活动进行规范与引导。② 贵阳大数据交易所把握国家推动数据价值化新契机，发布了全国首套数据交易规则体系。③

其三，以构建安全可信数据流通设施为依托，促进数据要素有序流通与高效释放。各地区各行业积极探索构建数字空间、数字金库、数据交易平台等安全可信的数据流通基础设施，助力数据要素安全有序流通。例如，上海打造数据流通"安全屋"，通过数据所有权与使用权分离，实现数据"可用不可见"，全方位保证数据开放共享安全。④ 广东率先开创了数字空间，通过创新用数模式构建数据流通安全环境，支持企业合规、便捷、安全地获取、开发、利用数据。⑤

其四，以数据流通安全技术创新为支撑，探索数据要素价值安全释放的"技术解"。我国通过出台政策文件、开展试点示范等方式，积极引导隐

---

① 广东省工业和信息化厅关于印发《广东省企业首席数据官建设指南》的通知［EB/OL］．（2022-08-24）［2024-07-21］．https：//gdii.gd.gov.cn/gkmlpt/content/4/4001/post_4001126.html#2896．
② 贵阳大数据交易所．数据交易规则体系解读（一）［EB/OL］．（2022-09-27）［2024-07-21］．https：//www.gzdex.com.cn/open/news/detail?id=331．
③ 贵阳大数据交易所正式对外发布数据交易规则［EB/OL］．（2022-05-27）［2025-01-28］．http：//gz.people.com.cn/n2/2022/0527/c222152-35288980.html．
④ 国家发展和改革委员会．上海打造"安全屋"，为数据要素安全流通保驾护航［EB/OL］．（2020-08-12）［2024-07-21］．https：//www.ndrc.gov.cn/xwdt/ztzl/szhzxhbxd/zxal/202008/t20200812_1235866.html．
⑤ 广东进一步加快数据流通和交易［EB/OL］．（2022-09-23）［2024-07-21］．https：//www.gov.cn/xinwen/2022/09/23/content_5711256.htm．

私计算、区块链、零信任等数据流通安全技术的研发应用。《"十四五"大数据产业发展规划》明确提出需深化对隐私计算、数据脱敏技术及密码学等数据安全关键领域的研发与应用推广。[1] 在大数据产业发展、网络安全技术应用等试点示范项目中，也将促进数据有序流通安全解决方案作为重点遴选方向。从技术产业发展现状来看，隐私计算被视为当下数据要素价值安全释放的最佳技术解，已形成了多条技术路线：首先是基于密码学原理的隐私计算技术，典型代表为安全多方计算，确保了数据交互过程中的安全性；其次是融合了人工智能与隐私保护技术的创新路径，以联邦学习为代表，实现了数据利用与隐私保护的双赢；最后是依托可信硬件的隐私计算技术，如可信执行环境的应用，为数据处理提供了更为坚实的信任基础。

7.4.3 数据要素交易相关政策

数据要素交易已经成为培育构建数据要素市场的关键环节，是推动数字经济发展的重要部分，也是作为加速实现数据生产要素化转变、加快推动数据开发利用、构建基于数据的场景应用发展的"催化器""加速器""倍增器"，推动着数据要素市场规模化、体系化、规范化不断发展。[2]《数据要素交易指数研究报告（2023年）》指出，2022年我国数字经济规模已跃升至50.2万亿元的新高度，占国内生产总值（GDP）的比重为41.5%。随着互联网技术、大数据等前沿信息技术与实体经济的深度融合与渗透，社会的全要素生产率持续提升，数据要素作为新兴生产要素的地位日益凸显，数据交易的变现能力也日渐提高，预计在2025年数据交易市场规模将超过2200亿元。[3] 2020年以来我国多个重要区域包括北京、上海、广州、深圳，以及湖南、福建等省份相继设立数据交易场所，包含交易所、交易

---

[1] "十四五"大数据产业发展规划 [EB/OL]. [2024-07-21]. https://www.gov.cn/zhengce/zhengceku/2021-11/30/5655089/files/d1db3abb2dff4c859ee49850b63b07e2.pdf.
[2][3] 中国信通院. 数据要素交易指数研究报告（2023年）[EB/OL]. (2023-05-01) [2024-07-19]. http://www.caict.ac.cn/kxyj/qwfb/ztbg/202305/t20230530_425982.htm.

中心、交易平台等类型,国资控股、国资参股、民企控股等股权组织样式。新一轮的数据交易场所主要集中在京津冀、长三角、珠三角等经济发达地区,呈现数据交易与区域经济协同发展的趋势。

2019年开始,数据要素深化发展,与数据流通交易相关的国家政策逐步出台。2019年10月,党的十九届四中全会将数据纳入生产要素的范畴。① 2020年4月,中共中央、国务院发布《关于构建更加完善的要素市场化配置体制机制的意见》,强调加速数据要素市场的培育与发展进程。② 2021年底,国家《"十四五"数字经济发展规划》聚焦于充分挖掘数据要素效能、强化高质量数据要素供给效能、加快数据要素市场化流通进程、创新数据要素开发利用机制,明确到2025年初步建立数据要素市场体系。③ 2022年6月,《关于构建数据基础制度更好发挥数据要素作用的意见》提出要促进数据高效流通使用、赋能实体经济,强调数据产权的明确界定、交易流通机制的完善、收益分配的合理安排、安全治理体系的综合构建以及数据基础制度体系加快构建。④⑤

各省市在国家政策的指导下也出台了各具特色的数据要素政策,如《贵州省大数据发展应用促进条例》首次提出数据交易规则与交易登记等相关要求⑥,《浙江省数字经济促进条例》⑦《深圳经济特区数据条例》⑧ 等都

---

① 中共中央关于坚持和完善中国特色社会主义制度 推进国家治理体系和治理能力现代化若干重大问题的决定[EB/OL].(2019-11-05)[2024-07-22].http://www.xinhuanet.com/politics/2019-11/05/c_1125195786.htm.
② 中共中央 国务院关于构建更加完善的要素市场化配置体制机制的意见[EB/OL].(2020-04-09)[2024-07-22].https://www.gov.cn/zhengce/2020-04/09/content_5500622.htm.
③ 国务院关于印发"十四五"数字经济发展规划的通知[EB/OL].(2021-12-12)[2024-07-22].https://www.gov.cn/zhengce/content/2022-01/12/content_5667817.htm.
④ 中共中央 国务院关于构建数据基础制度更好发挥数据要素作用的意见[EB/OL].(2022-12-19)[2024-07-22].https://www.gov.cn/zhengce/2022/12/19/content_5732695.htm.
⑤ 网易.中国信通院联合发布《数据要素交易指数研究报告(2023年)》[EB/OL].(2023-06-01)[2025-2-4].https://www.163.com/dy/article/I6563AUT05346KF7.html.
⑥ 中央网络安全和信息化委员会办公室 中华人民共和国国家互联网信息办公室.贵州省大数据发展应用促进条例[EB/OL].(2016-01-05)[2025-01-28].https://www.cac.gov.cn/2016-01/15/c_1117793681.htm.
⑦ 浙江省经济和信息化厅.浙江省数字经济促进条例[EB/OL].(2020-12-24)[2024-07-22].https://jxt.zj.gov.cn/art/2020/12/24/art_1229123459_4349621.html.
⑧ 深圳新闻网.《深圳经济特区数据条例》全文公布[EB/OL].(2021-07-07)[2024-07-22].https://www.sznews.com/zhuanti/content/2021-07/07/content_24368291.htm.

对数据要素具体实施作了翔实部署。

7.4.4 数据交易组成机制

数据交易机制，即调整数据交易主体对交易客体的交易行为的制度规范，是构建数据交易市场的关键要素，包括定价机制、履约机制、责任承担机制。[①]

数据定价是展现数据要素价值的媒介，其水平影响数据销售与购买方的积极性与数据交易平台的活跃度。当前数据要素交易价格所采用的多种定价机制，例如成本定价、效用定价、质量定价法均存在一定的缺陷。为应对这些局限性，亟须从法律维度构建一套完善的行为准则，以整合并优化交易双方自主协商、第三方专业机构评估、行业自律机构指导以及政府监管部门宏观调控等多种定价机制，维护数据交易市场的公平。[②]

履约机制对确保数据交易合同的顺利履行至关重要，它能够有效应对数据要素商品与服务数字化、易复制性的特点。数据要素服务交易合同以特定的服务行为作为标的，数据提供方应当在合同规定的时间内，以约定的质量标准和服务方式，向数据需求方提供特定数据的汇集、查询、分析等数据服务。此外，根据合同的具体条款，数据提供方还可能承担转移数据财产权利的义务。数据需求方则应当履行向数据提供方支付价款的义务，最终实现商品交换和数据流通。[③]

在探讨数据要素交易的责任体系时，除了普遍适用的法律责任规则外，还需要关注其特有的责任承担机制。首先，数据供应方需承担数据商品或服务的质量保证义务，确保所交付的内容符合双方约定的特定质量标准。其次，鉴于数据的可复制特性，数据供应方若实施"一数多售"行为，即未经允许将同一数据商品多次售予不同买方，可能构成对独家销售承诺的

[①②③] 李晶晶. 我国数据要素交易制度的构建与完善[J]. 湖北社会科学, 2023（8）: 139-147.

违约,进而损害数据需求方在特定市场中的竞争优势,故需对此类行为承担违约责任。再次,数据供应方负有持续稳定交付数据的义务,若未能履行此义务,亦应承担相应的违约责任。最后,在数据要素交易过程中,若所交易的数据商品或服务侵犯了第三方的合法权益并造成损害,则可能触发侵权责任,具体涵盖侵害个人信息权益及第三方民事权益两种情形,需依法进行责任界定与追究。[①]

建立开放、公平、透明的数据交易机制对促进数据资源的共享和流动、激发创新活力、实现数据的多方共赢具有重要意义。可借鉴证券市场与知识产权市场的成熟运作经验,致力构建一个由数据商、专业交易所及第三方服务供应商紧密协作的数据流通生态系统,打造公平开放、安全可信、包容创新的数据要素市场环境。[②]

7.5 本章小结

数字化时代,数据已成为推动社会进步和经济发展的重要力量。为了确保数据要素能够充分发挥其价值,我们必须在提高数据质量、加强安全监管、保护数据权益以及促进流通交易这四个维度上持续努力,形成一套相互支撑、互为补充的保障体系。

首先,数据质量是数据交易的基础。正如古语所言,"工欲善其事,必先利其器",数据作为现代经济活动的"器",其质量的高低直接关系到交易的成败。高质量的数据意味着准确、完整、及时且可信赖,这样的数据能够更好地满足市场需求,促进交易双方的信任与合作。相反,低质量的数据不仅无法为交易提供有价值的参考,还可能误导决策,造成不必要的损失。因此,我们需要通过引入先进的技术手段,如数据清洗、去重、标

[①] 李晶晶. 我国数据要素交易制度的构建与完善[J]. 湖北社会科学, 2023(8): 139-147.
[②] 王建冬, 于施洋, 黄倩倩. 数据要素基础理论与制度体系总体设计探究[J]. 电子政务, 2022(2): 2-11.

准化等，不断提升数据质量，确保数据的准确性和可靠性。

其次，加强安全监管是维护数据流通秩序的关键。在数据流通的过程中，安全问题始终是悬在头上的达摩克利斯之剑。一旦数据泄露或被非法利用，不仅可能侵犯个人隐私和商业秘密，还可能引发社会恐慌和信任危机。因此，我们必须建立健全的数据安全监管体系，加强对数据收集、存储、处理、传输等各个环节的监管力度，确保数据在流通过程中的安全性。同时，我们还需要加强对数据使用者的教育和管理，增强他们的安全意识和责任意识，共同维护数据流通的良好秩序。

再次，保护数据权益则是维护数据要素市场健康发展的核心。在数据流通交易中，各参与主体都享有一定的权利并承担相应的责任。为了确保各主体之间的权利与义务的平衡，我们需要建立一套权、责、利对称的机制。这包括明确数据的所有权、使用权、收益权等权利归属问题，以及制定相应的法律法规和政策措施来保障这些权利的实现。同时，我们还需要加大对数据侵权行为的打击力度，维护数据市场的公平竞争环境。只有这样，才能激发数据市场的活力，促进数据的创新与应用。

最后，促进流通交易是保障数据要素价值释放的必经之路。高质量的数据在强有力的安全监管和数据权益保护下，只有经过流通交易才能发挥其价值潜力。为了促进数据的流通交易，我们需要建立健全的数据交易平台和市场机制，降低交易成本和提高交易效率。同时，我们还需要加强对数据交易的监管和引导，防止市场垄断和不正当竞争行为的发生。此外，我们还需要鼓励和支持数据交易的创新实践，探索出更多符合市场需求和实际情况的数据交易模式。

综上所述，提高数据质量、加强安全监管、保护数据权益和促进流通交易这四个维度相互关联、相互促进，共同构成了保障数据要素价值释放的完整体系。在这个体系中，每一个环节都至关重要且不可或缺。只有全面加强这四个方面的工作力度和效果评估机制建设，才能确保数据要素在安全、公平和高效的环境中释放出其巨大的价值潜力，进而推动新质生产力的发展和社会经济的繁荣进步。

第8章 数据资源化、资产化、资本化、数据普惠化与均等化

为进一步激发数据要素的乘数效应，本章明确提出了数据要素价值释放的五大路径，即数据资源化、数据资产化、数据资本化、数据普惠化、数据均等化。在数据要素价值释放的初步阶段，这一过程遵循着从资源化到资产化，再到资本化的递进关系，实现了两次显著的价值飞跃。其中，资源化奠定了坚实的基础，资本化则是对资源化的深度强化，而资产化则是价值实现过程中的一次质的飞跃。

当数据要素价值释放进入高级阶段时，我们应进一步贯彻"大数据源于民、用于民"的核心理念，致力于实现"数据普惠化"与"数据均等化"的高级目标，确保数据价值的广泛共享与均衡分配。[1]

8.1 数据资源化

数据资源化是数据要素价值化的基础环节，涉及数据的采集、汇聚、存储、加工和分析等一系列处理过程。相关研究从理论、实践案例、政策解读等角度对数据资源化进行了全面分析，为理解和推进数据资源化提供了重要参考。

---

[1] 奉国和，邱婧. 数据要素价值释放机制与框架研究[J]. 深圳社会科学，2025，8（1）：47-62.

8.1.1 数据资源化内涵

数据资源化指根据不同数据的利用方式,对数据进行探明和标识的过程,通过对原始数据进行采集、汇聚、存储、加工与分析等一系列处理,使其成为具备价值释放基础的高质量数据的过程。数据资源化相当于"石油开采",就像埋藏在地下的石油不经过开采就无法变成有价值的资源一样,在不经过任何处理情况下,现实中的数据常常是分散的、碎片化的,无法直接利用其价值予以体现。对这些"原料"状态的数据进行初步加工,最后形成可采、可见、互通、可信的高质量数据,就是数据资源化的过程。[1] 将其类比于土地,就是土地整理的过程;类比于劳动,就是提升人力资本的过程;类比于资本,就是改善企业资本结构的过程。[2] 从技术产业维度看,数据的资源化过程要经历数据采集、标注、集成、汇聚和标准化等过程。没有经过资源提升数据质量的过程,后续一切都无法实现。因此数据资源化是挖掘数据潜在价值之基石,实质在于提高数据质量,进而塑造数据的使用价值,是数据要素价值释放的潜在条件,也是实现数据资产化必要的前置工作。[3]

释放数据价值的首要阶段则为数据资源化。数据要素资源化是将原始数据转变为可分析和使用的资源的过程,涉及数据的收集、整理、评级和聚合等环节,旨在提升数据的可用性、可访问性和可理解性,这是数据要素市场化的基础。数据收集致力于依据特定需求系统性地搜集数据,确保所获信息的全面性与相关性;数据整理包括但不限于数据标注、清洗、隐私保护、去标识化、格式统一及质量监督,旨在提高数据的可用性和可靠性;数据评级指依靠数据的敏感度与重要性进行层次划分,为后续数据保

---

[1] 孙静,王建冬. 多级市场体系下形成数据要素资源化、资产化、资本化政策闭环的总体设想[J]. 电子政务,2024 (2):12-20.
[2] 何伟. 激发数据要素价值的机制、问题和对策[J]. 信息通信技术与政策,2020 (6):4-7.
[3] 未来已来!什么是数据资源化、产品化、价值化、资产化与资本化,你不可不知![EB/OL].(2025-03-23)[2025-07-05]. https://mp.weixin.qq.com/s/WWURgouIA7raDmeLLbJeQA.

第 8 章 | 数据资源化、资产化、资本化、数据普惠化与均等化

护与合规使用奠定基础；数据聚合涉及数据传输、存储及跨源集成，旨在构建全面且连贯的数据视图。

数据资源化的核心挑战与目标在于优化数据管理流程，以增强数据的精准度、一致性、及时响应能力和完整性，同时确保数据安全，促进数据在各应用场景中的高效利用。数据有效资源化后，才能被市场认可和使用。通过数据要素资源化，可以明确和度量数据的特性和价值，从而为数据在市场中交易和流通提供基础和保障。

8.1.2 数据资源化的现状与难点

数据资源是数字经济建设的关键要素，它涉及原始数据的获取、加工组织以及数据后期的管理和应用，是数据价值释放的前提与基础。[①] 以下就数据资源化的现状和难点分别进行阐述分析。

1. 数据资源化现状

根据第七届数字中国建设峰会上发布的《全国数据资源调查报告（2023 年）》可知，我国数据生产总量大，但有效供给不足。2023 年全国数据生产总量达到 32.85 泽字节（ZB），这相当于 1000 多万个中国国家图书馆的数字资源总量。[②] 与 2022 年相比，我国数据年产量增长 22.44%。其中 5G、AI、物联网技术的创新发展及智能设备的规模应用，推动数据生产规模快速增长。2023 年全国数据存储总量为 1.73 泽字节（ZB），新增数据存储量为 0.95 泽字节（ZB），生产总量中 2.9% 的数据被保护。存储数据中，一年未使用的数据占比约四成，数据加工能力不足导致大量数据价值被低估、难以挖掘复用。[③] 2024 年 12 月，国家数据局发布《关于促进企业

[①] 本报编辑部整理. 关于数据要素化的若干认识和思考 [N]. 中国信息化周报, 2022-10-31 (011).

[②] 全国数据资源调查报告（2023 年）[EB/OL].（2024-05-30）[2024-07-20]. https://new.qq.com/rain/a/20240530A0848M00.

[③] 樊三彩. 数据资源管理和利用整体处于起步阶段 [N]. 中国冶金报, 2024-06-18 (004).

数据资源开发利用的意见》，指出企业在生产经营过程中形成或合法获取、持有的数据，是企业发展的重要资源。加强企业数据资源开发利用，是推进全国一体化数据市场建设、实现数据资源配置效率最优化和效益最大化的重要举措，是更好发挥市场机制作用、创造更加公平更有活力市场环境的必然要求。① 2025 年 1 月，国家发展改革委与国家数据局发布《公共数据资源授权运营实施规范（试行）》（以下简称《实施规范》），标志着我国公共数据资源授权运营进入了一个规范化、制度化的新阶段。②《实施规范》明确了授权运营工作中"管理机构""实施机构""运营机构"等核心主体的概念和责任边界，明确授权数据的安全管理要求，以及授权侧、运营侧、管理侧各类主体的权利义务。此外，《实施规范》强化对关键环节的管理，明确授权条件、运营模式、退出机制等，推动有条件的地区或部门做到管运适度分离。2025 年 1 月 8 日，国家发展改革委和国家数据局联合印发《公共数据资源登记管理暂行办法》，旨在规范公共数据资源登记工作，构建全国一体化的公共数据资源登记体系，促进公共数据资源的合规高效开发利用。③ 2025 年 1 月 20 日，国家发展改革委和国家数据局印发《关于建立公共数据资源授权运营价格形成机制的通知》（以下简称《通知》）旨在通过实行政府指导价管理，保障运营机构的健康可持续发展，同时防止其形成垄断利润。④《通知》明确了定价范围、管理形式、定价程序、最高准许收入和上限收费标准、定期评估调整制度等方面的内容。这一系列政策的出台释放了国家对于构建繁荣、健康、规范的数据要素市场的重要信息。随着这些政策的深入实施和不断完善，我国数据要素市场将迎来更加广阔

---

① 国家数据局. 国家数据局等部门关于促进企业数据资源开发利用的意见［EB/OL］. (2024-12-20)［2025-02-06］. https：//www.gov.cn/zhengce/zhengceku/202412/content_6994570.htm.

② 国家发展改革委、国家数据局. 公共数据资源授权运营实施规范（试行）［EB/OL］. (2025-01-31)［2025-02-06］. https：//www.gov.cn/lianbo/bumen/202501/content_7001816.htm.

③ 国家发展改革委 国家数据局关于印发《公共数据资源登记管理暂行办法》的通知［EB/OL］. (2025-01-20)［2025-02-06］. https：//www.ndrc.gov.cn/xxgk/zcfb/ghxwj/202501/t20250116_1395725.html.

④ 国家发展改革委 国家数据局关于建立公共数据资源授权运营价格形成机制的通知［EB/OL］. (2025-01-16)［2025-02-06］. https：//www.gov.cn/zhengce/zhengceku/202501/content_7000190.htm.

2. 数据资源化难点

（1）数据治理与统一管理的挑战。当今数据驱动的商业环境中，政府和企业等社会主体面临的首要挑战是数据治理成熟度的差异。低效的数据治理往往导致数据质量低下，加之数据分散于异构系统、平台及网络空间，形成"数据孤岛"，未能实现数据统一管理。此现象不仅加大数据整合的难度，还显著增加管理和维护成本，对政府和企业等社会主体整体运营效率产生负面影响。

（2）专业知识与核算能力的局限。相关数据专业人员在处理数据要素和数据资源的业务时，往往受限于对传统数据标注的熟悉度，而对新兴的数据资源管理缺乏深刻理解。特别是在复杂领域的核算过程中，专业技能的不足使其难以有效识别和评估企业数据资源的价值。

（3）数据估值的精准性问题。由于数据治理与统一管理的挑战和专业知识与核算能力的局限两大因素，数据的准确估值成为一大难题。不完整或不精确的数据录入可能导致企业资产状况的失真，影响决策质量。即使数据得以录入，缺乏标准化的评估框架和量度标准也使得数据价值的衡量充满主观性，难以确保其客观性和公正性。因此，如何建立一套全面、科学的数据评估体系以确保数据的真实性和可靠性，成为政府和企业等社会主体亟待解决的关键议题。[①]

8.1.3 数据资源化的举措

数据资源化过程中，一方面，政府、企业及其他相关机构需对存量数据与增量数据实施全面审查盘点。该过程涵盖业务部门、系统和项目等多个层面，梳理并编制数据资源目录，明确数据的来源与流向，进而构筑成

---

① 刘煜坤. 数据资源入表难点探索与实施误区［EB/OL］.（2024-07-01）［2024-07-20］. https：//mp.weixin.qq.com/s/lL13qZqBMRj7cc7XaVGivw.

覆盖全域的数据资源图谱。通过详尽盘点数据资源，促进跨部门及跨层级之间的业务合作，提高数据资源利用效率。另一方面，建立数据字段标准、数据词典及数据质量规则等，旨在数据加工与治理领域形成统一共识。并遵循相关的法律法规及行业标准，对数据资源实施分类分级安全管理，以指导数据资产的注册和应用过程。

针对数据治理与统一管理的挑战、专业知识与核算能力的局限、数据估值的精准性问题，解决办法可以从标准化、专业化与智能化三方面入手。

1. 标准化

首先，在标准化进程中，细化准则至关重要，这不仅包括基础会计科目，还应深入至具体记录方法与计算步骤，旨在为企业会计人员提供准确无误的执行指南，严格参照行业标准。为确保专业水准，企业内部会计人员应接受持续培训，通过官方认证提升技能。其次，就会计人才培养而言，对现有会计员工，应设计并实施多元化培训方案，涵盖工作坊、在线课程等形式，以增强专业能力。最后，针对会计专业的新晋毕业生或者 CFA、CPA 等资格追求者，教育内容应与时俱进，强化数据处理技能，包括电子表格运用与数据分析，确保其具备市场所需的实战能力。

2. 专业化

在数据治理实践过程中，诸如资产评估、质量评定及价值衡量等环节，均需依托专业服务机构的深度参与，提供全方位的专业咨询与支持。特别是在企业自身能力受限或对特定流程认知不足的情境下，引入专业机构的服务变得尤为关键。此举不仅能引导企业高效地执行数据整合任务，还可凸显专业机构在辅导企业合规操作及优化业务流程方面的核心作用与专业优势。

3. 智能化

针对智能化，政府和企业等社会主体可参考企业资源规划（ERP）系统的运作模式，旨在实现数据录入流程的自动化转型。通过部署此类系统，

第 8 章 | 数据资源化、资产化、资本化、数据普惠化与均等化

从资源投入至成果产出的全周期均可实现系统化追踪与记录。智能化系统凭借其算法优势可自主判断数据属性，即判定其是否符合数据资源确认标准。此智能化自动记账机制有助于提升数据录入的精确度，大幅度降低人为错误的发生概率，并有效缓解财务人员的工作压力。

8.2　数据资产化

随着数字经济的快速发展，数据已成为企业核心资产之一。然而，传统财务报表未能充分体现数据资产的价值，导致企业价值被低估。[①] 数据资产化与数据资产入表是相辅相成的关系。数据资产化是数据资产入表的前提，通过数据资源化和产品化，将数据资源转化为具有经济价值的资产；数据资产入表则是数据资产化的最终体现，通过财务报表的确认和计量，提升数据资产的价值和市场竞争力。企业应结合自身实际情况，推动数据资产化和数据资产入表的实施，实现数据资源的价值最大化，推动数字经济高质量发展。

本节重点阐述数据资产入表相关实践、问题及解决办法。数据资产入表作为一项横跨多个学科与行业的前沿实践，要求各类专业服务提供者，包括数据科学专家、法律顾问、会计师及资产估价师共同协作完成。鉴于数据资产入表是会计领域的新兴概念，整个行业正处于探索初期，传统的会计准则、法律框架与资产评估理论在这一新型制度下显得捉襟见肘，为各参与方带来前所未有的机遇与挑战。[②] 就数据科技服务商而言，除原有的数据治理专长外，还必须掌握一套全面的数据质量评估机制，设计创新的数据经济模型，以及建立精细的数据分类与分级体系。数据资产评估公司不仅要精通传统的资产估价方法，还需深入理解数据架构、数据流动模式

[①] 陈建凤，李颖. 公共资源交易数据资产化模式与发展趋势研究 [J]. 中国招标，2024（10）：53-56.

[②] 王艳，杨达. 中国式管理会计体系变革：从数据要素到数据资产 [J]. 管理世界，2024，40（10）：171-189.

及数据的内在价值，以准确无偏地进行数据资产估值。法律咨询机构则需在传统合规知识的基础上，拓展至数据保护法规、数据权利界定、数据使用许可协议的制定，以及整体合规性审查，特别是设计数据跨境传输的法律规范。对于传统会计来说，需强化数据资产的财务记录与报告技能，熟练掌握数据资产资本化的会计标准与规范，确保数据资产的合理量化与确认，并有能力编制翔实、精确且具有洞察力的财务报表，反映数据资产的真实价值与企业经营状况。

数据资产入表进程对构筑以数据要素为核心资产的全周期服务体系产生深远影响。

第一，价值彰显与认知提升。数据资源作为新的资产形态，其内在价值得以明晰并量化。企业通过在财务报告中正式记录数据资产的价值不仅强化对数据资产的战略重视，还提升管理效能与透明程度。

第二，业务流程精进。数据资产的系统化整理与融合使企业能更精确地洞察客户诉求、风险倾向及市场趋势，进而精炼产品创新、风险管理与市场拓展策略，实现业务链条的优化升级。

第三，市场活力激发。数据资产入表推动企业内部数据的流通与共享，激活数据的潜在价值，降低数据闲置现象，为深度数据开发与利用提供强劲动力。

第四，数据服务业生态繁荣。建立健全的数据资产入账机制，催化数据采集、预处理、标签化、评估与估值等一系列数据服务行业的蓬勃发展，为数字经济注入新活力，构建起更为完善的数据经济生态系统。

第五，经营绩效与组织变革。数据资产入表对企业的运营模式与组织架构产生深刻影响，包括资产规模扩张、盈利能力增强、财务健康度改善，以及企业价值评估体系的重构，真实反映数据资产对整体绩效的贡献。

第六，数据维度拓宽与价值挖掘。数据资产入表要求企业全面盘点各类数据资源，促使结构化数据之外的非结构化与半结构化数据成为关注焦点，丰富数据类型并拓宽数据应用边界，可挖掘出更多数据价值。

8.2.1 数据资产化的内涵

从经济学的角度来看,数据资产化是指通过有效利用数据,将其转化为具有可量化经济价值的资产的过程。这一过程涵盖两个主要阶段:数据资源化(涉及数据的采集、整理、聚合和分析)和数据资产化(通过数据挖掘和提炼,使其具备商业价值)。①②③ 而从会计学的视角出发,数据资产化则更侧重于数据密集型企业的资产评估和定价问题,即如何将数据资源转化为可计量、可纳入财务报表的资产。④⑤ 数据资产化,相当于"石油炼化",原油从地下开采出来以后,经过一个庞大的炼化工艺体系,转化为适用不同用途的燃料和化工原料,原油的价值才能得到最大限度发挥。数据同样如此,数据中蕴含了经济社会运行从宏观到微观方面的规律和机理,潜在价值无比巨大,但数据本身并不能直接产生价值,只有把数据与具体的业务场景融合,才能在引导企业效率提升中实现其潜在价值,这个过程就是数据资产化。⑥ 作为"原油"的数据资源通过确权、估值、入表、交易等手段变成可为数据持有者带来收益的数据资产,赋予数据持有者保值、增值和资金融通等多重利益。数据资产化的本质是数据驱动业务变革,实现数据价值的过程,更多体现为一个产业经济过程。类比于劳动,就是把劳动力组织起来,与生产工具、生产资料相结合的过程;类比于资本,就是把资本引入产业,转换为能够带来价值增值的机器、设备、厂房、技术

---

① 陈刚,颜斌斌,汤珂. 数据的要素化与资产化:理论辨析与实践探索 [J]. 国际经济评论,2024 (5):153-176, 8.
② 朱秀梅,林晓玥,王天东,等. 数据价值化:研究评述与展望 [J]. 外国经济与管理,2023, 45 (12):3-17.
③ 马涛,刘秉镰. 跨境数据流动、数据要素价值化与全球数字贸易治理 [J]. 国际经济评论,2024 (2):151-176, 8.
④ 吴德林,邬瑜骏,李晶晶,等. 数据资产会计准则问题前瞻性研究:基于数字经济下数据价值创造特征视角 [J]. 当代会计评论,2023, 16 (2):14-34.
⑤ 汪慧敏,马雪晴,何恬,等. 非对称信息下数据资产估值和定价策略研究 [J]. 财务管理研究,2024 (6):32-41.
⑥ 孙静,王建冬. 多级市场体系下形成数据要素资源化、资产化、资本化政策闭环的总体设想 [J]. 电子政务,2024 (2):12-20.

等过程。数据资产的核心特征包括未来收益潜力、所有者对其的控制权以及市场交易决定的数据资产价值。[①] 数据资产化的关键前提是数据资源具备流通能力和交易属性。这要求数据资源从供应端流通到能够最大化其价值潜能的需求端,才能有效释放数据资源的经济价值。

8.2.2 数据资产化的现状与难点

1. 数据资产入表现状

2023年10月,温州实现数据资产"入表"第一单,其"信贷数据宝"完成了数据资产确认登记。[②] 2024年2月,广东诞生首单数据资产入表融资成功范例,南财金融终端"资讯通"数据资产完成入表并获得银行授信。[③] 2024年1月1日起施行的《企业数据资源相关会计处理暂行规定》标志着数据资产正式成为企业财务报表的一部分,这是数字中国建设的重要进展,并为数据要素市场的发展提供制度基础。[④] 数据资产列入财务报表,对于企业而言,不仅是识别和量化其数据价值的机会,同时也带来对数据资产评估、管理和保护的新挑战。数据资产入表是挖掘数据价值的关键环节,也是释放数据要素价值的重要途径。[⑤] 2024年4月底,随着企业开始实施这一新规定,A股上市公司一季报披露完毕,数据资产入表进程随之启动。预计将涌现出价值数以万亿计的数据资产,这可能会促进数据驱动型商业模式的创新,并要求企业确保数据的质量与安全。2024年12月财政部发布《数据资产全过程管理试点方案》,围绕数据资产台账编制、登记、授权运营、

---

① 何伟. 激发数据要素价值的机制、问题和对策[J]. 信息通信技术与政策, 2020 (6):4-7.
② 从资源到资产 浙江诞生数据资产确认登记"第一单"[EB/OL]. (2023-10-11) [2025-02-05]. http://www.zj.xinhuanet.com/20231011/a0ddbeeb228f4d86a3099df5e920a5b3/c.html.
③ "资讯通"数据资产实现入表融资,助力大湾区理财和资管资讯中心建设[EB/OL]. (2024-04-16) [2025-02-05]. https://www.gz.gov.cn/zt/zzyyzq/bmdt/content/post_9600377.html.
④ 关于印发《企业数据资源相关会计处理暂行规定》的通知[EB/OL]. (2023-08-01) [2024-09-20]. https://kjs.mof.gov.cn/zhengcefabu/202308/t20230821_3903354.htm.
⑤ 许添. 企业数据资产的价值评估方法及其应用研究[J]. 电子商务评论, 2025, 14 (2):959-963.

收益分配、交易流通等重点环节，试点探索有效的数据资产管理模式，完善数据资产管理制度标准体系和运行机制。

随着政策的推进，学术界对数据资产入表开展了积极探讨，黄世忠等从商业模式的角度探讨了数据资产的确认、计量和报告问题，指出数据资产的会计处理需要结合企业的具体业务模式；① 罗玫等研究企业数据资产化的会计确认与价值评估问题，提出了数据资产化过程中需要解决的关键问题和方法；② 张俊瑞等对数据资产会计的现状进行了综述，分析了数据资产化过程中面临的挑战和未来发展方向；③ 尹传儒等对数据资产价值评估与定价的研究进行了综述，探讨了如何通过科学的评估方法实现数据资产的价值；④ 赵治纲从理论与实务的角度探讨了数据资产入表的路径和方法，强调了数据资产入表对于企业价值提升和可持续发展的重要性；⑤ 奉国和和邱婧提出了一个多层次的数据要素价值释放框架，强调通过完善数据要素市场和提升数据质量来实现数据资源的可持续价值；⑥ 杨嘉歆等对数据资产会计处理中的关键问题进行了综述，包括数据资产的概念界定、确认标准、权属认定及价值评估等方面。⑦ 当前，数据资产入表在政策支持下已逐步展开，业界与学界对此也进行了探讨，但仍面临诸多挑战，需要逐步完善。

2. 数据资产入表难点

企业数字化转型及数据价值释放的关键环节在于数据资产的会计入账，然而在实践中，该过程遭遇了多重挑战。

第一，数据资产的权益归属问题尤为突出。数据资产权益归属问题是

---

① 黄世忠，叶丰滢，陈朝琳. 数据资产的确认、计量和报告——基于商业模式视角[J]. 财会月刊，2023，44（8）：3-7.
② 罗玫，李金璞，汤珂. 企业数据资产化：会计确认与价值评估[J]. 清华大学学报（哲学社会科学版），2023，38（5）：195-209，226.
③ 张俊瑞，危雁麟. 数据资产会计：现状、规制与展望[J]. 财会月刊，2023，44（12）：3-11.
④ 尹传儒，金涛，张鹏，等. 数据资产价值评估与定价：研究综述和展望[J]. 大数据，2021，7（4）：14-27.
⑤ 赵治纲. 数据资产入表：理论与实务[M]. 北京：中国财政经济出版社，2024.
⑥ 奉国和，邱婧. 数据要素价值释放机制与框架[J]. 深圳社会科学，2025，8（1）：47-62.
⑦ 杨嘉歆，杨梓秋. 数据资产会计处理的问题研究：文献综述[J]. 财务管理研究，2024（8）：11-17.

数据资产化过程中的一大难点，涉及法律、经济、技术和会计等多个领域。现有研究从理论基础、法律标准和司法实践等角度对数据资产权益归属进行了探讨，提出了多种解决方案，具体参见赵星和李向前[1]、王勤等[2]、杜美杰和董雅[3]以及刘琳珂[4]等学者研究成果。然而，由于数据的特殊性，数据资产权益归属问题仍需在政策完善、技术赋能和实践探索中不断推进。由于数据资产的所有权、加工权、使用权等权益可能归属于不同的主体，导致权属界定的模糊性。[5] 数据的易复制性和易传播性进一步复杂化了确权问题，这涉及如何在不同主体之间合理分配权益的问题。

第二，数据资产的价值评估同样面临挑战。主要包括数据的非结构化和不完整性、价值的动态性和不确定性、评估方法的多样性和主观性等，这使得传统的成本计量模式难以准确反映其真实价值。目前，数据资产的价值评估缺乏统一的标准和方法，导致评估工作主观且不一致。现有文献从理论、实践和政策等多个角度对这些挑战进行了探讨，并提出了相应的解决方案，具体参见隋敏等[6]、艾等（Ai et al.）[7]、尹传儒等[8]、宋书勇等[9]、金帆等[10]和刘文文等[11]学者研究成果。

第三，数据资产的会计计量问题亦是挑战之一。现有研究从理论基础、

---

[1] 赵星，李向前. 数据资产"入表"的准则考量与推进思路 [J]. 财会月刊，2024，45 (3)：55-60.

[2] 王勤，黄友治，王猷文. 企业数据资产化视角下数据确权登记的地方政策研究 [J]. 信息资源管理学报，2024，14 (6)：85-98.

[3] 杜美杰，董雅. 我国企业数据资产权益保护路径探析 [J]. 财会月刊，2024，45 (23)：123-128.

[4] 刘琳珂. 数据财产权的归属认定研究 [D]. 开封：河南大学，2023.

[5] 忠慧数字经济团队. 数据资产化发展面临的几方面问题 [EB/OL]. (2024-09-26) [2025-07-05]. https://mp.weixin.qq.com/s/yy8cN-N7EF0EByblnWDRbA.

[6] 隋敏，姜皓然，毛思源. 数据资产价值评估：理论、实践与挑战 [J]. 会计之友，2024 (11)：141-147.

[7] Ai B, Li Y, Ma W, et al. Assessing the Value of Data Assets: An Exploratory Study of Valuation Methods [C] //2023 IEEE 22nd International Conference on Trust, Security and Privacy in Computing and Communications (TrustCom), 2025.

[8] 尹传儒，金涛，张鹏，等. 数据资产价值评估与定价：研究综述和展望 [J]. 大数据，2021，7 (4)：14-27.

[9] 宋书勇. 企业数据资产会计确认与计量问题研究 [J]. 会计之友，2024 (2)：95-101.

[10] 金帆，裴志锋，杜慧娴. 数据资产融入会计学科体系研究 [J]. 财务管理研究，2024 (6)：17-24.

[11] 刘文文，胡珂嘉，沈家豪. 我国数据资产入表发展现状研究 [J]. 债券，2024 (12)：40-44.

计量方法、实践案例等角度对数据资产的会计计量问题进行了探讨，提出了多种解决方案和建议。①②在计量数据资产时，需综合考虑其可能带来的经济利益、成本归集以及摊销年限等因素。然而，目前尚缺乏明确的计量规则来指导这一过程，导致企业在实际操作中面临诸多不确定性。

第四，数据资产会计入账的规模化实施亦是挑战之一。现有研究从理论、实践案例、政策建议等角度对这些问题进行了探讨，并提出了相应的解决方案。③④⑤同时，许多大型企业对于将数据资产纳入财务报表持有谨慎态度，入账意愿普遍不高。此外，当前入账的操作流程复杂，且成本较高，这进一步阻碍了数据资产会计入账的规模化实施。

第五，数据安全与合规管理亦是挑战之一。数据资产入表过程中，数据安全与合规管理是关键环节。现有研究从法律合规、政策指导、实践操作等角度对数据资产入表的数据安全与合规管理问题进行了深入探讨，提出了全流程合规审查、健全数据分类和评估制度、加强数据安全隐私管理⑥⑦⑧及建立全流程的风险监管机制⑨。这不仅增加了企业的运营成本，也对企业的数据管理能力提出了更高的要求。

8.2.3 数据资产化的举措

针对数据资产入账过程中的关键难题，必须在以下若干领域进行重点突破。

---

① 宋书勇. 企业数据资产会计确认与计量问题研究[J]. 会计之友，2024（2）：95-101.
②④ 金帆，裴志锋，杜慧娴. 数据资产融入会计学科体系研究[J]. 财务管理研究，2024（6）：17-24.
③ 刘文文，胡珂嘉，沈家豪. 我国数据资产入表发展现状研究[J]. 债券，2024（12）：40-44.
⑤ 杨嘉歆，杨梓秋. 数据资产会计处理的问题研究：文献综述[J]. 财务管理研究，2024（8）：11-17.
⑥ 何敏，汤珂. 企业数据资产入表的合规问题研究[J]. 金融会计，2024（4）：6-15.
⑦ 乔鹏程，杜庆璋. 数据资产入表的合规性风险挑战与应对研究[J]. 财务管理研究，2024（6）：25-31.
⑧ 关于印发《关于加强数据资产管理的指导意见》的通知[EB/OL]. (2023-12-31)[2024-07-20]. https://www.gov.cn/zhengce/zhengceku/202401/content_6925470.htm.
⑨ 彭朝明. 数据要素化的内在机制及发展路径[J]. 行政管理改革，2024（12）：49-58.

第一，需明确数据资产的权属界定规则，特别是数据的采集、加工、存储和使用等环节的权属关系。这一步骤至关重要，因为它直接关系到数据资产的归属问题。为实现这一点，可借鉴知识产权登记制度，建立数据产权登记和交易平台，为企业提供确权依据。企业便可在法律框架内明确自己的数据资产权属，从而更好地管理和利用这些资产。

第二，结合成本法、收益法和市场法等多种评估方法，综合考虑数据资产的投入成本、预期收益和市场价值。[①] 这一步骤旨在更准确地评估数据资产的价值。借鉴国际会计准则，允许企业在特定条件下采用公允价值对数据资产进行后续计量，动态反映其价值变动。此做法可确保数据资产的价值得到及时和准确地更新，从而为企业决策提供有力支持。

第三，针对数据资产的特殊性，需细化现有会计准则，明确数据资产的计量方法和摊销政策。这是因为数据资产与传统的固定资产或无形资产有着本质的不同，不能简单套用现有的会计处理方法。[②] 优化企业内部组织架构，明确数据资产相关成本的归集范围和方法，避免成本归集困难。这将有助于企业更有效地管理和利用数据资产，提高企业的运营效率。

第四，通过税收优惠、财政补贴等政策手段，鼓励企业积极开展数据资产会计入账。这一步骤旨在降低企业入账的难度和成本，从而激励企业更好地管理和利用数据资产。提供标准化的数据资产会计入账操作指南，降低企业入账的难度和成本。这将有助于企业更规范地处理数据资产，提高企业的财务透明度和管理效率。

第五，采用先进的数据加密、访问控制和数据备份技术，确保数据资产的安全。[③] 这一步至关重要，因为数据资产的安全直接关系到企业的核心竞争力。建立健全数据合规管理制度，定期开展数据安全审计和合规自查。这将有助于企业及时发现和解决数据安全问题，确保企业的数据资产得到妥善保护。

[①] 杨凯. 企业数据资产价值评估方法研究 [J]. 中国管理信息化, 2022, 25 (23)：88-91.
[②] 高华, 姜超凡. 应用场景视角下的数据资产价值评估 [J]. 财会月刊, 2022 (17)：99-104.
[③] 戴宗文. 大数据时代管理会计面临的挑战与应对措施 [J]. 经济研究导刊, 2024 (14)：76-79.

数据资产会计入账是数字经济时代企业价值提升的重要途径，但需要在政策、技术、管理和行业合作等多方面协同发力，以克服当前面临的难点和挑战。

8.3 数据资本化

数据资本化是将数据资源转化为具有金融属性的资本的过程，具有重要的经济意义。它不仅能够提升企业的价值和融资能力，还能促进数据资源的高效利用，推动数字经济的发展。

8.3.1 数据资本化的内涵

数据资本化指将数据资产转化为市场化的数据资本，赋予数据资产更多的金融属性，并在多个生产和应用场景中持续释放价值，实现价值增长的动态过程。[1] 数据资本化，相当于"油企投融资"。[2] 现代社会中，石油企业通过资产资本化、资本证券化，快速扩张产业规模，是实现财富放大效应的不二选择[3]，对数据企业而言同样如此。著名学者维克托·迈尔-舍恩伯格和托马斯·拉姆什在《数据资本时代》一书中甚至预言，未来金融资本主义将被数据资本主义所取代，指出："资本的好日子很可能一去不复返：随着货币市场向海量数据市场转换，人们不再需要用资本来发出信号。经济会繁荣发展，但金融资本不再会繁荣——从货币市场向海量数据的转

---

[1] 欧阳日辉. 我国多层次数据要素交易市场体系建设机制与路径[J]. 江西社会科学，2022，42（3）：64-75，206-207.
[2] 孙静，王建冬. 多级市场体系下形成数据要素资源化、资产化、资本化政策闭环的总体设想[J]. 电子政务，2024（2）：12-20.
[3] 王建冬. 全国统一数据大市场下创新数据价格形成机制的政策思考[J]. 价格理论与实践，2023（3）：15-19.

变就集中体现在这一点上。"[1] 数据资本化是数据要素化的高级阶段，它通过将数据资产转化为资本，进一步拓展数据的价值空间。[2] 数据资本化包括两层含义：一是"数据股权化"，未来可以参考技术入股等要素收入分配模式，探索建立"数据入股"机制，即允许数据需求方以股权置换数据持有方的特定数据权益，实现双方长期共同发展。[3] 二是"数据证券化"，通过探索将企业数据资产纳入企业资产负债表，进而以数据资产预期产生的未来现金流作为偿还基础，发行证券化产品，能够最大限度地激发数据拥有方参与数据流通交易的积极性。[4] 数据资本化是数据要素化的进阶阶段，其核心在于将数据资产转化为活跃的资本形式，以此扩大数据的潜能和价值。在资本化道路上，企业可借助股权和债权融资等手段，引入更多资金流向数据领域，为数据产业的蓬勃发展注入动力。为顺利实现数据资本化，企业必须具备卓越的数据创新实力和市场竞争能力。这要求企业持续发掘新的数据运用场景和商业策略，以增强数据资产的价值和市场影响力。同时，企业也需深化与其他行业的联合与合作，携手推进数字经济的兴盛与发展。

数据资本化的核心价值主要体现在两个关键维度：第一个维度是丰富企业融资生态。数据资本化为企业的财务策略开辟全新维度，通过诸如数据资产质押融资、非抵押数据资产信用增强以及数据资产的证券化等创新型金融工具，构建一个与传统资本市场相辅相成的新型数据金融服务体系。该创新不仅可扩大企业的融资范围，而且为企业提供多样化资金管理和投资组合优化方案，赋能企业多元化发展。第二个维度是催化数据资产持续增值与动态优化。数据资产的金融化推动数据资源的流动性与交易的高效性。这种高效流转机制不仅加速数据资产的市场循环，而且通过展现数据资本化的经济效益，激发企业对数据资产深度开发和价值挖掘的内生动力。

---

[1] [奥] 维克托·迈尔-舍恩伯格，[德] 托马斯·拉姆什. 数据资本时代 [M]. 李晓霞，周涛，译. 北京：中信出版社，2018：141-142.
[2] 汤珂. 数据资产化 [M]. 北京：人民出版社，2023.
[3] 侯燕磊，魏巍. 从西方经济学看我国数据要素参与分配的机制与路径 [J]. 中国物价，2023（1）：98-100，106.
[4] 中国证券投资基金业协会. 数据资产证券化可行性研究 [EB/OL]. （2025-06-10）[2025-07-05]. https://www.amac.org.cn/hyyj/sy/202506/P020250611388110186728.pdf.

企业因此更倾向于持续投资数据收集、分析与应用，以及在数据价值链中占据有利位置，实现数据资产的长期增值。

8.3.2 数据资本化的现状与难点

1. 数据资本化现状

任何要素或者产品，离开了"资本化"的循环过程，都是无法增值的"死资产"；换言之，只有让它们运动起来，即经过"资本化"的过程之后，才能成为可以增值的"活资本"。① 在推进数字中国建设过程中，我国已构建一套由顶层规划、基础制度及多项配套政策组成的综合政策体系，旨在全方位激发数据资产的商业潜力与价值分配机制，推动数据资产的计价研究，建立健全数据要素根据其价值贡献参与分配的体系已成为数字中国建设的关键环节。② 在基础制度层面，"数据二十条"强调对实体经济尤其是中小微企业数字化转型的支持，通过信用融资方式促进数据资产资本化。同时一系列配套政策由国家数据局、工信部、财政部、国家统计局、国家知识产权局及中国气象局等多部门联合推出，共同构成政策协同网络，旨在加速数据资产的融资实践，众多企业已凭借其数据资产登记凭证成功融资，有效缓解资金瓶颈。③ 2023年12月31日，财政部发布的《关于加强数据资产管理的指导意见》指出，鼓励在金融、能源、交通、工业等行业探索多元化的数据资产开发利用模式。另外，该意见亦指出统筹运用财政、土地、金融、科技等多方面政策工具，加大对数据资产开发、管理及其基础设施建设的支持，同时鼓励产学研合作，引导金融资本和社会投资流向数据资产领域。④

---

① 寇宗来. 关于数字经济创新发展的基本逻辑思考——从数据资产到数据资本的演进[J]. 新金融, 2024 (6)：11-14.
②③ 孙静, 王建冬. 多级市场体系下形成数据要素资源化、资产化、资本化政策闭环的总体设想[J]. 电子政务, 2024 (2)：12-20.
④ 何奎. 用好管好数据资产金融业开拓新"蓝海"[N]. 上海证券报, 2024-03-28 (004).

数据要素资本化的金融探索正在逐步推进，涉及数据资产化、数据资产证券化、数据资产质押融资等多种金融创新手段。当前，数据资本化在理论研究、实践探索和政策支持方面都取得了显著进展，但仍面临诸多挑战，需要开展积极有效探索，寻找解决问题的办法，具体可参见顾梦佳[①]、陈积银等[②]、谢迪扬[③]、杜庆昊[④]、张楠[⑤]和李宗辉[⑥]等学者的研究。

2. 数据资本化难点

当前数据要素资本化的相关金融探索还存在着一些问题与挑战。

（1）从数据供给侧看，数据的高价值供给依旧是难点[⑦]，呈现产业链数据采集困境、数据共享流通瓶颈等问题。在未能有效采集产业链条数据上，一方面是由于数字化设备的兼容性不足构成首要障碍，不同制造商和设备类型之间的通信接口与功能参数差异显著，加剧数据统一采集难度。另一方面是协议标准的多样性与私有化进一步阻碍数据的互联互通，使数据采集成本高昂并让资源有限的中小企业望而却步。在数据共享流通不足上，主要是数据确权与收益分配机制缺失成为数据共享流通的关键制约因素。在涉及多主题的数据处理场景中，数据的频繁流转模糊所有权边界，增加收益分配的复杂性，进而抑制数据流通与价值释放。

（2）从金融创新侧看，存在数据价值评估复杂以及数据资产相关机制不健全等难点。[⑧] 在数据价值评估难度上，科创数据的评估难度尤为突出，

---

① 顾梦佳. 理解数据资本的四重逻辑［J］. 中国社会科学院大学学报，2024，44（7）：103-120，155.
② 陈积银，孙月琴. 数据资本化与资本数据化：数据资本主义的批判与应对［J］. 探索与争鸣，2023（11）：75-86，193.
③ 谢迪扬. 数据资产证券化的法律风险辨识与中国启示——以美国数据资产证券化实践为鉴［J］. 上海金融，2023（3）：57-67.
④ 杜庆昊. 数据要素资本化的实现路径［J］. 中国金融，2020（22）：34-36.
⑤ 张楠，马治国. 数据资产证券化探索的法律困境与解决路径［J］. 重庆大学学报（社会科学版），2024，30（2）：211-222.
⑥ 李宗辉. 论数据交易流通的规则构建［J］. 青海社会科学，2023（3）：148-158.
⑦ 杨艳，林凌. 数据要素高质量供给：内涵解析、困境挑战与规制设计［J］. 电子政务，2024（11）：15-26.
⑧ 尹传儒，金涛，张鹏，等. 数据资产价值评估与定价：研究综述和展望［J］. 大数据，2021，7（4）：14-27.

源于其高度专业化和信息不对称性。金融机构在评估科技创新项目时，往往需要组建高学历、专业背景多元的团队以克服项目理解与价值评估的挑战，这不仅增加人力成本，也限制投资决策的效率。在数据资产相关机制不健全上，主要体现为数据资产的特殊性质要求政策制定者重新审视现有资产管理框架。由于数据资产的无形性与复制性，传统金融体系对其认知与接纳程度有限，急需政策层面的创新与完善以确立数据资产的法律地位与管理规则。

（3）数据资产资本化与费用化的区分标准统一难。[1][2] 在数据资产资本化过程中，如何准确地区分资本化与费用化，尤其是在数据资源初步加工与整合阶段，构成一个尚未解决的问题。尽管监管机构已明确支持数据资产的入账，但在实际操作中，企业仍需遵循严格的会计准则将研究阶段的成本费用化，而开发阶段的支出则依据详尽的标准资本化。然而，数据资源转化为可利用资产的具体步骤是否符合资本化条件以及其后续的收入确认与成本摊销，尚缺乏统一而清晰的指导原则，这对企业的会计处理提出更高要求。[3]

8.3.3 数据资本化的举措

数据资产通过市场交易转化为可流动的资本，在数字技术的辅助下，通过优化和提高生产效率创造和增加经济价值。从数据资产化到数据资本化意味着数据价值增值能力的提高，通过数据作价入股、数据资产的质押融资、数据资产证券化、数据信托、数据保险、数据资产信贷等方式，将数据要素盘活，使数据要素成为能保值增值的数据资产，进一步成为数据资本，然后通过资本运作释放数据资本的价值。数据资本化凸显数据要素

---

[1] 尹传儒，金涛，张鹏，等. 数据资产价值评估与定价：研究综述和展望 [J]. 大数据，2021，7（4）：14-27.
[2] 吕慧，赵冠月. 数据资产的价值评估与会计处理研究进展综述 [J]. 财会通讯，2023（13）：24-30.
[3] 王馥芸，吉建明. 基于数据要素资本化的金融创新探索 [EB/OL]. (2024-03-28) [2024-07-20]. https：//mp.weixin.qq.com/s/b4Y1Tusl2oaur-e-Yw81xA.

的增值性，象征着数据要素的价值及其潜在的增值空间。然而数据资本化也伴随着控制的风险和挑战。财政部发布的《关于加强数据资产管理的指导意见》中明确指出要合理评估公共数据资产价值，避免虚增，防范风险。[①] 金融规则和资本逻辑调控数据资本市场的发展，银行应审慎处理数据资产金融创新业务，考虑数据资产的质量、价值评估和应用场景等因素。

关于数据资本化，当前已出台《信息安全技术 数据交易服务安全要求》[②]《关于加强数据资产管理的指导意见》《企业数据资源相关会计处理暂行规定》和《数据资产管理实践白皮书（6.0）版本》[③] 等国家标准、指导意见和白皮书文件。依据这些文件，数据资本化的金融创新服务包括（但不限于）以下方式。[④⑤]

（1）数据资产增信融资。其指利用数据资产的价值和管理成熟度来优化企业的信贷形象，进而扩大其信贷额度。在传统银行的信贷框架内，企业可通过展现其数据资产的经济价值及高效的数据产品运营能力，有效增强自身的信贷资质，实现资金融资成本下降，为再生产活动注入动力。

（2）数据资产质押融资。其指企业可将经过合法确认的数据资产进行估值，作为抵押物或担保品，以获得金融机构的融资支持。在现有质押体系下，企业依据数据产品交易合同下的应收账款或直接以数据资产本身作为信贷保证，促使数据要素转化为实质性的资产形态，开辟一条不完全依赖于企业主体信用的融资渠道。

（3）数据信托[⑥]。其指企业作为发起人可将有价值的数据资产置于信托

---

① 财政部印发指导意见加强数据资产管理［EB/OL］.（2024-01-11）［2024-07-19］. https：//www.gov.cn/lianbo/bumen/202401/content_6925450.htm.
② 国家市场监督管理总局中国国家标准化管理委员会. 信息安全技术 数据交易服务安全要求［EB/OL］.（2019-08-30）［2024-07-20］. https：//pro5323b5d3-pic11.ysjianzhan.cn/upload/142_GB-T37932-2019XXAQJSSJJYFWAQYQ.pdf.
③ 大数据技术标准推进委员会. 数据资产管理实践白皮书（6.0版）［EB/OL］.（2023-01）［2024-07-20］. http：//221.179.172.81/images/20230104/12651672818383015.pdf.
④ 张福. 数据资产入表与资本化［M］. 北京：知识产权出版社，2024.
⑤ 李红光，王磊，李颖. 数据资产化视角下企业增信机制研究——基于深圳的实践探索［J］. 价格理论与实践，2023（4）：33-37.
⑥ 姜宇. 数据要素市场化的一种方案：基于数据信托的数据交易所机制重构［J］. 电子政务，2023（7）：12-26.

架构之下，由专业机构担任受托人，负责数据资产的管理和运营，以创造经济效益。通过转让数据资产的信托收益权，负责数据资产的管理与运营，以创造经济效益。通过转让数据资产的信托收益权，企业能够即时获得现金流，同时向市场投资者分配信托利润，实现数据资产的资本增值。

（4）数据资产入股。其指符合条件的数据资产，在通过合规审计、确权登记、价值评估等程序后，可按其公允价格转换为企业股份的一部分。适用于股权置换的数据资产具备可计量价值，能够依法流通交易与转让，同时排除法律禁售数据和特定资产（如商誉、特许权等）类别。

（5）数据资产保险。其指在数字经济发展趋势下，数据资产保险作为一种创新金融工具，利用前沿科技如区块链、量子加密等，针对数据资产的流通与使用场景设计专属的风险保障产品。该类保险的核心挑战在于风险量化的准确性，包括通过区块链技术全程跟踪数据流转，以便在安全事件发生时准确定位责任点，同时考虑数据重要性和企业风险承受能力以确定合理的保费与赔偿标准。

（6）数据资产证券化。其指金融机构通过将预期能产生持续现金流的数据资产打包整合，并按照既定程序与标准转换为资本市场上可交易的固定收益证券，即数据资产证券化。此过程与传统实物资产证券化类似，核心在于将数据资产的潜在收益提前变现，满足持有者融资需求的同时，亦促进资产市场的多元化发展。

针对数据供给侧方面的数据的高价值供给难、金融创新方面的数据价值评估复制及数据资产相关机制不健全、数据资产资本化与费用化的区分标准不统一三大难点，提出以下解决路径。

（1）合规铸基。数据资产的安全转化之旅。数据资本化始于数据向资产形态的转变，该阶段要求对数据资产进行严格的合规性检查、确权及安全管理，确保所有操作均符合法律和行业标准。因此，首要任务是通过一系列安全合规的程序，如数据治理、隐私保护等来实现数据资本化的稳健起步。

（2）场景适配。数据资产的精准调优之道。根据数据的实际应用场景，对数据资产进行适当调整和优化，以契合各方参与者的实际需求。例如，在数据资产融资领域,市场主体应遵循合规指导,执行确权、审计、质量评估、资产注册等步骤,旨在达成数据资产的抵押融资目标。而在数据资产证券化的实践中,依据数据资产预期产生的现金流并通过结构性设计提升信用等级,发行可流通的权益凭证以获取融资。

(3) 风险驾驭。数据资产的稳健护航之策。鉴于金融市场固有的波动性和数据资本化可能引发的企业财务杠杆率上升,在充分享受数据金融创新带来的益处时,也需警惕潜在风险并制定有效的风险控制措施。这包括但不限于市场风险、信用风险和操作风险的识别与应对,确保数据资本化活动在可控风险范围内运行。

8.4 数据普惠化

数据普惠化是指通过数字技术、政策等手段,使数据资源能够更广泛、更公平地被社会各群体获取和利用,从而推动经济社会的均衡发展和数字化转型,国家和地方政府出台了一系列政策支持数字普惠化的发展。学术研究和市场研究也表明,数字普惠化在促进社会公平、推动经济发展和提升服务效率方面具有重要意义。

8.4.1 数据普惠化的内涵

数据普惠化致力于通过数字技术,使数据资源及其价值能够广泛惠及社会各阶层。无论身处城市或乡村,无论是技术专家还是普通公众,均能以较低成本享受数据带来的诸多便利与崭新机遇。其核心精髓在于数据的普适性和包容性,旨在打破精英阶层对数据使用的垄断,将数据转变为全民共享的资源。数据普惠化的主要体现涵盖以下两大方面。

第一,知识普及与赋能。这一过程促进了信息的自由流通与广泛共享,有效打破了传统知识领域的壁垒。随着互联网的普及与数字化技术的飞速发展，海量数据资源被精心整合成各类知识库，如在线图书馆、开放课程、社交媒体等平台，它们已成为知识传播的新阵地。个人与机构通过这些平台，能够轻松触及前沿科技、教育、文化及娱乐等领域的最新资讯，极大地拓宽了认知视野，促进了终身学习风尚的兴起，并提升了社会的整体知识水平。同时，知识赋能通过数据分析与智能算法，助力个人与企业更精准地把握市场脉搏，优化决策流程，提升工作效率。例如，小微企业可借助数据分析实现库存的精细化管理，减少浪费；农民则能依托农业大数据掌握作物生长情况，推行精准农业。

第二，数据产品与服务的普及。数据普惠化使得优质数据产品具备了更广泛的获取性。云计算、物联网及5G等技术的日臻成熟，显著降低了数据采集、存储与处理的成本，为数据产品的开发奠定了坚实基础。此外，生成式AI大模型技术的迅猛发展，更是为数据要素注入了新的活力。这些AI模型不仅能够理解和生成自然语言，使非技术背景的用户也能轻松与数据互动，降低了数据理解的门槛。无论是创作文章、编写代码还是设计产品，AI助手都能提供个性化的辅助，使数据价值得以更加公平地惠及大众。同时，生成式AI大模型以其卓越的自然语言处理能力，正深刻改变着数据的生产与消费模式。它们不仅能分析现有数据，还能创造新的数据与创意，为各行各业带来前所未有的发展机遇，降低了中小企业与普通个人利用AI技术挖掘数据价值的难度，为用户提供了极大的便利与赋能。

8.4.2 数据普惠化的现状与难点

1. 数据普惠化现状

数据普惠化，作为数字经济时代的前沿理念，其发展历程深刻反映了技术革新、经济驱动力、社会治理机制与政策框架的交织影响。2024年12月，国家数据局等部门发布《关于促进企业数据资源开发利用的意见》，明确提出助力中小企业用数创新，引导行业龙头企业、互联网平台企业提供普惠性数据产品和技术工具。① 此外，还鼓励有条件的地方发放数据券、算法券和算力券，降低中小企业治数用数成本。政策推动公共数据治理和共享开放，鼓励企业、研究机构和行业组织合作建设可信数据空间，促进数据互通共享。同时，支持在保护个人信息权益的前提下，加强个人数据的开发利用。本节旨在从平台经济、技术创新与商业模式的三个核心维度，深入剖析数据普惠化的当前态势。

在平台经济层面，随着平台经济的蓬勃发展，特别是科技巨头的引领作用，数据资源正以前所未有的速度汇聚并广泛分布。这些平台通过构建一体化的数据生态系统，不断优化数据采集、分析与分发流程，显著降低了数据接入与应用的成本门槛。在规模经济与网络外部性的双重驱动下，数据普惠化的进程加速推进，数据价值链的拓展与深化日益显著。

技术创新方面，人工智能、大数据、云计算与物联网等前沿技术的深度融合，为数据普惠化奠定了坚实的技术基础。这些技术的创新应用不仅提升了数据处理能力，还促进了数据资源的深度挖掘与价值创造。

商业模式上，数据普惠化正引领着商业创新的浪潮，孕育出多元化的市场机遇。特别是在金融科技、远程医疗、在线教育与智能农业等领域，数据驱动的服务模式正逐步成为主流，不仅拓宽了服务边界，还显著提升了服务效率与质量。

2. 数据普惠化面临的挑战与难题

然而，数据普惠化在实际推进过程中也面临着诸多挑战与难题。

首先，数据共享壁垒是制约数据普惠化进程的关键因素之一。各部门间因利益冲突、资源管控及安全顾虑等因素导致数据壁垒难以破除。同时，由于缺乏统一的数据标准与共享机制，共享信息的质量参差不齐，有价值的数据资源难以得到有效挖掘与利用。

其次，法律和制度建设的不完善也是制约数据普惠化的重要因素。当

---

① 国家数据局等部门关于促进企业数据资源开发利用的意见［EB/OL］.（2024-12-20）［2025-02-05］. https://www.gov.cn/zhengce/zhengceku/202412/content_6994570.htm.

前法律对数据保护的规定较为宽泛且缺乏具体操作性,难以为数据要素的权利归属与保护提供明确依据。此外,政策和立法的滞后性也限制了数据开放与共享的深度与广度。

最后,数据基础设施建设的不足也是亟待解决的问题之一。数据普惠化的发展离不开完善的数据基础设施支撑,包括软性基础设施(如数据治理体系、数据安全机制等)与硬性基础设施(如数据中心、网络设施等)。[①]然而目前这些基础设施尚须进一步完善与升级以满足数据普惠化的需求。

8.4.3 数据普惠化的举措

针对数据普惠化存在的不足,提出以下解决策略。

第一,深化公共数据共享与应用,加速就业、健康、医疗、救助等公共服务向"指尖办""网上办""就近办"转变,显著提升公共服务普惠化水平。以上海市为例,通过深化普惠金融数据开放,助力金融机构合法合规地获取公共数据,并运用大数据技术优化信贷审批与风控模型。[②]

第二,推动普惠金融、普惠科技、普惠政务等领域的数字化转型,涵盖客户分析、精细化管理及风险控制等关键环节,旨在提升服务效率与质量。华夏银行通过构建数据分析与数字化运营团队,实现数据采集、分析决策至交互反馈的闭环管理,提供定制化、个性化的获客、活客、留客策略。[③][④]

第三,拓宽数字普惠服务场景,紧密跟随全国一体化融资信用服务平台建设步伐,整合专利、农业保险、银联、发票等多维度场景数据,强化场景对接与适配能力。[⑤] 四川省巴中市通过强化政策协同,推进构建泛在可及、智

[①] 奉国和,邱婧. 数据要素价值释放机制与框架[J]. 深圳社会科学,2025,8(1):47-62.
[②] 上海市加快公共数据开放推进数据价值释放[EB/OL]. (2020-07-13)[2025-02-03]. https://www.ndrc.gov.cn/xwdt/ztzl/szhzxhbxd/zxal/202007/t20200713_1233617.html.
[③] 赵草梓. 以数字技术打造数字普惠新模式[J]. 银行家,2024(1):121-124.
[④] 华夏银行:数字客群经营驱动零售新增长项目[EB/OL]. (2022-04-29)[2025-02-03]. https://www.cebnet.com.cn/20220429/102807073.html.
[⑤] 民生银行副行长陈琼:深耕数字化转型 驱动高质量发展. [EB/OL]. (2022-09-23)[2024-07-10]. http://www.xinhuanet.com/money/20220903/27df9a8a0b5a4b9ca33e08fb780a6686/c.html.

慧便捷、公平普惠的数字化服务体系，为民众提供更加全面的数字服务。[1]

第四，运用联邦学习技术，打破机构间数据协作障碍，实现隐私保护下的多方数据安全融合，丰富中小微企业风控模型，提升信贷审核效率与风控精度。[2]

鉴于民众对"更多、更快、更频繁"数据服务的不懈追求，以及规模效应赋予平台满足差异化需求的能力，需采取递进式策略满足民众对数据普惠的需求。数据普惠化需要政府、企业、研究机构等多方合作，共同构建数据共享和应用的生态体系，确保不同人群均能享受数据带来的红利。它是推动数字经济发展和社会公平的重要举措，通过政策支持、技术创新和市场拓展，数据普惠化有望在未来实现更广泛的应用和更深远的影响。

8.5 数据均等化

数据均等化是数据要素价值释放的重要途径之一，通过合理的数据治理和分配机制，确保不同主体在数据资源的获取和使用上享有公平的机会和条件。数据均等化不仅有助于促进公平竞争和数字普惠，还能优化资源配置，推动数字经济的可持续发展。相关研究从理论、实践案例、政策解读等角度对数据均等化进行了全面分析，为理解和推进数据均等化提供了重要参考。

8.5.1 数据均等化的内涵

数据均等化，旨在数据生产、获取、处理及使用的全链条中，竭力消除各类不利因素，确保数据资源在全国范围内的均衡分布，使各群体能够

---

[1] 巴中市多举措促进数字公共服务普惠化 [EB/OL]. (2023-08-10) [2025-02-06]. https://www.cnbz.gov.cn/xxgk/gzdt/13368989.html.
[2] 田立中,孙启栓,余梦梦,等. 银行普惠金融营销数字化转型的探索与实践 [J]. 上海国资, 2024 (2): 67-70.

公平、公正地享有数据资源，平等获得数据服务的机会与结果，进而彰显数据公平、促进数据共享及提升数据能力。

首先，数据公平强调通过政策导向与市场调节的双重作用，推动数据资源在全国范围内的均衡分配，使各地社会群体均能共享数据带来的福祉，从而有效缩小数字鸿沟，促进社会整体公平。

其次，数据共享旨在打破数据孤岛，推动数据资源的开放与共享，进而提升数据资源的使用效率。[①] 这需要政府、企业、科研机构等多方携手合作，构建数据共享平台，促进数据资源的深度交流与合作。

最后，数据能力提升则聚焦于提升全民的数字素养，以增强个体及群体在数据时代的核心竞争力。这要求加大对数字技术的教育与培训投入，提高全民在数字技术应用方面的能力，鼓励更多人投身数字经济发展大潮。

数据均等化的终极愿景是实现数据的公平分配，使数据资源能够更有效地服务于社会经济发展，最终助力全国范围内的共同富裕。在此进程中，数据资源将不再为少数人所垄断，而是成为全社会共同享有的宝贵财富。

8.5.2 数据均等化的现状与难点

1. 数据均等化现状

数据均等化是数字经济可持续发展的重要保障，也是信息社会建设的重要目标。通过加强数字基础设施建设、推动数字技术应用普及、完善数字政策法规和促进数字服务普惠化，可以有效缩小数字鸿沟，推动数字经济的高质量发展，实现社会的共同富裕。迪克（Dijk）分析数字技术普及中的社会不平等，提出均等化政策框架；[②] 马尔莫（Marmot）从全球健康视角

---

① 杨帆，梁吉光，黎成权，等. 基于人工智能技术的政务数据运营创新模式探索［J］. 中国高新科技，2024（2）：41-44.
② Dijk J V. *The Deepening Divide*: *Inequality in the Information Society* [M]. London, UK: Sage, 2005.

探讨数字资源分配的公平性;[1] 哈特（Hardt）提出通过约束模型预测实现机会均等，影响深远;[2] 世界银行对全球数字资源分配不均开展实证分析，提出基础设施均等化策略。[3] 丁波涛等梳理了各国在消除数字鸿沟、促进数字均等化方面的实践经验，建立了数字均等化水平评估指标体系，测度和比较了51个国家或地区的数字均等化程度;[4]《数字经济促进共同富裕实施方案》[5] 提出通过数字技术和实体经济的深度融合，推动数字经济发展，促进解决发展不平衡不充分问题，推进全体人民共享数字时代发展红利，助力在高质量发展中实现共同富裕;《"十四五"数字经济发展规划》指出通过数字技术的渗透与普及，推动公共服务均等化、普惠化、高效化、便捷化，让广大人民群众共享数字经济发展成果。[6] 尽管数据均等化描绘了一幅数据资源公平分配、共享及能力普及的美好图景，其实施过程中却遭遇了诸多挑战。当前，无论是全球还是国内，数据均等化的推进均展现出程度不一的进展，并凸显了一系列问题与不足。

首先，数字鸿沟的持续存在。尽管政策制定者和行业领袖已致力于缩小这一鸿沟，但在城乡、不同收入水平社区及不同年龄与技术熟练度人群之间，数据访问与利用能力的差距依旧显著。这种鸿沟不仅体现在基础设施如宽带网络覆盖的不均衡上，更深层次地，它反映了数据素养与技能差异，导致部分群体难以充分融入数字经济。其次，数据共享机制受限。尽管政府与私营部门正积极构建数据共享平台，但实践中仍面临数据孤岛现象，信息流动受到法律、隐私、安全及商业利益等多重因素的制约。此外，

---

[1] Marmot M, Friel S, Bell R, et al. Closing the Gap in a Generation: Health Equity through Action on the Social Determinants of Health [J]. *The Lancet*, 2008, 372 (9650): 1661-1669.

[2] Hardt M, Price E, Srebro N. *Equality of Opportunity in Supervised Learning* [C]. Proceedings of the 30th International Conference on Neural Information Processing Systems, 2016: 3323-3331.

[3] World Bank. World Development Report 2016: Digital Dividends [EB/OL]. [2025-02-04]. https://www.worldbank.org/en/publication/wdr2016.

[4] 丁波涛, 夏蓓丽, 范佳佳, 等. 全球信息社会蓝皮书: 全球信息社会发展报告（2022）[M]. 北京: 社会科学文献出版社, 2022.

[5] 国家数据局关于印发《数字经济促进共同富裕实施方案》的通知 [EB/OL]. (2023-12-23) [2025-02-04]. https://www.gov.cn/zhengce/zhengceku/202401/content_6924631.htm.

[6] 国务院关于印发"十四五"数字经济发展规划的通知 [EB/OL]. (2021-12-12) [2025-02-04]. https://www.gov.cn/gongbao/content/2022/content_5671108.htm.

统一数据标准与格式的缺失，进一步阻碍了数据的高效整合与利用，限制了数据共享的潜力。最后，数据能力提升不平衡。尽管教育与培训项目旨在提升全民数字素养，但资源分配与课程设计往往偏向于城市及较发达地区，导致偏远或经济欠发达地区的居民难以获得优质数字教育资源。同时，技术的快速迭代要求人们不断更新知识与技能以跟上时代步伐，这对许多人而言构成了持续挑战。

2. 数据均等化难点

在数据均等化的实践征途上，面临着多重核心难点，这些障碍正限制着其高效推进与广泛覆盖。

第一，数字技能与知识的匮乏困境。即便在网络基础设施完备的环境下，若用户未能掌握足够的数字技能与知识，数据资源的潜力仍难以被充分挖掘。这涵盖了基础的计算与操作能力、深入的数据分析能力，以及对新兴技术趋势的敏锐洞察。此类技能的缺失，构筑了一道隐形的壁垒，阻碍了人们从数据海洋中汲取价值的步伐。

第二，数据孤岛与标准化难题的双重挑战。数据往往被各类组织与机构所割据，各自为政。其间，利益纷争、数据格式的不统一以及法律法规的束缚，共同构成了数据自由流通与高效整合的绊脚石。要构建一个跨越国界、通达全国的数据共享网络，就必须攻克标准化难题，确保数据的无缝对接与高度一致性。

第三，数据安全与隐私保护的严峻考验。[①] 在推动数据均等化的过程中，如何巧妙地平衡数据的开放共享与个人隐私的严密保护，成为一个亟待解决的难题。一旦数据管理或使用不当，个人隐私泄露的风险便如影随形，可能引发公众信任危机，甚至触碰法律的红线。因此，在确保数据安全无虞的同时，促进数据的合理、合规利用，需要依赖精细入微的政策规划与坚实可靠的技术支撑。

---

① 吕本富，卢超男. 数据开放与隐私保护的平衡研究［J］. 文献与数据学报，2020，2（3）：17-24.

8.5.3 数据均等化的举措

针对数据均等化的现状与难点,提出以下具体举措。

首先,通过加强基础设施投资、巩固数字素养教育和实施设备援助计划,来有效缩小数字鸿沟。具体而言,我们将加大对偏远和农村地区的宽带网络基础设施投入,确保高速互联网接入的普遍性和平等性。同时,通过公共和私人部门的合作,我们将提供面向所有年龄段的数字技能培训项目,尤其关注老年人和低收入群体,以帮助他们更好地融入数字社会。此外,还将为经济条件较差的山区学校等教育机构提供低成本或免费的电脑和移动设备,确保他们能够跟上数字时代的步伐。

其次,建立有效的数据共享机制是推动数据均等化的关键。在政策与法规层面,我们将制定鼓励数据共享的政策框架,同时确保数据隐私和安全得到充分保障。我们将促进政府部门、企业、科研机构等组织之间的协作,共同建设数据共享平台,打破数据孤岛现象。此外,还将统一数据标准,推动采用通用的数据格式和协议,以增强数据的互操作性,便于跨系统数据交换和共享。

最后,提升全民的数字能力是实现数据均等化的重要途径。建立一个涵盖基础到高级技能的终身学习体系,以适应技术的快速发展和变化。将利用在线平台提供灵活的学习机会和资源,确保偏远地区的人们也能够获得高质量的数字教育。同时,为积极参与数据技能提升的个人和企业提供奖励和激励措施,如税收优惠、认证和职业发展机会等,以激发他们的积极性和创造力。

8.6 本章小结

在当今这个信息洪流的时代,数据已跃升为驱动社会经济进步的核心引擎。数据要素的价值挖掘与释放,不仅紧密关联着科技的飞跃,更深刻地重塑着社会经济的每一个角落。简而言之,数据要素的价值释放路径可归纳为资源化、资产化、资本化、普惠化及均等化这五大相辅相成、循序渐进的维度。

首先,数据资源化构成了整个价值释放过程的坚实基石。面对浩瀚的数据海洋,精准筛选高质量、高价值的数据成为首要议题。这需要在数据采集、清洗、整合等多个环节精益求精,确保数据的准确性、完整性与时效性。唯有如此,方能奠定坚实的数据基础,为后续的数据资产化之路铺平道路。

在此基础上,通过确权、估值、入表、交易等一系列精细操作,将数据资源成功转化为能够创造经济价值的数据资产。这一过程不仅考验着技术实力,更涉及法律、经济等多领域的综合考量。数据资产的确权,犹如为数字世界的"财产"贴上法律标签,明确了数据的权属归属;而数据的估值与入表,则让数据资产的价值得以量化呈现,便于其在市场中自由流通与交易。此举不仅为数据资本化奠定了坚实基础,更为数据市场的蓬勃发展注入了强劲动力。

数据资本化,则是将数据资产进一步转化为市场化运作的数据资本的关键步骤。通过融资、信托、信贷、证券化等多种金融手段,充分释放了金融的力量,为数据要素的价值释放提供了强有力的支撑。这一过程不仅促进了数据资源的优化配置与高效利用,更为数字经济的蓬勃发展开辟了全新路径。同时,它也预示着一个全新商业模式的崛起,即以数据为驱动的经济增长模式。

然而,数据要素的价值释放之旅并未止步于资本化。作为全民共享的资源,大数据的终极目标在于实现普惠与均等。数据普惠化意味着要努力让更多人或组织享受到大数据带来的便利与福祉。这要求在数据共享、开放、应用等方面持续努力,打破数据垄断与壁垒,让数据资源真正流动起来。同时,还需加强数据安全与隐私保护力度,确保数据在共享过程中的安全与合规。

数据均等化则进一步强调了数据获取与使用的公平性与公正性。它倡导在数据分配与利用过程中遵循公平原则，确保每个个体或组织都能平等地获取与使用数据资源。这一理念不仅有助于缩小数字鸿沟、促进社会公平正义，更能激发全社会的创新活力与发展潜力。

数据普惠化与数据均等化之间相辅相成、相互促进。数据普惠化为数据均等化的实现提供了可能，因为它让更多人有机会接触并使用数据资源；而数据均等化则进一步巩固了数据普惠化的成果，因为它确保了数据资源的公平分配与使用。二者共同构成了数据要素价值释放的完整生态体系。

展望未来，随着技术的不断进步与政策环境的日益完善，数据要素的价值将得到更加充分地释放。在此过程中，需要持续探索与创新数据资源化、资产化、资本化、普惠化及均等化的新路径与新模式。同时，还需加强法律法规建设、完善监管体系、深化国际合作与交流等工作，为数据要素的价值释放创造更加有利的环境与条件。唯有如此，方能充分发挥数据的巨大潜力，让数据真正成为推动社会经济发展的强大引擎，为人类的繁荣与进步贡献更多力量。

第 9 章　总结与展望

数据，作为新时代的战略资源，其内藏的巨大经济价值与社会效益已深刻融入生产、分配、流通、消费以及社会服务管理等各个领域，正逐步演变为价值创造的关键源泉。如何深入挖掘并有效释放数据要素的潜在价值，已成为当前亟待解决的重大课题，充满了挑战与机遇。本书紧扣这一核心议题，精心构建了一个系统性的数据要素价值释放框架，旨在为数据的高效流通、价值转化及应用创新提供坚实的理论基础与切实可行的实践路径。

9.1　数据要素价值释放框架的系统构建

通过对现行政策、学术成果及实践案例的细致剖析，本书构建了一个基本框架，其核心在于全面激活数据要素潜能，并在新质生产力的背景下，为劳动者、生产资料及劳动对象赋予新颖而深刻的内涵。此框架秉持以"新"为起点，以"质"为基石，最终聚焦于"生产力"的全面提升。它明确将"数据要素价值的最大化释放与新质生产力的培育"作为行动指南与终极目标，深刻映射出研究的初心与愿景。

数据，作为推动生产力跃升的关键要素，其价值的充分挖掘与利用，是经济社会持续繁荣的不竭动力。本书凸显了构建新质生产力的战略高度，这不仅是我国迈向高质量发展阶段的必由之路，也是引领全球发展风向标的重大契机。我们超越了传统视角对数据价值挖掘的局限，创新性地构建了数据要素价值释放的框架体系，通过多维度的深度剖析，识别出影响数据价值释放的关键因素。

该框架以"一核心"（即数据要素价值的释放与新质生产力的发展）、"两基础"（包括软性与硬性数据基础设施）、"三驱动"（涉及供给侧、场内外交易、需求侧的融合机制）、"四保障"（涵盖数据质量提升、安全监管强化、权益保护及流通交易促进）及"五途径"（数据资源化、资产化、资本化、普惠化、均等化）为支柱，构建了一个全面而系统的理论架构。这五大板块相互交织、互为支撑，共同演绎着数据价值转化的内在逻辑与外在展现，形成了一个动态平衡、紧密耦合的有机整体。

此外，本书还详尽梳理了数据要素价值释放的全过程，为各个环节制定了清晰的实施路径，为实践者提供了宝贵的参考指南。

9.2 数据要素价值释放的核心结论

基于已构建的基本框架，进一步提炼出三大核心结论。

首先，构建系统性的数据要素价值释放框架，对于整合各方资源、协同促进数据要素的高效流通与价值转化具有深远意义。此框架非单纯理论堆砌与实践探索的集合，而是两者的深度融合，为数据要素价值释放的规范化、系统化进程提供了切实可行的策略与路径。通过明确"一核心""两基础""三驱动""四保障"及"五途径"的详细内涵与运作机制，助力各相关主体在数据要素的开发、利用及管理过程中，采取更具针对性的措施，提升数据要素价值释放的效率，进而推动数字经济与实体经济的深度融合与高质量发展。此框架还旨在解决当前数据价值释放过程中的"碎片化"问题，避免工作间的孤立与政策冲突，为未来的顶层设计与政策制定奠定坚实基础。

其次，深入剖析了影响数据要素价值释放的关键因素，揭示了数据基础设施、供需匹配机制、数据权益保护及价值释放途径等在不同环节的运作机理，为政策制定者提供了宝贵的参考意见。例如，在供给侧，针对政府数据、企业数据与个人数据面临的不同挑战，提出了完善法律框架、优化定价机制等对策；在交易层面，针对场内交易与场外交易的不平衡问题，建议推动统一数据交易市场体系的建设；在需求侧，则根据政府、企业及个人等主体的差异化需求，提出了差异化的激励措施。这些结论直击问题要害，为实践提供了精准的指导。同时，本书还探讨了数据孤岛、数据壁垒、数据确权、技术水平及市场机制等因素对数据要素价值释放路径的影响，并提出了相应的解决方案，如加强数据基础设施建设、完善法律法规体系、优化市场机制及提升技术能力等，旨在促进数据要素价值的全面释放。

最后，所提出的数据要素价值释放框架，不仅凸显了数据要素在新质生产力构建中的关键作用，更为探索数据作为新型生产要素的一般规律性提供了前瞻性的视角。数据作为新型生产要素，其独特的虚拟性、非消耗性、非竞争性及排他性等属性[1]，使其与传统生产要素截然不同，将深刻改变生产力的发展模式。本书在总结数据要素价值属性的基础上，结合新质生产力理论，系统梳理了数据要素从资源化到资产化再到资本化的价值转化逻辑，并将其与新质劳动对象、新质劳动资料及新质劳动者的培育紧密结合，为揭示数据要素推动生产力发展的内在机理作出了有益尝试。相较于传统研究，本书更加注重各要素间的协同作用，强调从多维度共同推动数据要素市场的健康发展。同时，该框架也为解决当前数据要素市场面临的问题提供了新的思路与方法，对实现数据要素的高效利用与价值最大化具有重要的指导意义。

9.3 未来研究与实践展望

展望未来，数据要素价值释放体系的构建亟须持续完善与深化。本书

---

[1] 严宇，孟天广. 数据要素的类型学、产权归属及其治理逻辑 [J]. 西安交通大学学报（社会科学版），2022, 42（2）：103-111.

指出，未来的研究与实践应聚焦于以下几个关键领域。

首先，需进一步强化顶层设计，不断完善数据要素价值释放的体系架构。鉴于我国数据资源的丰富性和巨大的挖掘潜力，数据资源在转化为新质生产力方面具有广阔的空间。为了充分挖掘数据要素的潜力，需统筹顶层设计与基层实践，加速建立数据产权认定、市场交易、权益分配及利益保护等核心制度。同时，应加速推进数据基础性法律法规建设，为数据要素的顺畅流通和高效利用奠定坚实的制度基础。

其次，加快培育和优化数据生态体系及数字包容体系势在必行。通过构建完善的数据生态体系，促进数据储备、加工、交易等环节的持续优化。建立健全的数据基础设施和市场机制，为数据要素在各行业的广泛应用创造有利条件，推动数字经济蓬勃发展。同时，针对数字鸿沟由"接入鸿沟"向"能力鸿沟"转变的现状，需进一步强化数字包容体系建设，缩小城乡、地区、领域及人群间的数字化发展差距。随着生成式人工智能的快速发展，对人的数字素养和技能提出了更高要求，因此数字技能培育体系的建设与数字应用的适老化、适残化、简约化改造需同步推进。

最后，深化数据要素理论研究亦至关重要。一方面，需加强对数据要素在生产力发展进程中角色的理论研究，探索其作为新型生产要素的一般发展规律，为数字化转型提供理论支撑；另一方面，应关注数据要素与其他生产要素的交叉融合实践，明确跨要素融合的效用机理，为优化生产力发展格局提供实践借鉴。

展望未来，数据要素必将成为推动生产力发展的重要驱动力。我们应以更加开放和前瞻的视角审视数据的价值链条及其深远影响。在政府积极引导下，汇聚企业、科研机构及公众等多方力量，共同构建和完善数据要素的价值释放体系。通过促进数据要素与各行各业的深度融合，不仅能激发新的经济增长点，还能显著提升社会管理和服务效能。这将有助于充分发挥数据的生产属性和社会属性双重价值，为数字中国建设及经济社会的高质量发展注入强劲的新动力。

参 考 文 献

[1] 本报编辑部整理. 关于数据要素化的若干认识和思考 [N]. 中国信息化周报, 2022-10-31 (011).

[2] 边志强. 数字基础设施建设对城市土地绿色利用效率的影响——基于"宽带中国"示范城市建设的准自然实验 [J]. 西部论坛, 2024, 34 (2): 22-39.

[3] 蔡莉妍. 数字经济时代数据安全风险防范体系之构建与优化 [J]. 大连理工大学学报(社会科学版), 2024, 45 (3): 107-114.

[4] 陈兵. 科学构建数据要素交易制度 [J]. 人民论坛·学术前沿, 2023 (6): 66-78.

[5] 陈沸宇, 孟海鹰, 祝大伟, 等. 努力走出一条高质量发展、可持续振兴的新路子 [N]. 人民日报, 2023-09-12 (001).

[6] 陈刚, 颜斌斌, 汤珂. 数据的要素化与资产化: 理论辨析与实践探索 [J]. 国际经济评论, 2024 (5): 153-176, 8.

[7] 陈积银, 孙月琴. 数据资本化与资本数据化: 数据资本主义的批判与应对 [J]. 探索与争鸣, 2023 (11): 75-86, 193.

[8] 陈洁梅, 林曾. 数字基础设施建设赋能农业产业链供应链现代化: 理论机制与经验证据 [J]. 云南财经大学学报, 2024, 40 (4): 52-68.

[9] 陈艳利, 蒋琪. 数据生产要素视角下开放公共数据与企业创新——基于建立公共数据开放平台的准自然实验 [J]. 经济管理, 2024, 46 (1): 25-46.

[10] 陈禹衡. 生成式人工智能中个人信息保护的全流程合规体系构建

[J]．华东政法大学学报，2024，27（2）：37-51．

[11] 程娜，王璐．数据要素赋能新质生产力的理论逻辑［J］．工业技术经济，2024，43（2）：9-12．

[12] 程啸．论数据权益［J］．国家检察官学院学报，2023，31（5）：77-94．

[13] 丁波涛．数据基础设施语境下的情报基础设施建设：概念、价值和任务［J/OL］．图书情报知识，1-6［2024-06-08］．http：//kns.cnki.net/kcms/detail/42.1085.G2.20240313.1738.003.html．

[14] 丁波涛，夏蓓丽，范佳佳，等．全球信息社会蓝皮书：全球信息社会发展报告（2022）［M］．北京：社会科学文献出版社，2022．

[15] 窦悦，郭明军，张琳颖，等．全国一体化数据交易场所体系的总体布局及推进路径研究［J］．电子政务，2024（2）：2-11．

[16] 杜美杰，董雅．我国企业数据资产权益保护路径探析［J］．财会月刊，2024，45（23）：123-128．

[17] 杜庆昊．数据要素资本化的实现路径［J］．中国金融，2020（22）：34-36．

[18] 樊三彩．数据资源管理和利用整体处于起步阶段［N］．中国冶金报，2024-06-18（004）．

[19] 冯锋．大数据时代我国数字政府建设的路径探析［J］．山东社会科学，2022（51）：139-146．

[20] 冯永琦，林凰锋．数据要素赋能新质生产力：理论逻辑与实践路径［J］．经济学家，2024（5）：15-24．

[21] 奉国和，彭凯林．我国数据要素政策文本的多维分析［J］．图书馆论坛，2025，45（2）：92-100．

[22] 奉国和，邱婧．数据要素价值释放机制与框架研究［J］．深圳社会科学，2025，8（1）：47-62．

[23] 奉国和．"数据要素×"助"智能网联"驶向未来［N］．广州日报：理论周刊，2024-04-08（009）．

[24] 奉国和, 肖雅婧. 数据要素价值释放研究进展［J］. 图书馆论坛, 2024（8）: 123-132.

[25] 奉国和. 智能网联汽车产业发展的机遇与挑战［N］. 南方日报: 理论周刊, 2024-12-25（006）.

[26] 付少雄, 孙建军. 数据流通与安全: 标准与保障体系［J］. 图书与情报, 2023（4）: 20-28.

[27] 高超. 北京航空航天大学国家科技资源共享服务工程技术研究中心副主任王建平: 突破海量数据处理瓶颈［N］. 通信产业报, 2022-07-25（015）.

[28] 高超. 刘烈宏首论数据基础设施［N］. 通信产业报, 2023-11-27（005）.

[29] 巩婷婷, 金靓, 郑雅宁, 等. 基于临床决策支持系统的新生儿早期诊疗护理预警模型的构建与应用［J］. 护士进修杂志, 2021, 36（7）: 604-609.

[30] 顾梦佳. 理解数据资本的四重逻辑［J］. 中国社会科学院大学学报, 2024, 44（7）: 103-120, 155.

[31] 郭华东, 陈和生, 闫冬梅, 等. 加强开放数据基础设施建设, 推动开放科学发展［J］. 中国科学院院刊, 2023, 38（6）: 806-817.

[32] 国务院办公厅关于印发要素市场化配置综合改革试点总体方案的通知［J］. 中华人民共和国国务院公报, 2022（2）: 15-20.

[33] 韩佳琳, 李亚鹏. 数据安全风险评估体系及推进路径研究［J］. 保密科学技术, 2023（8）: 39-43.

[34] 何奎. 用好管好数据资产金融业开拓新"蓝海"［N］. 上海证券报, 2024-03-28（004）.

[35] 何敏, 汤珂. 企业数据资产入表的合规问题研究［J］. 金融会计, 2024（4）: 6-15.

[36] 何伟. 激发数据要素价值的机制、问题和对策［J］. 信息通信技术与政策, 2020（6）: 4-7.

［37］贺晓宇，张二宇．新型数字基础设施建设与经济增长质量提升［J］．现代经济探讨，2023（11）：40-53．

［38］侯燕磊，魏巍．从西方经济学看我国数据要素参与分配的机制与路径［J］．中国物价，2023（1）：98-100，106．

［39］胡俊，杜传忠．人工智能推动产业转型升级的机制、路径及对策［J］．经济纵横，2020（3）：94-101．

［40］湖北省政务数据资源应用与管理办法［N］．湖北日报，2021-02-10（006）．

［41］黄世忠，叶丰滢，陈朝琳．数据资产的确认、计量和报告——基于商业模式视角［J］．财会月刊，2023，44（8）：3-7．

［42］黄先海，虞柳明，戴岭．政府数据开放与创新驱动：内涵、机制及实践路径［J］．东南学术，2023（2）：102-113，246．

［43］黄晓星，丁少芬．基层治理结构与政府数据治理：以Z市T区网格化管理及其专项行动为例［J］．公共行政评论，2022，15（3）：21-39，196．

［44］姬晓婷．发展数字经济要打通数据孤岛［N］．中国电子报，2024-03-12（005）．

［45］姜宇．数据要素市场化的一种方案：基于数据信托的数据交易所机制重构［J］．电子政务，2023（7）：12-26．

［46］焦勇，高月鹏．数据要素赋能新质生产力涌现：供给创新与需求牵引的解释［J］．新疆社会科学，2024（4）：38-51，173．

［47］金帆，裴志锋，杜慧娴．数据资产融入会计学科体系研究［J］．财务管理研究，2024（6）：17-24．

［48］金观平．释放数据要素乘数效应［N］．经济日报，2024-05-29（001）．

［49］金耀．从数据排他到数据治理：数据持有者权的双阶构造［J］．电子政务，2024（7）：112-124．

［50］靳晓宏，谭晓，李辉．数据要素乘数效应赋能实体经济发展：作

用机理及路径选择［J］．情报理论与实践，2024，47（6）：31-38．

［51］寇宗来．关于数字经济创新发展的基本逻辑思考——从数据资产到数据资本的演进［J］．新金融，2024（6）：11-14．

［52］李凤华，李晖，牛犇，等．数据要素流通与安全的研究范畴与未来发展趋势［J］．通信学，2024，45（5）：1-11．

［53］李红光，王磊，李颖．数据资产化视角下企业增信机制研究——基于深圳的实践探索［J］．价格理论与实践，2023（4）：33-37．

［54］李晶晶．我国数据要素交易制度的构建与完善［J］．湖北社会科学，2023（8）：139-147．

［55］李三希，李嘉琦，刘小鲁．数据要素市场高质量发展的内涵特征与推进路径［J］．改革，2023（5）：29-40．

［56］李扬，李晓宇．大数据时代企业数据边界的界定与澄清——兼谈不同类型数据之间的分野与勾连［J］．福建论坛（人文社会科学版），2019（11）：36-37．

［57］李一．网络社会治理的"功能整合"：内涵、类型与实践指向［J］．浙江社会科学，2021（8）：84-91，159．

［58］李颖杰．公共数据授权运营之困境剖析及纾困策略［J］．中国信息界，2024（5）：160-163．

［59］李宗辉．论数据交易流通的规则构建［J］．青海社会科学，2023（3）：148-158．

［60］林镇阳，侯智军，赵蓉，等．数据要素生态系统视角下数据运营平台的服务类型与监管体系构建［J］．电子政务，2022（8）：89-99．

［61］刘海军，翟云．数字时代的新质生产力：现实挑战、变革逻辑与实践方略［J］．党政研究，2024（3）：45-56，125．

［62］刘红，胡新和．数据革命：从数到大数据的历史考察［J］．自然辩证法通讯，2013（6）：33-39．

［63］刘琳珂．数据财产权的归属认定研究［D］．开封：河南大学，2023．

[64] 刘启雷, 张媛, 雷雨嫣, 等. 数字化赋能企业创新的过程、逻辑及机制研究 [J]. 科学学研究, 2022, 40 (1): 150-159.

[65] 刘文文, 胡珂嘉, 沈家豪. 我国数据资产入表发展现状研究 [J]. 债券, 2024 (12): 40-44.

[66] 刘奕, 李清逸, 姜莱. 基于数据价值链的数据要素交易机制创新研究 [J]. 学习与探索, 2023 (4): 88-97.

[67] 刘志刚. 中西方现代化的不同逻辑起点、模式选择与价值追求 [J]. 马克思主义研究, 2023 (1): 76-84.

[68] 路沙. 数据可信流通激活数据要素潜能 [N]. 中国信息化周报, 2024-02-26 (024).

[69] 吕慧, 赵冠月. 数据资产的价值评估与会计处理研究进展综述 [J]. 财会通, 2023 (13): 24-30.

[70] 吕俊. 个人数据权属问题研究 [D]. 重庆: 重庆工商大学, 2023.

[71] 罗玫, 李金璞, 汤珂. 企业数据资产化: 会计确认与价值评估 [J]. 清华大学学报（哲学社会科学版）, 2023, 38 (5): 195-209, 226.

[72] 马涛, 刘秉源. 跨境数据流动、数据要素价值化与全球数字贸易治理 [J]. 国际经济评论, 2024 (2): 151-176, 8.

[73] 马歇尔. 经济学原理 [M]. 章洞易, 译. 北京: 北京联合出版公司, 2015.

[74] 莫富传, 娄策群, 冯翠翠, 等. 基于DIKW体系的政府数据利用路径研究 [J]. 情报科学, 2021, 39 (3): 82-87.

[75] 欧阳日辉. 数据基础设施保障数据安全及高效流通 [J]. 人民论坛, 2024 (7): 70-75.

[76] 欧阳日辉. 我国多层次数据要素交易市场体系建设机制与路径 [J]. 江西社会科学, 2022, 42 (3): 64-75, 206-207.

[77] 乔鹏程, 杜庆璋. 数据资产入表的合规性风险挑战与应对研究 [J]. 财务管理研究, 2024 (6): 25-31.

[78] 清华大学金融科技研究院. 数据要素化 100 问: 可控可计量与流通交易 [M]. 北京: 人民日报出版社, 2023.

[79] 沙勇忠, 魏兴飞. "数据要素×应急管理"的乘数效应机理与激活路径 [J]. 图书情报知识, 2024, 41 (2): 18-22.

[80] 宋丽丽. 美国政府"人工智能倡议"及对我国的挑战 [J]. 中国科技信息, 2020 (23): 98-101.

[81] 宋书勇. 企业数据资产会计确认与计量问题研究 [J]. 会计之友, 2024 (2): 95-101.

[82] 隋敏, 姜皓然, 毛思源. 数据资产价值评估: 理论、实践与挑战 [J]. 会计之友, 2024 (11): 141-147.

[83] 孙建军, 巴志超, 夏义堃. 数据要素市场体系建构与价值实现路径探索 [J]. 情报学报, 2024, 43 (1): 1-9.

[84] 孙静, 王建冬. 多级市场体系下形成数据要素资源化、资产化、资本化政策闭环的总体设想 [J]. 电子政务, 2024 (2): 12-20.

[85] 孙良俊, 王惠琨. 基于众包模式的智慧城市时空信息云平台构建研究 [J]. 地理信息世界, 2016, 23 (3): 91-96.

[86] 孙艺. 人工智能赋能新质生产力: 理论逻辑、实践基础与政策路径 [J]. 西南民族大学学报 (人文社会科学版), 2024, 45 (2): 108-115.

[87] 汤珂. 数据资产化 [M]. 北京: 人民出版社, 2023.

[88] 唐要家. 数字经济赋能高质量增长的机理与政府政策重点 [J]. 社会科学战线, 2020 (10): 61-67.

[89] 陶锋, 王欣然, 徐扬, 等. 数字化转型、产业链供应链韧性与企业生产率 [J]. 中国工业经济, 2023 (5): 118-136.

[90] 万里, 韩雅鸣. 从 DIKW 到 DiKS [J]. 信息资源管理学报, 2021, 11 (3): 59-66.

[91] 汪慧敏, 马雪晴, 何恬, 等. 非对称信息下数据资产估值和定价策略研究 [J]. 财务管理研究, 2024 (6): 32-41.

[92] 汪磊. 法经济学视角下城市空间利益的正当分配 [J]. 西部学刊,

2019（21）：100-102.

[93] 王秉，赵飞燕，史志勇. 数字政府的数字安全韧性：数字政府的数字安全能力的新视角 [J]. 情报理论与实践，2024，47（11）：56-62.

[94] 王建冬. 全国统一数据大市场下创新数据价格形成机制的政策思考 [J]. 价格理论与实践，2023（3）：15-19.

[95] 王建冬，童楠楠. 数字经济背景下数据与其他生产要素的协同联动机制研究 [J]. 电子政务，2020（3）：22-31.

[96] 王建冬，于施洋，黄倩倩. 数据要素基础理论与制度体系总体设计探究 [J]. 电子政务，2022（2）：2-11.

[97] 王杰森. 数据作为生产要素参与分配机制研究 [D]. 福州：福建师范大学，2022.

[98] 王璟璇，窦悦，黄倩倩，等. 全国一体化大数据中心引领下超大规模数据要素市场的体系架构与推进路径 [J]. 电子政务，2021（6）：20-28.

[99] 王利明. 论数据权益：以"权利束"为视角 [J]. 政治与法律，2022（7）：99-113.

[100] 王蒙燕. 我国数据要素统一大市场构建的问题与对策 [J]. 西南金融，2022（7）：80-90.

[101] 王明泽. 个人数据的产权化与流通 [J]. 电子知识产权，2023（3）：50-64.

[102] 王勤，黄友治，王猷文. 企业数据资产化视角下数据确权登记的地方政策研究 [J]. 信息资源管理学报，2024，14（6）：85-98.

[103] 王胜利，樊悦. 论数据生产要素对经济增长的贡献 [J]. 上海经济研究，2020（7）：32-39.

[104] 王廷惠，李娜. 新质生产力催生机制与发展路径——"技术—要素—产业"分析框架 [J]. 广东社会科学，2024（4）：14-25，284.

[105] 王伟玲，王蕤，贾子君，等. 数据要素市场——全球数字经济竞争新蓝海 [M]. 北京：电子工业出版社，2023.

[106] 王伟玲. 中国数据产权制度构建研究 [J]. 经济纵横，2024

（1）：78-85.

[107] 王文韬，张子一，钱鹏博，等. 三维框架下我国数据要素政策量化研究 [J]. 情报理论与实践，2024，47（10）：32-40，117.

[108] 王向明，王炳涵. "数据要素×"助力新质生产力形成的作用机理与风险防范 [J]. 河南社会科学，2024，32（7）：10-21.

[109] 王雪，夏义堃，裴雷. 国内外数据要素市场研究进展：系统性文献综述 [J]. 图书情报知识，2023，40（6）：117-128.

[110] 王艳，杨达. 中国式管理会计体系变革：从数据要素到数据资产 [J]. 管理世界，2024，40（10）：171-189.

[111] 王英，马海群. 数据要素视角下公共数据安全保障的若干问题研究 [J]. 现代情报，2024，44（8）：4-12.

[112] 王祯祯. 充分释放数据要素潜能全面助力经济高质量发展 [J]. 新理财，2024（4）：49-52.

[113] 吴德林，邬瑜骏，李晶晶，等. 数据资产会计准则问题前瞻性研究：基于数字经济下数据价值创造特征视角 [J]. 当代会计评论，2023，16（2）：14-34.

[114] 吴伟光. 通过网络平台专有权实现对企业数据权益的保护 [J]. 政治与法律，2023（11）：39-53.

[115] 武小龙，张亚楠. 数字平台赋能乡村治理的底层逻辑及多重限度——基于DIKW模型的解释框架 [J]. 电子政务，2025（1）：65-77.

[116] 肖玉贤，王友奎，张腾. 政府数据治理的逻辑起点、治理过程及核心价值 [J]. 科技管理研究，2024，44（4）：144-152.

[117] 谢迪扬. 数据资产证券化的法律风险辨识与中国启示——以美国数据资产证券化实践为鉴 [J]. 上海金融，2023（3）：57-67.

[118] 亚当·斯密. 富国论 [M]. 孙善春，李春长，译. 开封：河南大学出版社，2020.

[119] 严宇，孟天广. 数据要素的类型学、产权归属及其治理逻辑 [J]. 西安交通大学学报（社会科学版），2022，42（2）：103-111.

[120] 杨东, 白银. 数据"利益束": 数据权益制度新论 [J]. 武汉大学学报 (哲学社会科学版), 2024, 77 (1): 65-77.

[121] 杨嘉歆, 杨梓秋. 数据资产会计处理的问题研究: 文献综述 [J]. 财务管理研究, 2024 (8): 11-17.

[122] 杨洁. 2025年数据流通市场规模将超2200亿元 [N]. 中国证券报, 2023-04-18 (A07).

[123] 杨娟. 企业数据要素价值创造的路径研究 [J]. 科技智囊, 2024 (1): 70-75.

[124] 杨铭鑫, 王建冬, 窦悦. 数字经济背景下数据要素参与收入分配的制度进路研究 [J]. 电子政务, 2022 (2): 31-39.

[125] 杨兴全, 刘颖, 李枫. 政府引导基金与公司现金股利: 融资造血抑或创投驱动 [J]. 经济管理, 2023, 45 (12): 120-137.

[126] 杨艳, 林凌. 数据要素高质量供给: 内涵解析、困境挑战与规制设计 [J]. 电子政务, 2024 (11): 15-26.

[127] 杨云龙, 张亮, 杨旭蕾. 数据要素价值化发展路径与对策研究 [J]. 大数据, 2023, 9 (6): 100-109.

[128] 杨志安, 孟司雨. 数字基础设施建设对高技术产业创新绩效影响的实证检验 [J]. 统计与决策, 2024, 40 (5): 73-78.

[129] 叶继元, 成颖. 情报的概念及其与信息链、DIKW 链的关系探讨 [J]. 中国图书馆学报, 2022, 48 (4): 39-51.

[130] 尹传儒, 金涛, 张鹏, 等. 数据资产价值评估与定价: 研究综述和展望 [J]. 大数据, 2021, 7 (4): 14-27.

[131] 于立, 王建林. 生产要素理论新论——兼论数据要素的共性和特性 [J]. 经济与管理研究, 2020, 41 (4): 62-73.

[132] 袁康, 鄢浩宇. 数据分类分级保护的逻辑厘定与制度构建——以重要数据识别和管控为中心 [J]. 中国科技论坛, 2022 (7): 167-177.

[133] 约瑟夫·比特熊. 发展经济学理论 [M]. 何畏, 易家详, 译. 北京: 商务印书馆, 2020.

[134] 张福. 数据资产入表与资本化 [M]. 北京：知识产权出版社，2024.

[135] 张俊瑞，危雁麟. 数据资产会计：现状、规制与展望 [J]. 财会月刊，2023，44（12）：3-11.

[136] 张丽静. 企业数据权属界定研究 [D]. 济南：山东大学，2023.

[137] 张明柳. 释放数据要素价值赋能数字政府建设 [N]. 中国政府采购报，2024-09-03（005）.

[138] 张楠，马治国. 数据资产证券化探索的法律困境与解决路径 [J]. 重庆大学学报（社会科学版），2024，30（2）：211-222.

[139] 张夏恒，冯晓宇. 数据要素乘数效应的逻辑解构与实现进路 [J]. 长安大学学报（社会科学版），2024，26（3）：91-102.

[140] 张晓霞，张涵. 拓宽合作领域　促进数据共享 [N]. 中国信息报，2023-04-28（002）.

[141] 张玉波，彭勇，王世贵. 一体化征信数据要素流通和交易体系建设的思考与实践——以区块链地方征信平台建设为例 [J]. 征信，2023，41（11）：41-48，56.

[142] 赵蔡晶，计丽娜. 开放与运营：公共数据价值实现的双路径 [J]. 信息通信技术与政策，2023，49（4）：27-33.

[143] 赵草梓. 以数字技术打造数字普惠新模式 [J]. 银行家，2024（1）：121-124.

[144] 赵刚. 全球经济社会发展的新动力——数据要素 [M]. 北京：人民邮电出版社，2021.

[145] 赵剑波. 推动新一代信息技术与实体经济融合发展：基于智能制造视角 [J]. 科学学与科学技术管理，2020，41（3）：3-16.

[146] 赵星，李向前. 数据资产"入表"的准则考量与推进思路 [J]. 财会月刊，2024，45（3）：55-60.

[147] 周毅. 基于数据价值链的数据要素市场建设理路探索 [J]. 图书与情报，2023（2）：1-11.

[148] 朱晓武, 魏文石, 王靖雯. 数据要素、新型基础设施与产业结构调整路径 [J]. 南方经济, 2024 (1): 107-123.

[149] 朱秀梅, 林晓玥, 王天东, 等. 数据价值化: 研究评述与展望 [J]. 外国经济与管理, 2023, 45 (12): 3-17.

[150] 左文进, 贺小刚, 闻传震, 等. 大数据资源质量评价指标体系构建研究——基于用户感知视角对图书馆大数据的分析 [J]. 价格理论与实践, 2022 (8): 55-58.

[151] Ackoff R L. From Data to Wisdom [J]. *Journal of Applied Systems Analysis*, 1989 (16): 3-9.

[152] Acquisti A, Taylor C, Wagman L. The Economics of Privacy [J]. *Journal of Economic Literature*, 2016, 54 (2): 442-492.

[153] Aven T. A Conceptual Framework for Linking Risk and the Elements of the Data-information-knowledge-wisdom (DIKW) Hierarchy [J]. *Reliability Engineering & System Safety*, 2013, 111 (3): 30-36.

[154] Baskarada S, Koronios A. Information, Knowledge, Wisdom (DIKW): A Semiotic Theoretical and Empirical Exploration of the Hierarchy and its Quality Dimension [J]. *Social Science Electronic Publishing*, 2013, 18 (1): 2109-2112.

[155] Bertrand E. The Three Roles of the "Coase Theorem" in Coase's Works [J]. *European Journal of History of Economic Thought*, 2010, 17 (4): 975-1000.

[156] Cleveland H. Information as a Resource [J]. *Futurist*, 1982, 16 (6): 34-39.

[157] Coase R H. The Nature of the Firm [J]. *Economica*, 1937, 4 (16): 386-405.

[158] Cong Z C, Luo X, Pei J, et al. Data Pricing in Machine Learning Pipelines [J]. *Knowledge and Information Systems*, 2022, 64 (6): 1417-1455.

[159] Eliot T S. *The Rock* [M]. London: Faber & Faber, 1934.

[160] Jones C I, Tonetti C. Nonrivalry and the Economics of Data [J]. *American Economic Review*, 2020, 110 (9): 2819-58.

[161] Jones K S. A Statistical Interpretation of Term Specificity and Its Application in Retrieval [J]. *Journal of Documentation*, 1972, 28 (1): 11-21.

[162] Lei Y, Duan Y C. Trusted Service Provider Discovery Based on Data, Information, Knowledge, and Wisdom [J]. *International Journal of Software Engineering and Knowledge Engineering*, 2021, 31 (1): 3-19.

[163] Matney S, Brewster P J, Sward K A, et al. Philosophical Approaches to the Nursing Informatics Data-information-knowledge-wisdom Framework [J]. *Advances in Nursing Science*, 2011, 34 (1): 6.

[164] Milan Z. Management Support Systems: Towards Integrated Knowledge Management [J]. *Human Systems Management*, 1987, 7 (1): 59-70.

[165] Pei J. A Survey on Data Pricing: From Economics to Data Science [J]. *IEEE Transactions on Knowledge and Data Engineering*, 2022, 34 (10): 4586-4608.

[166] Rothwell R, Zegveld W. Industrial Innovation and Public Policy: Preparing for the 1980s and 1990s [J]. *The American Political Science Review*, 1982, 76 (3): 699-700.

[167] Rowley J. The Wisdom Hierarchy: Representations of the DIKW Hierarchy [J]. *Journal of Information Science*, 2007, 33 (2): 163-180.

[168] Shapiro C, Varian H. *Information Rules: A Strategic Guide to The Network Economy* [M]. Boston: Harvard Business School Press, 1999.

[169] Solow R M. Technical Change and the Aggregate Production Function [J]. *The Review of Economics and Statistics*, 1957 (39): 312-320.

[170] Wognin R, Henri F, Marino O. Data, Information, Knowledge, Wisdom: A Revised Model for Agents-Based Knowledge Management Systems [M]. New York: Springer US, 2012.